KB269731

New
1-3
학년
일본어
상용한자
기초 마스터
1026
큰글자책
다락원

NEW 일본어 상용한자 기초 마스터 1026

큰 글자 책

지은이 한선희, 이이호시 카즈야
펴낸이 정규도
펴낸곳 (주)다락원

초판 1쇄 발행 2024년 5월 20일

책임편집 한누리, 손명숙, 송화록
디자인 장미연, 이승현

다락원 경기도 파주시 문발로 211
내용문의: (02)736-2031 내선 460~465
구입문의: (02)736-2031 내선 250~252
Fax: (02)732-2037
출판등록 1977년 9월 16일 제 406-2008-000007호

ISBN   978-89-277-1293-0 13730

http://www.darakwon.co.kr

- 다락원 홈페이지를 방문하시면 상세한 출판 정보와 함께 동영상 강좌, MP3 자료 등 다양한 어학 정보를 얻으실 수 있습니다.
- 다락원 홈페이지 학습자료실에서 **연습 문제의 정답 및 해석, 확인 문제와 MP3 파일**을 무료로 다운로드 받으실 수 있습니다.

머리말

지금 시대는 많은 변화를 거듭하여 '멀티 페르소나' 시대를 맞이하였습니다. 현대사회가 점차 복잡하고 개인화된 다매체 사회로 변하면서 페르소나가 중요한 개념으로 새삼 떠오르고 있습니다. 학생들 또한 카카오톡이나 유튜브, 트위터, 인스타그램 등을 통해 각기 다른 정체성으로 소통을 하고 있습니다. 일본어 학습도 이와 같은 다양한 방법으로 학습을 하고 있지만 읽고 쓰기를 꾸준히 반복해야 하는 한자의 학습법은 변함이 없습니다.

다양한 매체를 통하여 일본어 회화 구사 능력은 좋아졌으나 일본어 쓰기 실력은 초기 단계에 머무는 경우가 많습니다. 그 원인은 바로 부족한 한자 학습 시간에 있습니다. 한자를 읽지 못하고 쓰는 데 서툴러 일본어 어휘 수준이 향상되지 않기 때문입니다.

한자 문화권인 일본과 한국은 비슷한 한자 어휘를 사용합니다. 다만 일본에서는 한자를 직접 쓰고 읽으나 한국에서는 쓰기, 읽기 교육보다는 한자 어휘만을 사용할 뿐입니다. 쓰기, 읽기 교육이 일본보다 약하다고는 하나 한자 어휘를 사용하는 터라 한국인에게 일본어 한자 학습은 매우 유리합니다. 뜻이 비슷한 데다가 음도 비슷한 부분이 많아 쓰기, 읽기만 반복하면 충분히 정복할 수 있습니다.

이 책은 일본의 초등학교에서 배우는 한자를 학년별로 나누어 음과 훈, 의미를 적고 단어와 예문을 제시하였습니다. 또한 새롭게 개정된 JLPT의 급수를 제시하여 JLPT에도 대비할 수 있게끔 만든 책입니다. 단어와 예문은 되도록 일본의 실생활에서 응용할 수 있는 것을 실었으므로 쓰기와 읽기를 병행하며 예문을 학습하면 회화 연습에도 많은 도움이 되리라고 생각합니다.

한자는 한번 학습을 했더라도 반복하거나 활용하지 않으면 금방 잊어버립니다. 본서는 매일 공부한 분량을 복습할 수 있는 확인 문제를 인터넷으로 제공하고 책에는 6, 7일 째마다 푸는 연습 문제를 실어 계속 확인하고 반복하도록 하였습니다. 한자를 쓰고 읽는 일은 쉽지 않지만 포기하지 않고 학습하다 보면 어휘가 많이 향상되어 일본어 실력도 상당히 좋아지리라 믿어 의심치 않습니다. 아무쪼록 이 교재로 한자를 꾸준히 학습하여 일본어를 정복하시기 바랍니다.

저자 일동

이 책의 구성과 특징

1 생활에 필요한 많은 한자를 부담 없이 익힐 수 있습니다.

본서는 일본 문부과학성이 지정한 일본어 상용한자 2136자 중에서 일본 초등학생들이 배우는 교육한자 1026자를 학년별로 차례대로 배열하였습니다.

1학년부터 3학년까지는 익히기 쉬운 한자부터 임의로 배열하였고, 4학년부터 6학년까지는 한글의 자모순으로 배열하였습니다. 1학년 한자는 unit 한 개, 2학년부터 6학년까지는 unit 두 개로 구성하여 총 열한 개의 unit입니다. 각 unit당 80~100자씩으로 나누어 총 1026자를 부담 없이 학습할 수 있으며 unit이 끝날 때마다 연습 문제를 수록하여 충분히 복습할 수 있도록 고려하였습니다.

상용한자 일본 문부과학성이 법령이나 공용문서, 신문, 방송 등 일반 사회 생활에서 쓰도록 권장하는 한자입니다. 2010년 11월 30일 새롭게 지정되어 총 2136자의 상용한자가 있습니다.

교육한자 상용한자 중에서 일본 초등학생들이 배우도록 지정된 한자입니다.
2020년 4월 1일 새롭게 개정된 1026자의 학년별 한자 수는 다음과 같습니다.

1학년	80자	2학년	160자	3학년	200자
4학년	202자	5학년	193자	6학년	191자

2 JLPT 대비도 문제 없습니다.

본서는 JLPT(일본어능력시험)에 대비할 수 있도록 표제 한자 밑에 N5부터 N1까지의 급수를 표시하였습니다. 또한 6일과 7일째의 연습 문제는 JLPT의 출제 형식을 모방하였습니다. 따라서 한자가 JLPT의 몇 급에 해당하는지 확인하면서 학습할 수 있으며, 연습 문제를 모의시험처럼 활용해도 좋습니다.

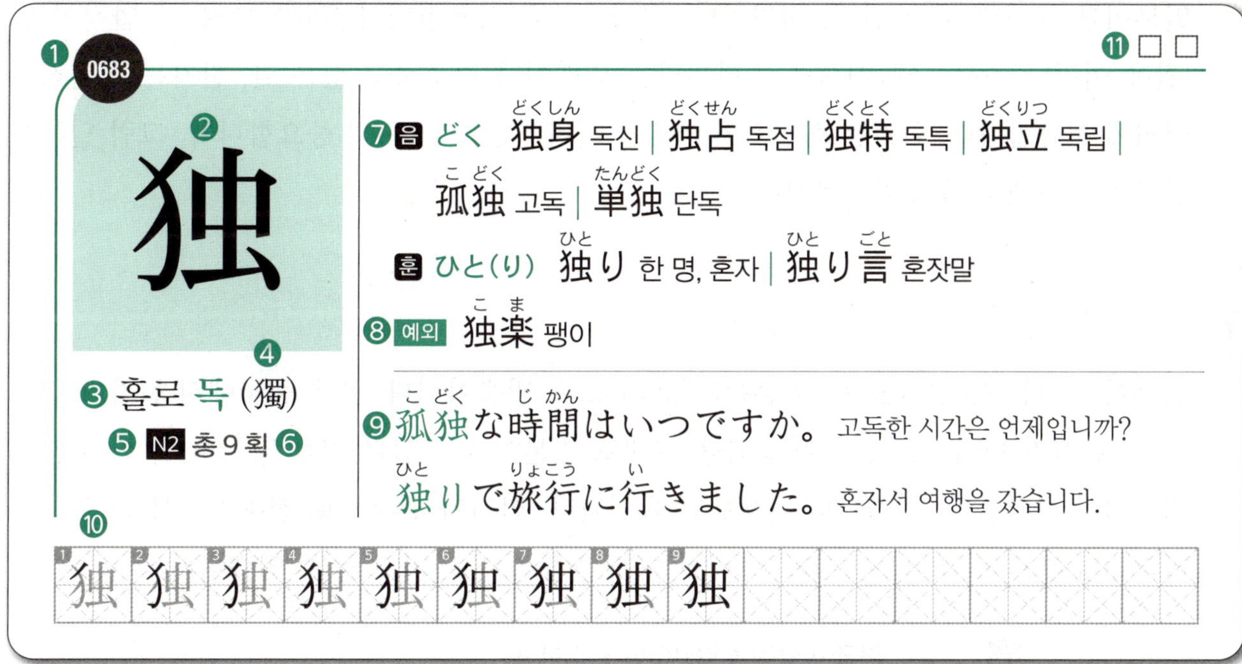

❶ 일련번호 | 1부터 1026까지의 일련번호입니다.
　　　　　다락원 홈페이지에서 단어·예문의 음성(mp3) 파일을 들으실 때 일련번호를 참고해 주세요.

❷ 표제 한자 | 보기 쉽게 한자를 크게 표시했습니다.

❸ 우리말 음훈 | 우리나라에서 쓰는 뜻과 음을 표기하였습니다.

❹ 한국 한자 | 우리나라에서 쓰는 한자(정자)가 따로 있는 경우 표기해 두었습니다.

❺ JLPT 급수 | N5부터 N1까지의 JLPT의 각 해당하는 급수를 표시하여 JLPT에 대비하도록 하였습니다.

❻ 총획 | 한자의 총획을 표시하였습니다

❼ 일본어 음훈과 단어의 예 | 자주 쓰는 대표적인 단어의 음과 훈을 적고 각각의 의미를 적었습니다.

❽ 예외 | 특별하게 읽는 단어를 예시하였습니다.

❾ 예문 | 음독 단어, 훈독 단어를 이용한 예문을 각각 한 문장씩 실었습니다.

❿ 쓰는 순서 | 한자의 쓰는 순서를 제시하여 올바른 쓰기 학습이 가능하도록 하였습니다.
　　　　　우리나라에서 쓰는 한자와 일본어 한자는 필순이 다를 때도 있습니다.
　　　　　빈칸은 한자 쓰기 공간으로 활용해 보세요.

⓫ □□ | 학습을 한 후 암기한 한자를 체크하기 위한 공간입니다.

일본어 한자

일본어를 표기할 때는 한자, 히라가나, 가타카나를 사용합니다. 히라가나는 문법적인 말 (활용 어미나 조사, 조동사 등), 가타카나는 외래어나 강조하고 싶은 말, 한자는 실질적인 어휘에 사용합니다. 한자는 실질적인 어휘를 나타내는 만큼 특히 중요합니다. 그럼 일본어 한자의 특징에 대하여 알아봅시다.

1 한자에는 음(音)과 훈(訓)이 있습니다.

일본어 한자는 음독(音読み)과 훈독(訓読み)으로 발음합니다. 음은 중국에서 한자가 건너 올 때 한자가 나타내는 중국어 발음을 그대로 일본어에 도입한 것을 말합니다. 한편 훈은 일본인이 한자를 알기 전부터 사용했던 음입니다. 한자가 일본으로 전해지면서 같은 뜻을 나타내자 훈으로 읽게 되었지요. 그래서 대개 훈을 보면 의미도 알 수 있습니다.

山		
음	さん	중국어 발음을 일본어에 도입한 음
훈	やま	한자가 나타내는 중국어 의미를 일본어로 표기한 것

生		
음	せい, しょう	
훈	いきる, いかす, いける, うまれる, うむ, おう, はえる, はかす, なま, き	

우리나라에서는 한자에 음독과 훈독이 하나씩인 경우가 많지만, 일본어 한자는 음독과 훈독이 다양하며 의미가 여러 가지인 경우도 많습니다.

2 발음이 변할 때가 있습니다.

한자의 앞이나 뒤에 다른 한자나 단어가 붙어서 새로운 단어가 되었을 때 예와 같이 발음이 변하거나 특별하게 읽는 경우가 있습니다.

① 音便化(음편화): 앞의 음이 뒤의 음의 영향을 받아 촉음으로 바뀌는 현상입니다.

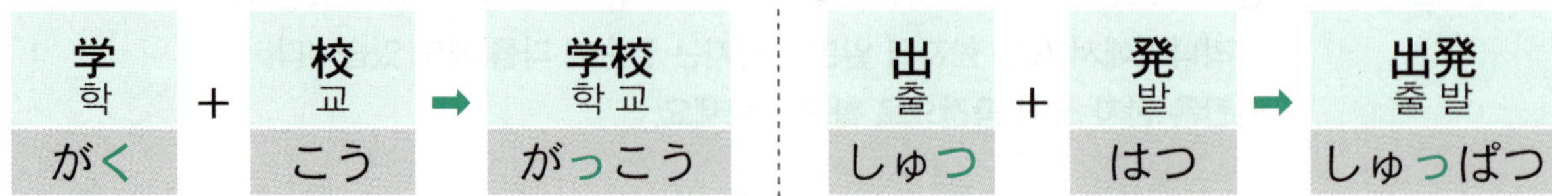

② 連濁(연탁): 뒤의 첫음이 청음에서 탁음으로 바뀌는 현상입니다.

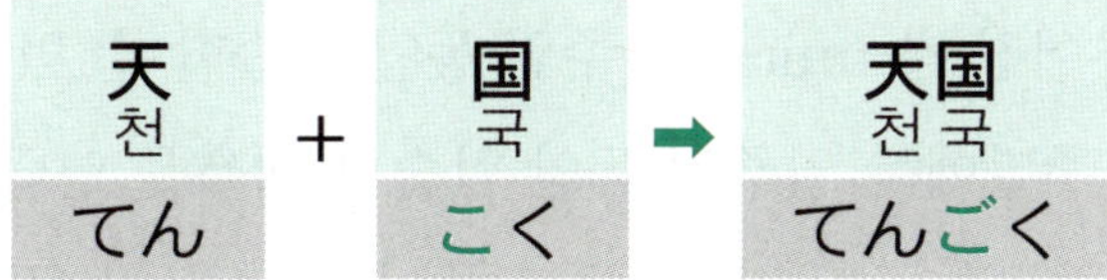

③ 連声(연성): 앞의 음이 ん・ち・つ로 끝날 때 あ・や・わ행이 이어지면 그 음이 な・ま・た행으로 바뀌는 현상입니다.

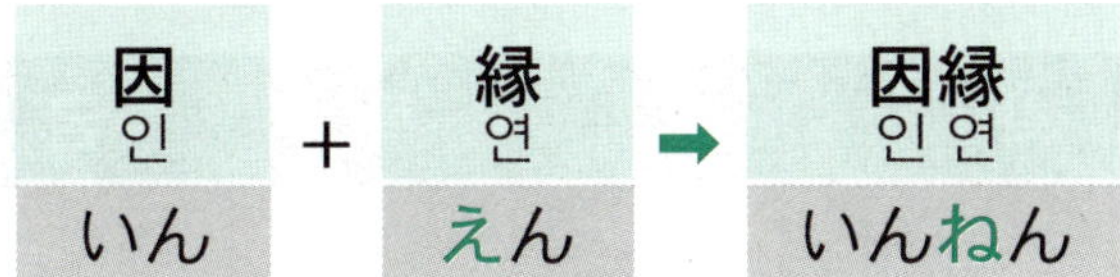

④ 当て字: 특별하게 읽는 경우입니다.

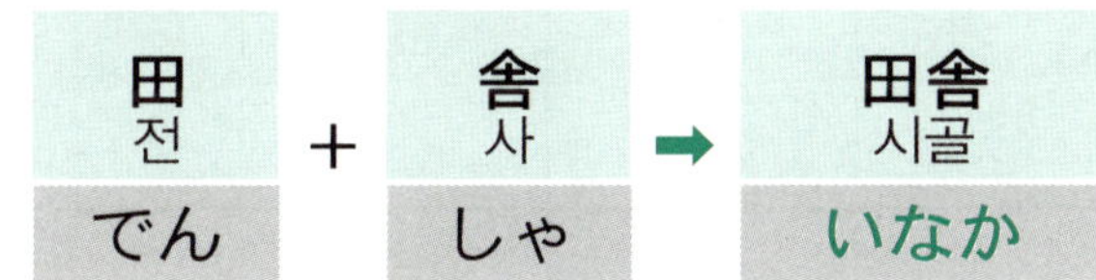

본서에서는 단어의 음편화, 연탁, 연성에 대한 설명은 따로 하지 않았습니다.
특별하게 읽으나 자주 사용하는 当て字는 '예외'라고 표시해 두었습니다.

3 오쿠리가나(送り仮名)

오쿠리가나는 문장을 읽을 때 쉽게 읽기 위하여 한자 뒤에 붙는 히라가나를 말합니다. 오쿠리가나는 기본적으로 훈독으로 읽는 동사, イ・ナ형용사, 부사(일부)에 있고, 동사, 형용사에는 활용 어미(活用語尾)에, 부사에는 마지막 음절(音節)에 사용하여 정확한 의미, 문맥을 알게 하는 역할을 합니다. 오쿠리가나에 따라 의미가 달라지므로 주의하여야 합니다. 본서에서는 오쿠리가나를 괄호에 넣어 표시하였습니다.

동사 閉まる 닫히다　閉める 닫다　生む 낳다　生まれる 태어나다

イ형용사 細い 가늘다　細かい 상세하다, 작다　苦しい 괴롭다　苦い (맛이) 쓰다

ナ형용사 幸せだ 행복하다　幸いだ 다행이다

부사 最も 가장　必ず 꼭　概ね 대강, 대체로

11주 학습 계획표

　『NEW 일본어 상용한자 기초 마스터 1026』을 학습하는 독자분들을 위해 11주 완성으로 학습 계획표를 짰습니다. 80~100자로 이루어진 각 unit을 일주일 동안 학습할 수 있게 일련번호순으로 하루에 약 16~20자씩 나누었습니다. 주말에는 일주일 동안 학습한 내용을 연습 문제를 풀어 보며 꼼꼼하게 복습하세요. 단어와 예문의 음성(mp3) 파일, 매일 풀어 보는 확인 문제도 다락원 홈페이지에서 제공하니 다운로드하여 활용해 보세요.

		월	화	수	목	금	토·일
1주	초등학교 **1학년** 한자	1~16	17~32	33~48	49~64	65~80	연습 문제 1, 2
2주	초등학교 **2학년** 한자 ①	81~96	97~112	113~128	129~144	145~160	연습 문제 3, 4
3주	초등학교 **2학년** 한자 ②	161~176	177~192	193~208	209~224	225~240	연습 문제 5, 6
4주	초등학교 **3학년** 한자 ①	241~260	261~280	281~300	301~320	321~340	연습 문제 7, 8
5주	초등학교 **3학년** 한자 ②	341~360	361~380	381~400	401~420	421~440	연습 문제 9, 10

6~11주 계획표는 다음 권(4~6학년)에 있습니다.

차례

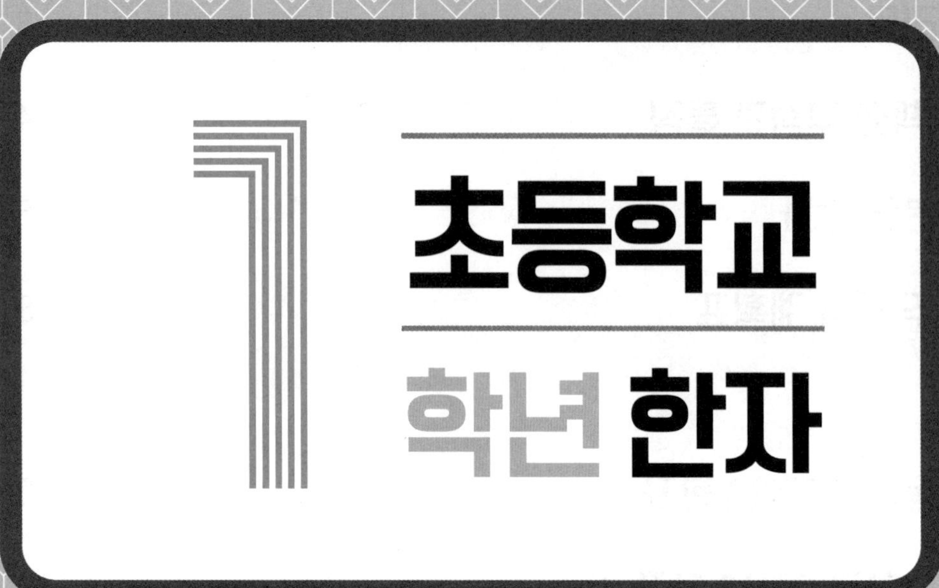
1
초등학교
학년 한자

一	二	三	四	五	六	七	八
한 일	두 이	석 삼	넉 사	다섯 오	여섯 육(륙)	일곱 칠	여덟 팔
九	十	百	千	年	日	月	火
아홉 구	열 십	일백 백	일천 천	해 년	날 일	달 월	불 화
水	木	金	土	上	下	大	中
물 수	나무 목	쇠 금	흙 토	윗 상	아래 하	큰 대	가운데 중
小	左	右	白	赤	青	口	耳
작을 소	왼 좌	오른 우	흰 백	붉을 적	푸를 청	입 구	귀 이
目	手	足	文	字	先	生	学
눈 목	손 수	발 족	글월 문	글자 자	먼저 선	날 생	배울 학
校	車	出	入	山	川	天	石
학교 교	수레 차(거)	날 출	들 입	뫼 산	내 천	하늘 천	돌 석
森	林	空	気	雨	夕	男	女
수풀 삼	수풀 림	빌 공	기운 기	비 우	저녁 석	사내 남	여자 녀
人	名	王	子	力	正	犬	虫
사람 인	이름 명	임금 왕	아들 자	힘 력	바를 정	개 견	벌레 충
貝	花	草	竹	円	玉	糸	見
조개 패	꽃 화	풀 초	대 죽	둥글 원	구슬 옥	실 사	볼 견
音	休	本	立	早	田	町	村
소리 음	쉴 휴	근본 본	설 립	이를 조	밭 전	밭두둑 정	마을 촌

음 いち, いつ　一年 1년 | 一番 첫 번째, 가장 | 一回 한 번
훈 ひと, ひと(つ)　一人 한 명, 혼자 | 一つ 한 개, 하나
예외 一日 초하루, 1일

一年は365日です。 1년은 365일입니다.

一つ、いくらですか。 한 개에 얼마입니까?

한 일
N5 총1획

음 に　二回 2회, 두 번 | 二時 두 시 | 二年 2년
훈 ふた, ふた(つ)　二人 두 명 | 二つ 두 개
예외 二十歳 스무 살, 20세 | 二十日 20일 | 二日 2일, 이틀

二時に学校で会いましょう。
두 시에 학교에서 만납시다.

ケーキを二つください。 케이크 두 개 주세요.

두 이
N5 총2획

음 さん　三人 세 명 | 三年生 3학년 | 三枚 세 장
훈 み, み(つ), みっ(つ)　三日 3일, 사흘 | 三つ 세 개

妹は大学三年生です。 여동생은 대학교 3학년입니다.

三月三日はひなまつりです。 3월 3일은 히나 마쓰리입니다.

*ひなまつり: 히나 마쓰리, 여자아이의 건강을 기원하는 행사

석 삼
N5 총3획

0004

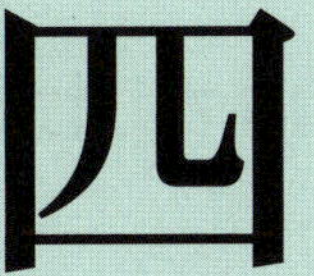

四

넉 사

N5 총 5 획

음 し　四月 4월 | 四季 사계

훈 よ, よ(つ), よっ(つ), よん　四時 네 시 | 四日 4일 | 四つ 네 개 | 四歳 네 살

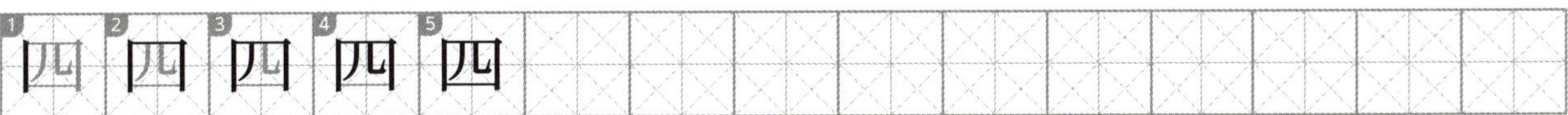

今日は四月四日です。 오늘은 4월 4일입니다.

切手を四枚ください。 우표 네 장 주세요.

四 四 四 四 四

0005

五

다섯 오

N5 총 4 획

음 ご　五時 다섯 시 | 五人 다섯 명 | 五年 5년

훈 いつ, いつ(つ)　五日 5일 | 五つ 다섯 개

五月五日は子どもの日です。
5월 5일은 어린이날입니다.

りんごが五つあります。 사과가 다섯 개 있습니다.

五 五 五 五

0006

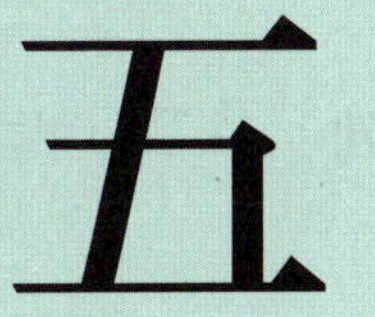

六

여섯 육(륙)

N5 총 4 획

음 ろく　六月 6월 | 六時 여섯 시 | 六人 여섯 명 | 六本 여섯 병

훈 む, むい, む(つ), むっ(つ)　六日 6일 | 六つ 여섯 개

会社は六時に終わります。 회사는 여섯 시에 끝납니다.

ドーナツを六つ買いました。
도너츠를 여섯 개 샀습니다.

六 六 六 六

七

음 しち　七月 7월 | 七時 일곱 시 | 七人 일곱 명

훈 なな, なな(つ), なの　七本 일곱 병 | 七つ 일곱 개 | 七日 7일

毎日、夜七時のニュースを見ます。
매일 저녁 일곱 시 뉴스를 봅니다.

アイスクリームを七つください。
아이스크림을 일곱 개 주세요.

일곱 **칠**
N5 총 2 획

七 七

八

음 はち　八月 8월 | 八人 여덟 명

훈 や, や(つ), やっ(つ), よう　八百屋 채소 가게 | 八つ 여덟 개 | 八日 8일

私の誕生日は八月八日です。 내 생일은 8월 8일입니다.

八百屋でトマトを買いました。
채소 가게에서 토마토를 샀습니다.

여덟 **팔**
N5 총 2 획

八 八

九

음 く, きゅう　九月 9월 | 九時 아홉 시 | 九階 9층
九歳 아홉 살 | 九人 아홉 명

훈 ここの, ここの(つ)　九日 9일 | 九つ 아홉 개

銀行は九時に始まります。 은행은 아홉 시에 시작합니다.

十月九日はハングルの日です。
10월 9일은 한글날입니다.

아홉 **구**
N5 총 2 획

九 九

0010

열 **십**
N5 총 2획

음 **じゅう, じっ** 十月 10월 | 十人 열 명 | 十回・十回 10회 | 十分・十分 10분
(じゅうがつ / じゅうにん / じゅっかい・じっかい / じゅっぷん・じっぷん)

훈 **と, とお** 十日 10일, 열흘
(とお か)

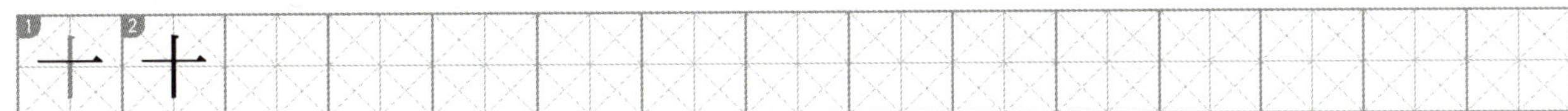

教室の中に学生が十人います。
(きょうしつ / なか / がくせい / じゅうにん)
교실 안에 학생이 열 명 있습니다.

十日間、旅行に行きます。
(とお か かん / りょこう / い)
열흘간 여행을 갑니다.

1	2								
十	十								

0011

百

일백 **백**
N5 총 6획

음 **ひゃく** 百円玉 백 엔짜리 동전 | 百人 백 명 | 百年 백 년 | 百貨店 백화점
(ひゃくえんだま / ひゃくにん / ひゃくねん / ひゃっ か てん)

百円玉がありません。 백 엔짜리 동전이 없습니다.
(ひゃくえんだま)

百貨店でバッグを買いました。
(ひゃっ か てん / か)
백화점에서 가방을 샀습니다.

1	2	3	4	5	6				
百	百	百	百	百	百				

0012

千

일천 **천**
N5 총 3획

음 **せん** 千円 천 엔 | 千人 천 명 | 千年 천 년
(せんえん / せんにん / せんねん)

훈 **ち** 千切る 손으로 잘게 찢다 | 千代 영원
(ち ぎ / ち よ)

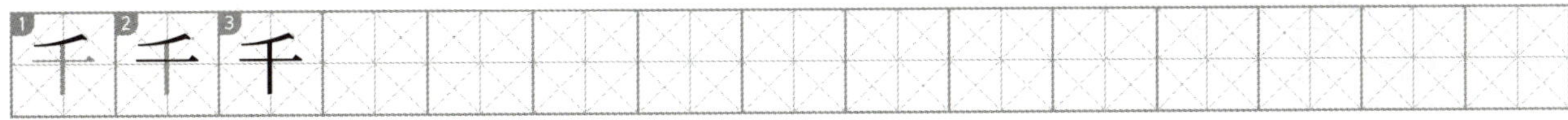

この寺は千年前の建物です。 이 절은 천 년 전 건물입니다.
(てら / せんねんまえ / たてもの)

これは千切り絵の作品です。
(ち ぎ / え / さくひん)
이것은 손으로 찢어 붙여 만든 작품입니다.

* 千切り絵: 손으로 잘게 찢어 만든 그림

1	2	3							
千	千	千							

0013

年

해 년
N5 총 6획

- 음 ねん 　学年 학년 | 新年 새해 | 四年生 4학년 | 来年 내년
- 훈 とし 　年 나이, 해 | 年上 손윗사람, 연장자 | お年玉 새뱃돈 | お年寄り 노인 | 毎年 매년

新年、あけましておめでとうございます。
새해 복 많이 받으세요.

お正月にお年玉をもらいました。
설날에 세뱃돈을 받았습니다.

0014

日

날 일
N5 총 4획

- 음 にち, じつ 　一日 하루 | 今日・今日・本日 오늘 | 毎日 매일 | 休日 휴일 | 平日 평일
- 훈 ひ, か 　日帰り 당일치기 | 朝日 아침 해 | 日曜日 일요일 | 二十日 20일

本日はセールです。　오늘은 세일입니다.

日帰りで温泉に行きます。　당일치기로 온천에 갑니다.

0015

月

달 월
N5 총 4획

- 음 げつ, がつ 　月末 월말 | 月曜日 월요일 | 八月 8월 | 生年月日 생년월일
- 훈 つき 　月 달, 한 달 | 月日 월일, 날짜, 세월

生年月日を書いてください。　생년월일을 써 주세요.

月がきれいです。　달이 예쁩니다.

0016

火

불 **화**
N5 총 4획

- 음 **か** 火山 화산 | 火事 화재 | 火曜日 화요일
- 훈 **ひ, ほ** 火 불 | 花火 불꽃놀이

火事に気をつけましょう。 화재에 주의합시다.

月末に花火大会があります。
월말에 불꽃놀이 축제가 있습니다.

1	2	3	4
火	火	火	火

0017

水

물 **수**
N5 총 4획

- 음 **すい** 水泳 수영 | 水道 수도 | 水曜日 수요일 | 香水 향수
- 훈 **みず** 水 물 | 水着 수영복 | 水時計 물시계 | 鼻水 콧물

水泳が好きです。 수영을 좋아합니다.

水一杯お願いします。 물 한 잔 부탁합니다.

1	2	3	4
水	水	水	水

0018

木

나무 **목**
N5 총 4획

- 음 **もく, ぼく** 木材 목재 | 木造 목조 | 木曜日 목요일 | 土木 토목
- 훈 **き, こ** 木 나무 | 並木 가로수 | 木の葉 나뭇잎

木曜日のメニューは何ですか。
목요일 메뉴는 무엇입니까?

この公園は木が多いです。 이 공원은 나무가 많습니다.

1	2	3	4
木	木	木	木

0019

金

쇠 금

N5 총 8획

음 **きん, こん** 　金色・金色 금색 | 金庫 금고 | 金曜日 금요일 | 税金 세금 | 黄金 황금

훈 **かね, かな** 　お金 돈 | お金持ち 부자 | 金物 철물

銀行に金庫があります。 은행에 금고가 있습니다.

お金をきれいに使ってください。
돈을 깨끗하게 써 주세요.

金	金	金	金	金	金	金	金

0020

土

흙 토

N5 총 3획

음 **ど, と** 　土日 토요일과 일요일, 주말 | 土曜日 토요일 | 国土 국토 | 土地 토지

훈 **つち** 　土 흙 | 土ぼこり 흙먼지

土日は割引きできません。 주말에는 할인이 되지 않습니다.

植木鉢に土を入れます。 화분에 흙을 담습니다.

土	土	土

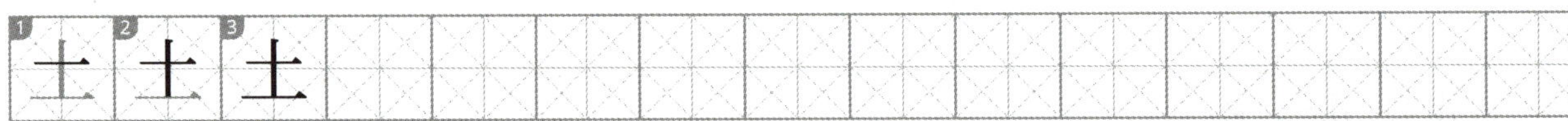

0021

上

윗 상

N5 총 3획

음 **じょう** 　上下 상하 | 上手 잘함, 능함 | 上流 상류 | 地上 지상

훈 **うえ, うわ, かみ, あ(げる), あ(がる), のぼ(る)**

上 위 | 上着 겉옷, 상의 | 上げる 올리다 | 上がる 오르다, 올라가다 | 上る 오르다, 올라가다

日本語が上手になりたいです。 일본어를 잘하고 싶습니다.

暑かったら上着を脱いでください。
더우면 겉옷을 벗으세요.

上	上	上

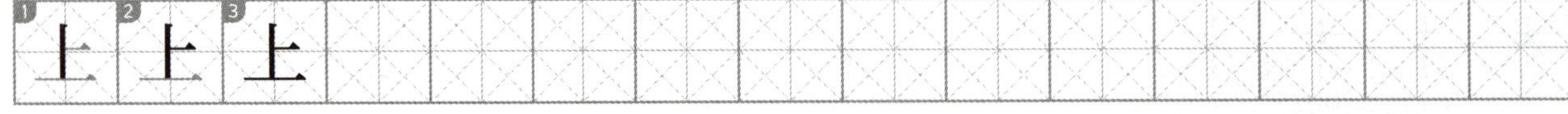

0022 下

아래 하
N5 총 3획

음 か, げ　下流 하류 | 地下 지하 | 地下鉄 지하철 | 下車 하차 | 下宿 하숙

훈 した, しも, もと, さ(げる), さ(がる), くだ(る), お(りる), お(ろす)
下 아래, 밑 | 下げる 낮추다 | 下がる 내려가다 | 下る 내려가다 | 下りる 내리다 | 下ろす 내리다

食堂は地下一階です。
식당은 지하 1층입니다.
今月から急に気温が下がりました。
이번 달부터 갑자기 기온이 떨어졌습니다.

0023 大

큰 대
N5 총 3획

음 だい, たい　大学 대학 | 大丈夫 괜찮음 | 大会 대회 | 大陸 대륙

훈 おお, おお(きい), おお(いに)　大雨 큰비, 폭우 | 大通り 큰길 | 大きい 크다
예외 大人 어른

大学一年生です。 대학교 1학년입니다.
大きい車がほしいです。
큰 차를 갖고 싶습니다.

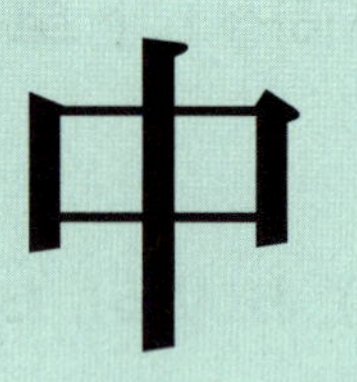

0024

□ □

음 ちゅう, じゅう　中学生 중학생 | 中心 중심 | 食事中 식사 중 |
一日中 하루 종일

훈 なか　中 속, 안 | 中身 내용물 | 夜中 한밤중

弟は中学生です。　남동생은 중학생입니다.

箱の中身は何ですか。　상자 속에 든 것은 무엇입니까?

가운데 중
N5 총 4획

1	2	3	4
中	中	中	中

0025

□ □

음 しょう　小学生 초등학생 | 小説 소설 | 中小 중소
훈 ちい(さい), こ, お　小さい 작다 | 小切手 수표 | 小包 소포 |
小川 시냇물

日本の小説が好きです。　일본 소설을 좋아합니다.

小包を開けてみてください。　소포를 열어 보세요.

작을 소
N5 총 3획

1	2	3
小	小	小

0026

□ □

음 さ　左折 좌회전
훈 ひだり　左 왼쪽 | 左側 왼쪽 | 左利き 왼손잡이 | 左手 왼손

ここで左折してください。　여기에서 좌회전해 주세요.

彼は左利きです。　그는 왼손잡이입니다.

왼 좌
N5 총 5획

1	2	3	4	5
左	左	左	左	左

0027

□ □

음 う, ゆう 　右往左往 우왕좌왕 | 右折 우회전 | 左右 좌우

훈 みぎ 　右 오른쪽 | 右側 오른쪽 | 右手 오른손

左右をよく見てください。 좌우를 잘 보세요.

右に曲がってください。 오른쪽으로 돌아 주세요.

오른 **우**

N5 총 5 획

1	2	3	4	5
右	右	右	右	右

0028

□ □

음 はく, びゃく 　白紙 백지 | 白夜・白夜 백야 | 紅白 홍백 | 告白 고백

훈 しろ, しら, しろ(い) 　白 하양 | 白雪姫 백설공주 | 白い 희다, 하얗다

흰 **백**

N5 총 5 획

紅白に分かれて、運動会をしました。
홍팀 백팀으로 나뉘어 운동회를 했습니다.

ゆりの花は白くて、きれいです。 백합꽃은 하얗고 예쁩니다.

1	2	3	4	5
白	白	白	白	白

0029

□ □

음 せき, しゃく 　赤十字 적십자 | 赤道 적도 | 赤飯 팥밥

훈 あか, あか(い), あか(らむ), あか(らめる) 　赤 빨강 | 赤字 적자 | 赤信号 적신호, 빨간불(횡단보도) | 赤ちゃん 아기 | 赤い 빨갛다

붉을 **적**

N4 총 7 획

大学の近くに赤十字病院があります。
대학 근처에 적십자 병원이 있습니다.

赤ちゃんが泣いています。 아기가 울고 있습니다.

1	2	3	4	5	6	7
赤	赤	赤	赤	赤	赤	赤

0030

푸를 청 (青)
N4 총 8획

- 음 **せい, しょう** 　青春 청춘 | 青少年 청소년
- 훈 **あお, あお(い)** 　青 파랑 | 青信号 청신호, 파란불(횡단보도) |
青空 푸른 하늘 | 青い 파랗다

この町には青少年が多いです。
이 마을에는 청소년이 많습니다.
青信号になるまで待ちましょう。
파란불이 될 때까지 기다립시다.

1	2	3	4	5	6	7	8
青	青	青	青	青	青	青	青

0031

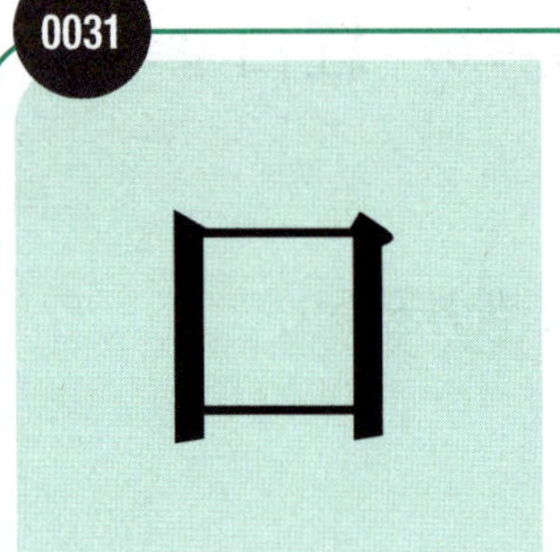

입 구
N4 총 3획

- 음 **こう, く** 　口座 계좌 | 人口 인구 | 口調 말투, 어조
- 훈 **くち** 　口 입 | 一口 한마디, 한 입, 한 모금 | 入り口 입구 |
出口 출구

中国は人口が多いです。 중국은 인구가 많습니다.
出口はどこですか。 출구는 어디입니까?

1	2	3
口	口	口

0032

귀 이
N5 총 6획

- 음 **じ** 　耳鼻科 이비인후과 | 耳目 이목
- 훈 **みみ** 　耳 귀 | 初耳 초문, 처음 들음

この本は耳目を集めています。
이 책은 이목을 끌고 있습니다.
それは初耳です。 그것은 처음 들었습니다.

1	2	3	4	5	6
耳	耳	耳	耳	耳	耳

0033

目

눈 **목**

N5 총 5 획

- 음 **もく, ぼく** 目的 목적 | 科目 과목 | 注目 주목 | 面目·面目 면목
- 훈 **め, ま** 目 눈 | 目上 손위, 연장자 | 目覚まし時計 자명종

日本に行く目的は何ですか。
일본에 가는 목적은 무엇입니까?

目上の人を大事にしてください。
손윗사람을 소중하게 대해 주세요.

1	2	3	4	5
目	目	目	目	目

0034

手

손 **수**

N5 총 4 획

- 음 **しゅ** 手話 수화 | 歌手 가수 | 投手 투수
- 훈 **て, た** 手 손 | 手紙 편지 | 手袋 장갑 | 下手 서투름

手話が習いたいです。 수화를 배우고 싶습니다.

暖かい手袋がほしいです。
따뜻한 장갑을 갖고 싶습니다.

1	2	3	4
手	手	手	手

0035

足

발 **족**

N4 총 7 획

- 음 **そく** 一足 한 켤레, 한 발 | 遠足 소풍 | 不足 부족 | 満足 만족
- 훈 **あし, た(りる), た(る), た(す)** 足 발 | 手足 손발 | 足りる 충분하다 | 足す 더하다

アフターサービスは満足でしたか。
애프터서비스는 만족하셨습니까?

勉強する時間が足りないです。 공부할 시간이 부족합니다.

1	2	3	4	5	6	7
足	足	足	足	足	足	足

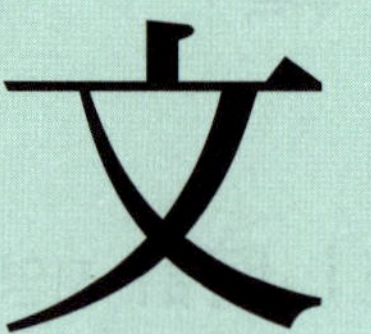

0036

글월 **문**
N4 총 4 획

- 음 **ぶん, もん** 文化 문화 | 文学 문학 | 作文 작문 | 文句 불평, 문구 | 文字 문자, 글자
- 훈 **ふみ** 文 문서, 책 | 恋文 연애 편지

作文がきらいです。 작문을 싫어합니다.

昔の人は恋文をよく書きました。
옛날 사람은 연애 편지를 자주 썼습니다.

文 文 文 文

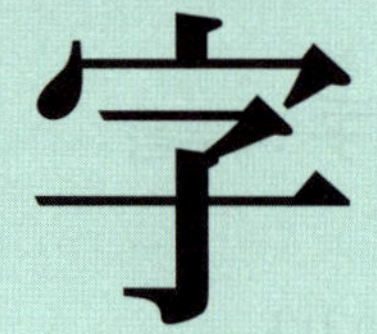

0037

글자 **자**
N4 총 6 획

- 음 **じ** 赤字 적자 | 漢字 한자 | 黒字 흑자 | 数字 숫자 | 文字 문자, 글자
- 훈 **あざ**

日本語の漢字は難しいです。 일본어 한자는 어렵습니다.

ファックスの文字が読めません。
팩스의 글자를 읽을 수 없습니다.

字 字 字 字 字 字

0038

먼저 **선**
N5 총 6 획

- 음 **せん** 先月 지난달 | 先週 지난주 | 先生 선생(님) | 先輩 선배(님)
- 훈 **さき** 先に 먼저, 전에

先輩から教科書をもらいました。
선배에게 교과서를 받았습니다.

お先に失礼します。 먼저 실례하겠습니다.

先 先 先 先 先 先

0039

生

날 생
N5 총 5획

음 せい, しょう 生物 생물 | 学生 학생 | 人生 인생 | 先生 선생(님) | 一生 일생, 평생

훈 い(きる), い(かす), い(ける), う(まれる), う(む), お(う), は(える), は(やす), なま, き

生きる 살다 | 生かす 살리다 | 生ける 꽂다, 살리다 | 生け花 꽃꽂이 | 生まれる 태어나다 | 生える 자라다 | 生ビール 생맥주

田中先生は優しいです。
다나카 선생님은 상냥합니다.

先月、赤ちゃんが生まれました。
지난달에 아기가 태어났습니다.

生 生 生 生 生

0040

学

배울 학 (學)
N5 총 8획

음 がく 学習 학습 | 学費 학비 | 科学 과학 | 進学 진학 | 大学 대학 | 入学 입학

훈 まな(ぶ) 学ぶ 배우다

大学に入学しました。
대학에 입학했습니다.

先生から人生の大事なことを学びました。
선생님에게 인생의 중요한 것을 배웠습니다.

学 学 学 学 学 学 学 学

□ □

0041

校

학교 교
N5 총 10 획

음 こう　校長 교장 ｜ 校門 교문 ｜ 学校 학교 ｜ 高校生 고등학생 ｜
母校 모교

学校の友達に会いました。
학교 친구를 만났습니다.

彼と私は母校が同じです。
그와 나는 모교가 같습니다.

□ □

0042

車

수레 차(거)
N5 총 7 획

음 しゃ　新車 새 차, 신차 ｜ 自動車 자동차 ｜ 中古車 중고차 ｜
駐車 주차 ｜ 電車 전철

훈 くるま　車 자동차 ｜ 車いす 휠체어

先月、中古車を買いました。
지난달에 중고차를 샀습니다.

車の多い時代になりました。
차가 많은 시대가 되었습니다.

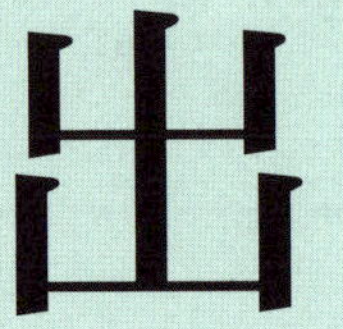

□ □

0043

出

날 출
N5 총 5 획

음 しゅつ, すい　出現 출현 ｜ 出席 출석 ｜ 出発 출발 ｜ 支出 지출 ｜
出納 출납

훈 で(る), だ(す)　出る 나가다, 나오다 ｜ 出前 배달 요리 ｜
出す 내다

あしたは必ず出席します。　내일은 꼭 출석하겠습니다.

一人一万円ずつ出してください。　한 사람당 만 엔씩 내세요.

0044

들 입
N5 총 2획

- 음 にゅう　入院 입원 | 入学 입학 | 入試 입시 | 入場 입장
- 훈 い(る), い(れる), はい(る)　入り口 입구 | 入れる 넣다 | 押し入れ 벽장 | 入る 들어오다

病気で入院しました。 병 때문에 입원했습니다.
十時に始まるので、十時までに入ってください。
열 시에 시작하니까 열 시까지 들어와 주세요.

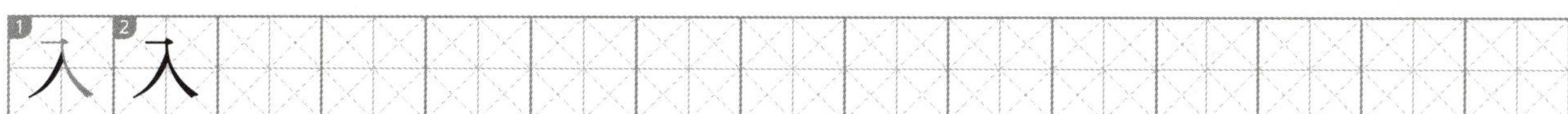

入　入

0045

山

뫼 산
N5 총 3획

- 음 さん　山水 산수 | 火山 화산 | 登山 등산 | 富士山 후지산
- 훈 やま　山 산 | 山火事 산불

富士山に登ったことはありません。
후지산에 오른 적은 없습니다.
韓国は山が多いです。 한국은 산이 많습니다.

山　山　山

0046

川

내 천
N5 총 3획

- 음 せん　河川 하천
- 훈 かわ　川 강 | 川上 강의 상류 | 川下 강의 하류

近くで河川工事をしています。
근처에서 하천 공사를 하고 있습니다.
ソウルには大きな川が流れています。
서울에는 큰 강이 흐릅니다.

川　川　川

0047

天

하늘 **천**
N5 총 4획

음 **てん** 天気 날씨 | 天国 천국 | 天才 천재 | 天文台 천문대 | 雨天 우천, 비가 옴
훈 **あま, あめ** 天の川 은하수

雨天のときは、運動会は中止です。
비가 오면 운동회는 중지입니다.

天気のいいときは天の川がよく見えます。
날씨가 좋을 때는 은하수가 잘 보입니다.

天 天 天 天

0048

石

돌 **석**
N3 총 5획

음 **せき, しゃく, こく** 化石 화석 | 宝石 보석 | 石油 석유 | 磁石 자석
훈 **いし** 石 돌 | 石段 돌계단 | 小石 작은 돌

最近、石油の値段が高いです。
요즘 석유 가격이 비쌉니다.

きれいな石を拾いました。 예쁜 돌을 주웠습니다.

石 石 石 石 石

0049

森

수풀 **삼**
N4 총 12획

음 **しん** 森林 삼림
훈 **もり** 森 숲

森林公園を歩きましょう。 삼림 공원을 걸읍시다.

森の中は昼間も暗いです。 숲속은 낮에도 어둡습니다.

森 森 森 森 森 森 森 森 森 森 森 森

0050 林

음 りん　林業 임업 | 林野 임야 | 森林 삼림

훈 はやし　林 숲 | 松林 송림, 솔숲

北海道には広い林野があります。
홋카이도에는 넓은 임야가 있습니다.

林の中できのこをとりました。
숲속에서 버섯을 땄습니다.

수풀 림
N4 총8획

林 林 林 林 林 林 林 林

0051 空

음 くう　空間 공간 | 空気 공기 | 空港 공항

훈 そら, あ(く), あ(ける), から　空 하늘 | 空く 비다

空き缶 빈 깡통 | 空っぽ 텅빔

雨が降って空気がきれいです。
비가 내려서 공기가 깨끗합니다.

財布が空っぽになりました。　지갑이 텅텅 비었습니다.

빌 공
N5 총8획

空 空 空 空 空 空 空 空

0052 気

음 き, け　気温 기온 | 気持ち 기분 | 電気 전기 | 人気 인기 |

気配 기색, 낌새

急に気温が高くなりました。
갑자기 기온이 높아졌습니다.

秋の気配がします。　가을이 느껴집니다.

기운 기 (氣)
N5 총6획

気 気 気 気 気 気

雨

비 우
N5 총 8획

- 음 う 雨季·雨期 우기 | 雨天 우천, 비가 옴 | 雨量 강수량 | 梅雨·梅雨 장마
- 훈 あめ, あま 雨 비 | 大雨 큰비, 폭우 | 雨具 우비, 비옷 | 雨水 빗물 | 雨宿り 비를 피함

七月と八月は雨量が多いです。
7월과 8월은 강수량이 많습니다.

大雨のときは雨具が必要です。
폭우가 내릴 때는 우비가 필요합니다.

1	2	3	4	5	6	7	8
雨	雨	雨	雨	雨	雨	雨	雨

夕

저녁 석
N4 총 3획

- 음 せき 一朝一夕 일조일석, 하루 아침
- 훈 ゆう 夕方 저녁 때 | 夕刊 석간 | 夕ご飯 저녁밥 | 夕立 소나기 | 夕日 석양

外国語の勉強は一朝一夕ではできません。
외국어 공부는 하루 아침에 되지 않습니다.

七時に夕ご飯を食べました。 일곱 시에 저녁밥을 먹었습니다.

1	2	3
夕	夕	夕

男

사내 남
N5 총 7획

- 음 だん, なん 男子 남자 | 男女·男女 남녀 | 男性 남성 | 次男 차남 | 長男 장남
- 훈 おとこ 男 남자 | 男の子 남자아이

長男は結婚しています。 장남은 결혼했습니다.

公園で男の子が遊んでいます。
공원에서 남자아이가 놀고 있습니다.

1	2	3	4	5	6	7
男	男	男	男	男	男	男

0056

女

여자 녀
N5 총 3획

- 음 **じょ, にょ, にょう** 女子 여자 | 女性 여성 | 男女・男女 남녀 | 女房 아내, 궁녀
- 훈 **おんな, め** 女 여자 | 女の子 여자아이 | 女神 여신

男性より女性の方が多いです。
남성보다 여성이 많습니다.

女の子が生まれました。 여자아이가 태어났습니다.

0057

人

사람 인
N5 총 2획

- 음 **じん, にん** 人生 인생 | 外国人 외국인 | 人気 인기 | 人形 인형 | 病人 병자, 환자
- 훈 **ひと** 人 사람 | 人柄 인품 | 男の人 남자, 남성 | 女の人 여자, 여성

これは外国人に人気があります。
이것은 외국인에게 인기가 있습니다.

人柄のいい人が好きです。 인품이 좋은 사람을 좋아합니다.

0058

名

이름 명
N5 총 6획

- 음 **めい, みょう** 人名 인명 | 姓名 성명 | 地名 지명 | 有名 유명함 | 名字 성
- 훈 **な** 名札 명찰 | 名前 이름

日本人の人名は難しいです。 일본인의 인명은 어렵습니다.

名前と住所を書いてください。 이름과 주소를 써 주세요.

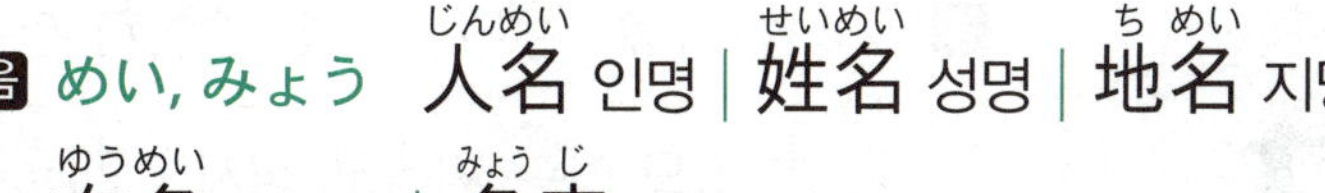

0059

王

임금 **왕**

N3 총 4획

음 **おう** 王様 임금님, 왕 | 王子 왕자 | 国王 국왕 | 大王 대왕

『はだかの王様』という本を読んだことがありますか。『벌거벗은 임금님』이라는 책을 읽은 적이 있습니까?

タイには国王がいます。 태국에는 국왕이 있습니다.

| 王 | 王 | 王 | 王 |

0060

子

아들 **자**

N5 총 3획

음 **し, す** 女子 여자 | 男子 남자 | 調子 상태 | 弟子 제자 | 様子 모습, 모양

훈 **こ** 子育て 육아 | 子ども 어린이, 아이 | 男の子 남자아이 | 親子 부모 자식 | 女の子 여자아이

女子トイレはどこですか。 여자 화장실은 어디입니까?

子どもは小学校何年生ですか。
아이는 초등학교 몇 학년입니까?

| 子 | 子 | 子 |

0061

力

힘 **력**

N4 총 2획

음 **りょく, りき** 学力 학력 | 全力 전력 | 努力 노력 | 能力 능력 | 力士 스모 선수, 씨름꾼, 장사 | 力説 역설

훈 **ちから** 力 힘 | 力持ち 힘이 셈, 장사

全力を出して、頑張ってください。
전력을 다해 열심히 하세요.

荷物を運ぶ力がありません。 짐을 옮길 힘이 없습니다.

| 力 | 力 |

0062

正

바를 정
N4 총 5 획

- **음** せい, しょう　正式 정식 | 正門 정문 | 不正 부정 | 正面 정면 | お正月 양력 설날
- **훈** ただ(しい), ただ(す), まさ　正しい 바르다, 정당하다 | 正す 바로잡다, 고치다 | 正に 확실히, 정말로

正式にあいさつしてください。 정식으로 인사해 주세요.
正しいかどうか確かめてください。
맞는지 여부를 확인해 주세요.

正¹ 正² 正³ 正⁴ 正⁵

0063

犬

개 견
N4 총 4 획

- **음** けん　愛犬 애견 | 名犬 명견
- **훈** いぬ　犬 개 | 犬年 개띠 | 子犬 강아지

秋田犬は名犬です。 아키타견은 명견입니다.
私は犬年です。 나는 개띠입니다.

犬¹ 犬² 犬³ 犬⁴

0064

虫

벌레 충
N3 총 6 획

- **음** ちゅう　害虫 해충 | 昆虫 곤충
- **훈** むし　虫 벌레 | 虫歯 충치 | 虫眼鏡 돋보기, 확대경 | 水虫 무좀

その子は昆虫が好きです。 그 아이는 곤충을 좋아합니다.
虫歯を抜きました。 충치를 뺍니다.

虫¹ 虫² 虫³ 虫⁴ 虫⁵ 虫⁶

0065

□ □

貝

조개 **패**

N3 총 7획

음 かい　貝 조개 | 貝がら 조개 껍데기 | ほたて貝 가리비

貝を焼いて食べると、おいしいです。
조개를 구워 먹으면 맛있습니다.

貝がらで作ったものです。
조개 껍데기로 만든 것입니다.

貝 貝 貝 貝 貝 貝 貝

0066

□ □

花

꽃 **화**

N4 총 7획

음 か　花瓶 꽃병 | 花粉 꽃가루 | 開花 개화
훈 はな　花 꽃 | 花束 꽃다발 | 花火 불꽃놀이 |
花見 꽃구경, 벚꽃놀이 | 花嫁 신부, 새색시

さくらの開花はいつですか。
벚꽃 개화는 언제입니까?

花嫁はきれいです。　신부는 예쁩니다.

花 花 花 花 花 花 花

0067

□ □

草

풀 **초**

N3 총 9획

음 そう　草原 초원 | 草書 초서 | 雑草 잡초
훈 くさ　草 풀 | 草色 초록빛 | 草花 화초

草原で馬が走っています。
초원에서 말이 달리고 있습니다.

庭の草をとりました。　정원의 풀을 뽑았습니다.

草 草 草 草 草 草 草 草 草

0068

竹

대 죽
N3 총 6 획

음 ちく　爆竹 폭죽 | 松竹梅 송죽매(소나무, 대나무, 매화나무)

훈 たけ　竹 대나무 | 竹細工 죽세공 | 竹の子 죽순 |
竹林 죽림, 대숲

海辺で爆竹遊びをしました。 해변에서 폭죽놀이를 했습니다.
竹でざるを作りました。 대나무로 소쿠리를 만들었습니다.

竹 竹 竹 竹 竹 竹

0069

円

둥글 원 (圓)
N5 총 4 획

음 えん　円 엔(일본 화폐 단위) | 円相場 엔 시세 | 円高 엔화 강세 |
円満 원만함 | 円安 엔화 약세

훈 まる(い)　円い 둥글다

最近、円高で日本に行けません。
요즘 엔화가 비싸서 일본에 갈 수 없습니다.
月が円くなりました。 달이 둥그래졌습니다.

円 円 円 円

0070

玉

구슬 옥
N3 총 5 획

음 ぎょく　玉石 옥석 | 玉体 옥체 | 宝玉 보옥, 보석

훈 たま　玉 옥, 보석 | 玉ねぎ 양파 | お年玉 세뱃돈 |
水玉 물방울 | 目玉焼き 계란 프라이

王様の体を玉体と言います。
임금님의 몸을 옥체라고 합니다.
目玉焼きを食べました。 계란 프라이를 먹었습니다.

玉 玉 玉 玉 玉

0071

糸

실 **사** (絲)

N3 총 6획

☐ ☐

음 し　絹糸 견사, 명주실 | 抜糸 실을 뽑음 | 綿糸 면사, 무명실

훈 いと　糸 실 | 糸くず 실보무라지 | 糸口 실의 끝, 실마리 | 毛糸 털실

病院で抜糸をしました。 병원에서 실을 뽑았습니다.

毛糸でマフラーを編みました。 털실로 목도리를 짰습니다.

1	2	3	4	5	6
糸	糸	糸	糸	糸	糸

0072

見

볼 **견**

N5 총 7획

☐ ☐

음 けん　見学 견학 | 見物 구경 | 意見 의견 | 発見 발견

훈 み(る), み(える), み(せる)　見る 보다 | 見本 견본 | お見舞い 병문안, 문병 | 見える 보이다 | 見せる 보이다, 나타내다

東京タワーを見物しました。 도쿄 타워를 구경했습니다.

見本を見せてください。 견본을 보여 주세요.

1	2	3	4	5	6	7
見	見	見	見	見	見	見

0073

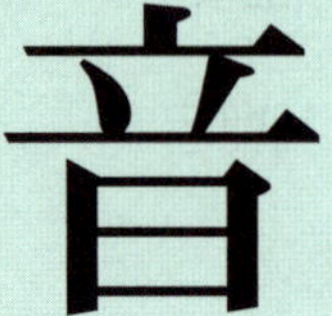

音

소리 **음**

N4 총 9획

☐ ☐

음 おん, いん　音楽 음악 | 音声 음성 | 音読・音読み 음독 | 発音 발음

훈 おと, ね　音 소리 | 足音 발소리 | 音色 음색 | 本音 속마음, 진심

音楽の時間は楽しいです。 음악 시간은 즐겁습니다.

足音に気をつけてください。 발소리에 주의해 주세요.

1	2	3	4	5	6	7	8	9
音	音	音	音	音	音	音	音	音

0074

休

쉴 휴
N5 총 6획

음 きゅう　休学 휴학 | 休刊 휴간 | 休憩 휴게, 휴식 | 休日 휴일

훈 やす(む), やす(まる), やす(める)

休む 쉬다 | 夏休み 여름 방학, 여름휴가 | 一休み 잠깐 쉼 |
冬休み 겨울 방학 | 休まる 편안해지다 | 休める 쉬게 하다

休憩室はどこですか。
휴게실은 어디입니까?

夏休みを待っています。
여름 방학을 기다리고 있습니다.

1	2	3	4	5	6
休	休	休	休	休	休

0075

本

근본 본
N5 총 5획

음 ほん　本 책 | 本気 진심 | 本当 사실, 정말 | 本音 속마음, 진심 |
本物 진짜 | 本屋 서점, 책방 | 一本 한 병, 한 자루 |
日本・日本 일본

훈 もと　本 처음, 기원 | 根本 뿌리, 근원

本屋に行って日本語の本を買いました。
서점에 가서 일본어 책을 샀습니다.

草の根本に虫がいます。
풀 뿌리에 벌레가 있습니다.

1	2	3	4	5
本	本	本	本	本

0076

설 립
N5 총 5획

음 りつ, りゅう　立春 입춘 | 立冬 입동 | 立派 훌륭함 |
国立 국립 | 設立 설립 | 建立 건립

훈 た(つ), た(てる)　立つ 서다 | 立場 입장 |
立ち入り禁止 출입 금지 | 立てる 세우다

大学の設立者はだれですか。 대학 설립자는 누구입니까?

ここは工事のため、立ち入り禁止です。
여기는 공사 때문에 출입 금지입니다.

1 立	2 立	3 立	4 立	5 立					

0077

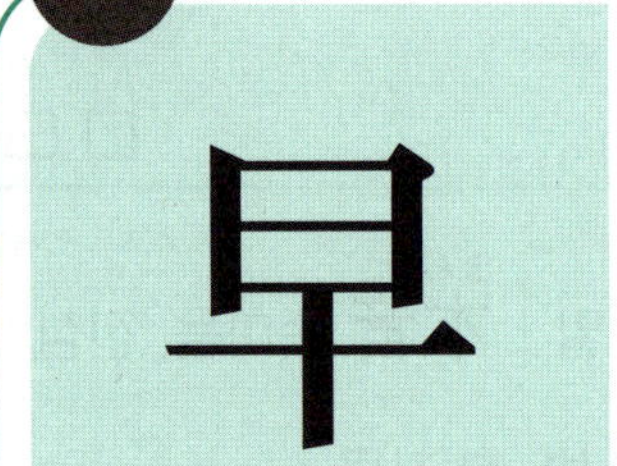

이를 조
N4 총 6획

음 そう, さっ　早春 초봄 | 早退 조퇴 | 早朝 조조 | 早速 곧, 즉시

훈 はや(い), はや(まる), はや(める)　早い 이르다, 빠르다 |
早口 말이 빠름 | 早まる 빨라지다 | 早める 서두르다

早朝割引を利用すると安いです。
조조할인을 이용하면 저렴합니다.

早く帰りましょう。 빨리 돌아갑시다.

1 早	2 早	3 早	4 早	5 早	6 早				

0078

밭 전
N4 총 5획

음 でん　田園 전원 | 塩田 염전 | 水田 수전 | 油田 유전

훈 た　田 논 | 田植え 모내기 | 田畑 논밭 | 田んぼ 논

예외 田舎 시골, 고향

韓国の西海には塩田が多いです。
한국 서해에는 염전이 많습니다.

春になると田植えが始まります。
봄이 되면 모내기를 시작합니다.

1 田	2 田	3 田	4 田	5 田					

0079

町

밭두둑 정
N4 총 7획

음 ちょう　町長 지방의 장, 촌장

훈 まち　町 시내, 읍내 | 町角 길모퉁이 | 町はずれ 변두리 | 港町 항구 도시

新しい町長が決まりました。
새로운 촌장이 정해졌습니다.

横浜は港町です。
요코하마는 항구 도시입니다.

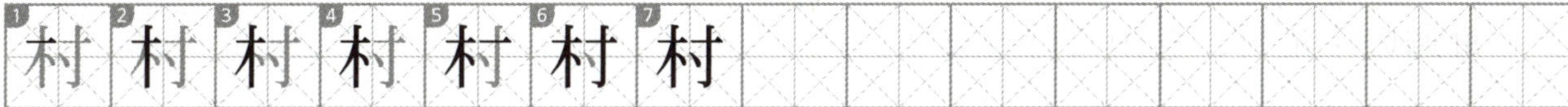

0080

村

마을 촌
N4 총 7획

음 そん　村長 촌장 | 村落 촌락 | 漁村 어촌 | 農村 농촌

훈 むら　村 마을 | 村人 마을 사람

私の父は村長です。
우리 아빠는 촌장입니다.

この村には子どもが少ないです。
이 마을에는 아이가 적습니다.

■ 밑줄 친 한자를 바르게 읽은 것을 고르시오.

1　ケーキを二つください。
　　① みっつ　　　② ふたつ　　　③ よっつ　　　④ ひとつ

2　八百屋でトマトを買いました。
　　① はっぴゃくや　　② はちひゃくや　　③ やおや　　　④ おおや

3　火事に気をつけてください。
　　① かじ　　　② かごと　　　③ ひじ　　　④ ひごと

4　この本は耳目を集めています。
　　① じもく　　　② みみもく　　　③ じめ　　　④ みみめ

5　左右を見てください。
　　① さゆ　　　② さあゆ　　　③ さあゆう　　　④ さゆう

6　次は生物の時間です。
　　① せいもつ　　　② せいぶつ　　　③ しょうもつ　　　④ しょうぶつ

7　毎週の土曜日、登山に行きます。
　　① とさん　　　② とざん　　　③ どざん　　　④ どさん

8　冬の気配がします。
　　① けはい　　　② きはい　　　③ けぱい　　　④ きぱい

9　男子トイレはどこですか。
　　① なんじ　　　② だんじ　　　③ なんし　　　④ だんし

10　努力して、頑張ってください。
　　① どりょく　　　② どりき　　　③ のりょく　　　④ のりき

11 <u>虫歯</u>を<u>抜</u>きました。
① ちゅうは　　　② ちゅうば　　　③ むしは　　　④ むしば

12 <u>円高</u>で<u>日本</u>に<u>行</u>けません。
① まるだか　　　② まるこう　　　③ えんだか　　　④ えんこう

13 <u>草</u>の<u>根本</u>に<u>虫</u>がいます。
① ねほん　　　② ねもと　　　③ こんほん　　　④ こんもと

14 <u>立春</u>はいつですか。
① りつしゅう　　　② りっしゅう　　　③ りつしゅん　　　④ りっしゅん

15 <u>春</u>になると<u>田植</u>えが<u>始</u>まります。
① たうえ　　　② だうえ　　　③ たはえ　　　④ だはえ

16 お<u>正月</u>にお<u>年玉</u>をもらいました。
① おとしたま　　　② おどしだま　　　③ おとしだま　　　④ おどしたま

17 サービスは<u>満足</u>でしたか。
① まんあし　　　② まんぞく　　　③ えんあし　　　④ えんぞく

18 <u>目上</u>の<u>人</u>を<u>大事</u>にしてください。
① もくかみ　　　② もくうえ　　　③ めかみ　　　④ めうえ

19 <u>十日間</u>、<u>旅行</u>に<u>行</u>きます。
① とおかかん　　　　　　② はつかかん
③ じゅうにちかん　　　　④ じゅうじつかん

20 <u>今日</u>は、<u>四月二十四日</u>です。
① しがつにじゅうよんにち　　　　② しがつにじゅうよっか
③ よんがつにじゅうよんにち　　　④ よんがつにじゅうよっか

[　　/ 20]

■ 밑줄 친 히라가나를 한자로 바르게 적은 것을 고르시오.

1 <u>さんがつみっか</u>は、ひなまつりです。
　① 三月六日　　② 二月六日　　③ 三月三日　　④ 二月三日

2 <u>ひゃくえんだま</u>がありません。
　① 白円王　　② 白円玉　　③ 百円王　　④ 百円玉

3 <u>せんえん</u>さつがありますか。
　① 千円　　② 干円　　③ 平円　　④ 中円

4 まいにち、運動_{うんどう}をしています。
　① 休日　　② 今日　　③ 毎日　　④ 本日

5 次_{つぎ}を<u>させつ</u>してください。
　① 左折　　② 左祈　　③ 右折　　④ 右祈

6 <u>でぐち</u>はどこですか。
　① 大口　　② 出口　　③ 圭口　　④ 入口

7 友達_{ともだち}に秘密_{ひみつ}を<u>こくはく</u>しました。
　① 故百　　② 故白　　③ 告百　　④ 告白

8 彼_{かれ}は<u>はやくち</u>です。
　① 早口　　② 串口　　③ 小口　　④ 乎口

9 大学_{だいがく}の<u>せつりつしゃ</u>はだれですか。
　① 説並者　　② 設並者　　③ 説立者　　④ 設立者

10 <u>きゅうけいしつ</u>はどこですか。
　① 休計室　　② 体計室　　③ 休憩室　　④ 体憩室

11 <u>みほん</u>を見せてください。

① 兄本　　　② 兄木　　　③ 見本　　　④ 見木

12 子どもは<u>こんちゅう</u>が好きです。

① 混虫　　　② 昆虫　　　③ 混忠　　　④ 昆忠

13 <u>ざっそう</u>をとりました。

① 雑草　　　② 雑早　　　③ 稚草　　　④ 稚早

14 <u>うてん</u>のときは中止です。

① 雨天　　　② 雨大　　　③ 雷天　　　④ 雷大

15 <u>くうこう</u>に迎えに行きました。

① 共渦　　　② 共港　　　③ 空渦　　　④ 空港

16 <u>もり</u>の中を散歩します。

① 村　　　② 栞　　　③ 林　　　④ 森

17 今月の<u>ししゅつ</u>はいくらですか。

① 至出　　　② 支出　　　③ 至入　　　④ 支入

18 それは<u>はつみみ</u>です。

① 初耳　　　② 初目　　　③ 礼耳　　　④ 礼目

19 <u>あおしんごう</u>になるまで待ちましょう。

① 責信号　　　② 青信号　　　③ 胃信号　　　④ 再信号

20 入場料は<u>おとな</u>は千円、子どもは五百円です。

① 太人　　　② 太入　　　③ 大人　　　④ 大入

2 초등학교 학년 한자 ①

東	西	南	北	春	夏	秋	冬
동녘 동	서녘 서	남녘 남	북녘 북	봄 춘	여름 하	가을 추	겨울 동
父	母	兄	弟	姉	妹	親	友
아버지 부	어머니 모	형 형	아우 제	손위 누이 자	누이 매	친할 친	벗 우
自	分	古	今	内	外	前	後
스스로 자	나눌 분	옛 고	이제 금	안 내	바깥 외	앞 전	뒤 후
多	少	強	弱	遠	近	万	牛
많을 다	적을 소	강할 강	약할 약	멀 원	가까울 근	일만 만	소 우
馬	魚	鳥	鳴	米	麦	肉	食
말 마	물고기 어	새 조	울 명	쌀 미	보리 맥	고기 육	밥 식
茶	道	毎	週	朝	昼	夜	時
차 다(차)	길 도	매양 매	돌 주	아침 조	낮 주	밤 야	때 시
曜	半	京	里	会	社	公	園
빛날 요	반 반	서울 경	마을 리	모일 회	모일 사	공평할 공	동산 원
寺	交	絵	画	言	語	教	室
절 사	사귈 교	그림 회	그림 화/그을 획	말씀 언	말씀 어	가르칠 교	집 실
工	作	計	算	点	数	読	書
장인 공	지을 작	셀 계	셈 산	점 점	셈 수	읽을 독	글 서
記	新	聞	番	組	歌	声	楽
기록할 기	새 신	들을 문	차례 번	짤 조	노래 가	소리 성	노래 악/즐길 락

0081

東

동녘 동
N5 총8획

음 とう　東海 동해 | 東京 도쿄 | 東北 도호쿠(지방) | 東洋 동양 | 関東 간토(지방)

훈 ひがし　東 동쪽 | 東側 동쪽 | 東口 동쪽 출입구

日本の首都は東京です。 일본의 수도는 도쿄입니다.

東口にデパートがあります。
동쪽 출입구에 백화점이 있습니다

1	2	3	4	5	6	7	8					
東	東	東	東	東	東	東	東					

0082

西

서녘 서
N5 총6획

음 せい, さい　西欧 서구 | 西部 서부 | 西洋 서양 | 関西 간사이(지방) | 東西南北 동서남북

훈 にし　西 서쪽 | 西側 서쪽 | 西口 서쪽 출입구

大阪は関西方言を使います。
오사카는 간사이 사투리를 씁니다.

駅の西口で会いましょう。 역의 서쪽 출입구에서 만납시다.

1	2	3	4	5	6							
西	西	西	西	西	西							

0083

南

남녘 남
N5 총9획

음 なん, な　南極 남극 | 南国 남국, 남쪽 지방 | 南部 남부 | 東南 동남

훈 みなみ　南 남쪽 | 南風 남풍 | 南側 남쪽 | 南向き 남향

インドネシアは東南アジアにあります。
인도네시아는 동남아시아에 있습니다.

南向きの部屋がいいです。 남향인 방이 좋습니다.

1	2	3	4	5	6	7	8	9				
南	南	南	南	南	南	南	南	南				

0084

北

북녘 북
N5 총 5획

- **음** ほく　北上 북상 ｜ 北東 북동 ｜ 北海道 홋카이도(지명) ｜ 北極 북극
- **훈** きた　北 북쪽 ｜ 北側 북쪽 ｜ 北国 북국, 북쪽 지방 ｜ 北半球 북반구

台風が北上しています。 태풍이 북상하고 있습니다.
北国は春が遅いです。 북쪽 지방은 봄이 늦습니다.

北	北	北	北	北

0085

春

봄 춘
N4 총 9획

- **음** しゅん　春夏秋冬 춘하추동 ｜ 春分 춘분 ｜ 青春 청춘 ｜ 立春 입춘
- **훈** はる　春 봄 ｜ 春一番 입춘 후 처음으로 부는 강한 남풍 ｜ 春先 초봄 ｜ 春雨 봄비, 당면 ｜ 春休み 봄 방학

日本は春分の日が休みです。 일본은 춘분이 휴일입니다.
春休みは短いです。 봄 방학은 짧습니다.

春	春	春	春	春	春	春	春	春

0086

夏

여름 하
N4 총 10획

- **음** か, げ　夏期 하기 ｜ 初夏 초여름 ｜ 夏至 하지
- **훈** なつ　夏 여름 ｜ 夏服 하복 ｜ 夏休み 여름 방학, 여름휴가 ｜ 真夏 한여름

初夏の気配がします。 초여름이 온 듯합니다.
夏はクーラーが必要です。
여름에는 냉방 장치가 필요합니다.

夏	夏	夏	夏	夏	夏	夏	夏	夏	夏

0087

秋

가을 추
N4 총 9획

- **음** しゅう　秋季 추계, 가을철 | 秋分 추분 | 中秋 중추 | 立秋 입추
- **훈** あき　秋 가을 | 秋風 가을 바람 | 秋雨 가을비

秋分は夜と昼の長さが同じです。
추분은 밤과 낮의 길이가 같습니다.

秋になると、コオロギが鳴きます。
가을이 되면 귀뚜라미가 웁니다.

0088

冬

겨울 동 (冬)
N4 총 5획

- **음** とう　冬季 동계 | 冬至 동지 | 冬眠 동면
- **훈** ふゆ　冬 겨울 | 冬服 동복 | 冬休み 겨울 방학 | 真冬 한겨울

日本では冬至の日にカボチャを食べます。
일본에서는 동짓날에 호박을 먹습니다.

冬になると、よくスキー場に行きます。
겨울이 되면 자주 스키장에 갑니다.

0089

父

아버지 부
N4 총 4획

- **음** ふ　父兄 부형, 보호자 | 父母 부모 | 神父 신부(가톨릭) | 祖父 할아버지
- **훈** ちち　父 아빠, 아버지 | 父親 부친, 아버지 | 父の日 아버지의 날
- **예외** お父さん 아버지, 아버님

あした、父母会があります。　내일 부모 모임이 있습니다.

父の日は六月の第三日曜日です。
아버지의 날은 6월 셋째 주 일요일입니다.

0090

母

어머니 **모**
N5 총 5획

음 ぼ 　母音 모음 | 母校 모교 | 母国 모국 | 母国語 모국어 | 母性 모성 | 母乳 모유

훈 はは 　母 엄마, 어머니 | 母親 모친, 어머니 | 母の日 어머니의 날

예외 お母さん 어머니, 어머님

母国語は何ですか。 모국어는 무엇입니까?

母は会社員です。 어머니는 회사원입니다.

0091

兄

형 **형**
N4 총 5획

음 きょう, けい 　兄弟 형제 | 義兄 형부, 매형 | 父兄 보호자

훈 あに 　兄 오빠, 형 | 兄嫁 형수

예외 お兄さん 오빠, 형

何人兄弟ですか。 형제는 몇 명입니까?

兄は京都に住んでいます。 형은 교토에 삽니다.

0092

弟

아우 **제**
N4 총 7획

음 てい, だい, で 　師弟 사제 | 兄弟 형제 | 弟子 제자

훈 おとうと 　弟 남동생

板前に弟子入りしました。 요리사에 입문했습니다.

兄と弟がいます。 오빠와 남동생이 있습니다.

姉

손위 누이 **자**
N4 총 8획

음 し 姉妹(しまい) 자매

훈 あね 姉(あね) 언니, 누나

예외 お姉(ねえ)さん 언니, 누나

姉妹校(しまいこう)から学生(がくせい)が来(き)ました。
자매 학교에서 학생이 왔습니다.

姉(あね)は結婚(けっこん)しています。
언니는 결혼했습니다.

1	2	3	4	5	6	7	8
姉	姉	姉	姉	姉	姉	姉	姉

妹

누이 **매**
N4 총 8획

음 まい 姉妹(しまい) 자매

훈 いもうと 妹(いもうと) 여동생

私(わたし)は三人姉妹(さんにんしまい)の末(すえ)っ子(こ)です。
나는 세 자매의 막내입니다.

妹(いもうと)と仲(なか)がいいです。
여동생과 사이가 좋습니다.

1	2	3	4	5	6	7	8
妹	妹	妹	妹	妹	妹	妹	妹

0095

親

친할 **친**
N4 총 16획

음 **しん** 親交 친교 | 親戚 친척 | 親切 친절 | 親友 친한 친구, 벗 | 両親(りょうしん) 양친, 부모

훈 **おや, した(しい), した(しむ)** 親(おや) 부모 | 親子(おや こ) 부모와 자녀 | 親孝行(おやこうこう) 효도, 효행 | 親(した)しい 친하다 | 親(した)しむ 친하게 지내다

お正月(しょうがつ)に親戚(しんせき)が集(あつ)まりました。
설날에 친척이 모였습니다.

田中(た なか)さんのところは親子(おや こ)そっくりです。
다나카 씨네는 가족이 모두 쏙 닮았습니다.

1	2	3	4	5	6	7	8	9	10	11	12	13	14	15
親	親	親	親	親	親	親	親	親	親	親	親	親	親	親

16														
親														

0096

友

벗 **우**
N5 총 4획

음 **ゆう** 友好(ゆうこう) 우호 | 友情(ゆうじょう) 우정 | 友人(ゆうじん) 친구, 벗 | 親友(しんゆう) 친한 친구, 벗

훈 **とも** 友(とも) 벗 | 友達(ともだち) 친구

武者小路実篤(むしゃのこうじ さねあつ)の『友情(ゆうじょう)』という小説(しょうせつ)を読(よ)みましたか。
무샤노코지 사네아쓰의 『우정』이라는 소설을 읽었습니까?

日本(に ほん)の友達(ともだち)から手紙(て がみ)が来(き)ました。
일본의 친구에게 편지가 왔습니다.

1	2	3	4											
友	友	友	友											

0097

自

스스로 자

N4 총 6획

- 음 **じ, し** 　自己 자기 | 自信 자신 | 自宅 자택 | 自動 자동 | 自分自身 자기 자신 | 自由 자유 | 自然 자연
- 훈 **みずか(ら)** 　自ら 스스로

自己紹介をしてください。
자기소개를 해 주세요.

昨日のことを彼に自ら話した。
어제의 일을 스스로 그에게 말했다.

0098

分

나눌 분

N5 총 4획

- 음 **ぶん, ふん, ぶ** 　分担 분담 | 分別 분별, 분리 | 分類 분류 | 充分 충분함 | 身分 신분 | 分別 분별, 지각 | 五分五分 비슷함, 우열이 없음 | 七割五分 7할 5푼
- 훈 **わ(ける), わ(かれる), わ(かる), わ(かつ)** 　分ける 나누다 | 引分け 무승부 | 分かれる 나뉘다 | 分かれ道 갈림길 | 分かる 알다, 이해하다

ごみを分別してください。
쓰레기를 분리해 주세요.

三人分に分けてください。
3인분으로 나누어 주세요.

0099

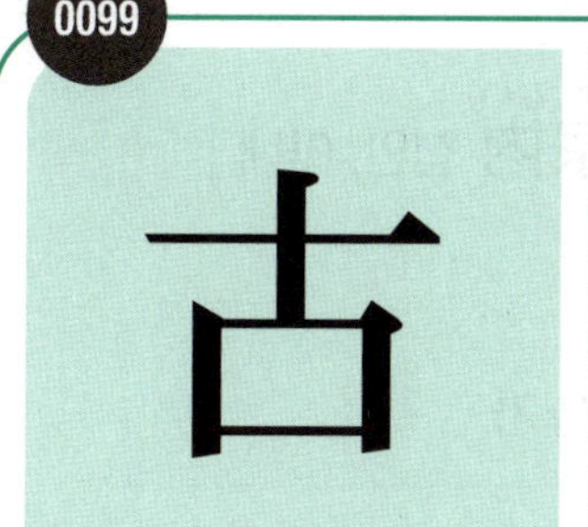

옛 고
N5 총 5획

음 こ　古書 고서 | 古代 고대 | 古典 고전 | 古文 고문 |
中古車 중고차

훈 ふる(い), ふる(す)　古い 낡다, 오래되다 | 古着 헌옷 |
古本 헌책, 고서 | 古す 낡게 하다

古代エジプト展を見に行きました。
고대 이집트전을 보러 갔습니다.

彼は私の古い友達です。
그는 나의 오래된 친구입니다.

1	2	3	4	5
古	古	古	古	古

0100

今

이제 금
N5 총 4획

음 こん, きん　今月 이번 달 | 今度 이번, 다음 번 | 今日 오늘 |
今晩 오늘 밤 | 今夜 오늘 밤 | 今上天皇 현재의 일왕 |
古今・古今 고금

훈 いま　今 지금 | 今さら 이제 와서, 새삼스럽게

예외 今日 오늘 | 今年 올해, 금년 | 今朝 오늘 아침

今夜は早く帰るつもりです。
오늘 밤은 빨리 돌아갈 생각입니다.

今なら間に合いますよ。
지금이라면 제시간에 갈 수 있어요.

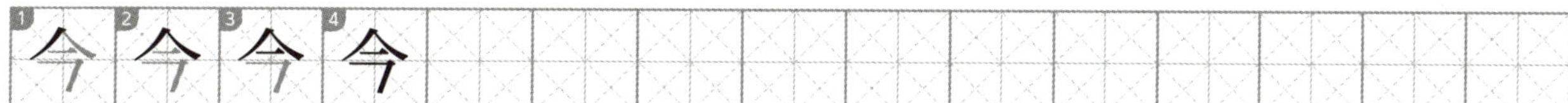

内

안 내 (内)

N3 총 4획

음 ない, だい 　内科 내과 | 案内 안내 | 家内 집안, 아내 | 国内 국내 | 車内 차내 | 境内 경내

훈 うち 　内 안 | 内側 안쪽 | 身内 온몸, 일가

車内放送が始まりました。
차내 방송이 시작되었습니다.

白線の内側にお下がりください。
하얀 선 안쪽으로 물러서 주세요.

内 内 内 内

外

바깥 외

N5 총 5획

음 がい, げ 　外国 외국 | 外食 외식 | 外部 외부 | 以外 이외 | 海外 해외 | 外科 외과

훈 そと, ほか, はず(す), はず(れる) 　外 밖 | 外側 바깥쪽 | 外 그 밖, 외부 | この外 이 밖에 | その外 그 밖에 | 外す 제외하다, 떼다, 벗다 | 外れる 벗어나다, 빠지다

最近は外国旅行が自由になりました。
요즘은 외국 여행이 자유로워졌습니다.

外はもう暗いです。 밖은 이미 어둡습니다.

外 外 外 外 外

0103

前

앞 전
N5 총 9획

음 ぜん　前期 전기 | 前後 전후 | 前日 전날 | 午前 오전 | 事前 사전, 미리

훈 まえ　前 앞 | 前売券 예매권 | 前書き 머리말, 서문 | 前歯 앞니 | 名前 이름

午前11時に来てください。
오전 열한 시에 와 주세요.

コンサートの前売券を買っておきました。
콘서트 예매권을 사 두었습니다.

前 前 前 前 前 前 前 前 前

0104

後

뒤 후
N5 총 9획

음 ご, こう　午後 오후 | 後日 훗날 | 最後 마지막 | 後援 후원 | 後悔 후회 | 後輩 후배

훈 のち, うし(ろ), あと, おく(れる)　後 뒤, 후 | 後ほど 나중에 | 後ろ 뒤 | 後 뒤, 후 | 後始末 뒷정리 | 後れる 뒤쳐지다

今日はテストの最後の日です。
오늘은 테스트의 마지막 날입니다.

運転するときは後ろをよく見てください。
운전할 때는 뒤를 잘 보세요.

後 後 後 後 後 後 後 後 後

0105

多

음 た　多少 다소 | 多数 다수 | 多分 많음, 아마 | 多様 다양함
훈 おお(い)　多い 많다

事故で多数の人がけがをしました。
사고로 많은 사람이 다쳤습니다.

セールに多くの人が来ました。
세일에 많은 사람이 왔습니다.

많을 다
N4 총 6획

多 多 多 多 多 多

0106

少

음 しょう　少々 조금, 잠깐 | 少女 소녀 | 少年 소년 | 少量 소량
훈 すく(ない), すこ(し)　少ない 적다 | 少し 조금, 약간

少々お待ちください。 잠깐 기다려 주세요.

塩を少し入れてください。 소금을 조금 넣어 주세요.

적을 소
N4 총 4획

少 少 少 少

0107

強

음 きょう, ごう　強制 강제 | 強力 강력 | 勉強 공부 |
強引 강행, 억지로 함
훈 つよ(い), つよ(まる), つよ(める), し(いる)
強い 강하다, 세다 | 強気 강경함, 강세, 오름세 |
強まる 강해지다 | 強める 강화하다 | 強いる 강요하다

あきらめないで勉強してください。
포기하지 말고 공부하세요.

力士は力が強いです。 스모 선수는 힘이 셉니다.

강할 강 (強)
N4 총 11획

強 強 強 強 強 強 強 強 強 強 強

0108

弱

약할 **약** (弱)
N3 총 10 획

음 じゃく　弱者 약자 | 弱点 약점 | 強弱 강약 | 貧弱 빈약

훈 よわ(い), よわ(る), よわ(まる), よわ(める)

弱い 약하다 | 弱気 마음이 약함, 약세 | 弱虫 겁쟁이 |

弱る 약해지다, 난처해지다 | 弱まる 약해지다 |

弱める 약하게 하다

彼は小さいときから体が貧弱です。
그는 어릴 때부터 몸이 빈약합니다.

運動不足で体が弱くなりました。
운동 부족으로 몸이 약해졌습니다.

1	2	3	4	5	6	7	8	9	10
弱	弱	弱	弱	弱	弱	弱	弱	弱	弱

0109

遠

멀 **원** (遠)
N4 총 13 획

음 えん, おん　遠足 소풍 | 遠慮 사양, 사려 | 永遠 영원 |

久遠 구원

훈 とお(い)　遠い 멀다 | 遠出 멀리 나감 | 遠回り 멀리 돌아감

遠慮しないでください。 사양하지 마세요.

道に迷って遠回りをしてしまいました。
길을 헤매서 멀리 돌아왔습니다.

1	2	3	4	5	6	7	8	9	10	11	12	13
遠	遠	遠	遠	遠	遠	遠	遠	遠	遠	遠	遠	遠

0110

近

가까울 **근** (近)

N4 총 7획

- 음 **きん** 近所 근처 | 近代 근대 | 最近 최근 | 付近 부근
- 훈 **ちか(い)** 近い 가깝다 | 近ごろ 요즘, 최근 | 近づく 가까이 가다 | 近道 지름길

これは東京付近の地図です。 이것은 도쿄 부근의 지도입니다.

この近くには大きいデパートがありません。
이 근처에는 큰 백화점이 없습니다.

1	2	3	4	5	6	7
近	近	近	近	近	近	近

0111

万

일만 **만** (萬)

N5 총 3획

- 음 **まん, ばん** 万が一 만에 하나, 만약 | 万年筆 만년필 | 一万円 만 엔 | 万国 만국 | 万歳 만세 | 万能 만능

最近、万年筆はあまり使いません。
요즘 만년필은 그다지 사용하지 않습니다.

英語は万国共通語です。 영어는 만국 공통어입니다.

1	2	3
万	万	万

0112

牛

소 **우**

N4 총 4획

- 음 **ぎゅう** 牛丼 소고기덮밥 | 牛肉 소고기 | 牛乳 우유
- 훈 **うし** 牛 소 | 牛小屋 외양간 | 子牛 송아지

日本の牛丼が食べたいです。
일본의 소고기덮밥이 먹고 싶습니다.

牛が畑で働いています。 소가 밭에서 일하고 있습니다.

1	2	3	4
牛	牛	牛	牛

0113

馬

말 **마**

N3 총 10 획

음 ば 馬車 마차 | 競馬 경마 | 乗馬 승마 | 木馬 목마

훈 うま, ま 馬 말 | 馬小屋 마구간 | 子馬 망아지 | 馬子 마부

「トロイの木馬」を見たことがありますか。
「트로이의 목마」를 본 적이 있습니까?

モンゴルに行って馬に乗りました。
몽골에 가서 말을 탔습니다.

馬 馬 馬 馬 馬 馬 馬 馬 馬 馬

0114

魚

물고기 **어**

N4 총 11 획

음 ぎょ 魚介類 어패류 | 金魚 금붕어 | 人魚 인어 |
熱帯魚 열대어

훈 さかな, うお 魚 물고기, 생선 | 魚屋 생선 가게 |
魚市場 어시장 | 魚の目 티눈

「人魚姫」の話は悲しいです。「인어 공주」이야기는 슬픕니다.
築地には大きな魚市場があります。
쓰키지에는 큰 어시장이 있습니다.

魚 魚 魚 魚 魚 魚 魚 魚 魚 魚 魚

0115

鳥

새 **조**

N4 총 11 획

음 ちょう 鳥類 조류 | 一石二鳥 일석이조 | 白鳥 백조

훈 とり 鳥 새 | 鳥かご 새장 | 鳥小屋 닭장

「白鳥の湖」というバレエを見ました。
「백조의 호수」라는 발레를 봤습니다.

窓ぎわに鳥がとまっています。
창가에 새가 머물러 있습니다.

鳥 鳥 鳥 鳥 鳥 鳥 鳥 鳥 鳥 鳥 鳥

0116

鳴

울 명
N2 총 14 획

음 めい　共鳴 공명 | 悲鳴 비명

훈 な(く), な(る), な(らす)　鳴く (새, 벌레 등이) 울다 |

鳴き声 울음소리 | 鳴る 소리가 나다, 울리다 |

鳴らす 소리를 내다, (평판, 명성 등을) 떨치다

女の人の悲鳴が聞こえてきました。
여성의 비명이 들려왔습니다.

上映中はケータイを鳴らしてはいけません。
상영 중에는 휴대전화를 울리면 안 됩니다.

1	2	3	4	5	6	7	8	9	10	11	12	13	14
鳴	鳴	鳴	鳴	鳴	鳴	鳴	鳴	鳴	鳴	鳴	鳴	鳴	鳴

0117

米

쌀 미
N3 총 6 획

음 べい, まい　米価 쌀값 | 米国 미국 | 米寿 미수, 88세 |

欧米 구미(유럽과 미국) | 玄米 현미 | 新米 햅쌀 | 白米 백미

훈 こめ　米 쌀 | 米粒 쌀알

祖母の米寿のお祝いをしました。
할머니의 미수 축하 파티를 했습니다.

韓国と日本はお米が主食です。
한국과 일본은 쌀이 주식입니다.

1	2	3	4	5	6
米	米	米	米	米	米

0118

麦

보리 맥 (麥)
N3 총 7 획

음 ばく　麦芽 맥아 | 麦秋 보릿가을

훈 むぎ　麦 보리 | 麦茶 보리차 | 麦飯 보리밥 | 小麦粉 밀가루

麦芽100%のビール。 맥아 100%의 맥주.

麦飯は体にいいです。 보리밥은 몸에 좋습니다.

1	2	3	4	5	6	7
麦	麦	麦	麦	麦	麦	麦

0119

肉

고기 **육**
N4 총 6 획

음 **にく** 肉 고기 | 肉食 육식 | 肉体 육체 | 牛肉 쇠고기 | 豚肉 돼지고기

トラは肉食動物です。
호랑이는 육식동물입니다.

韓国人は豚肉をよく食べます。
한국인은 돼지고기를 자주 먹습니다.

肉 肉 肉 肉 肉 肉

0120

食

밥 **식**
N5 총 9 획

음 **しょく, じき** 食事 식사 | 食堂 식당 | 昼食 점심 | 朝食 조식, 아침 식사 | 断食 단식

훈 **た(べる), く(う), く(らう)** 食べる 먹다 | 食べ物 음식 | 食う 먹다 | 食いしん坊 식충이, 걸신쟁이 | 食らう 먹다, 마시다, 당하다

朝食付きのホテルです。
조식을 제공하는 호텔입니다.

お昼を食べに行きましょう。
점심을 먹으러 갑시다.

食 食 食 食 食 食 食 食 食

茶

차 다(차)
N4 총 9획

音 さ, ちゃ　茶道 다도 | 喫茶店 찻집, 다방 | お茶 차 |
紅茶 홍차 | 緑茶 녹차

喫茶店に行きませんか。 찻집에 가지 않을래요?

おいしい紅茶が飲みたいです。
맛있는 홍차를 마시고 싶습니다.

道

길 도(道)
N4 총 12획

音 どう, とう　国道 국도 | 柔道 유도 | 水道 수도 | 鉄道 철도 |
神道 신도(일본의 전통 신앙)
訓 みち　道 길 | 近道 지름길 | 山道 산길

高速は混んでいるから、国道で行きましょう。
고속도로는 막히니까 국도로 갑시다.

結婚式場に行く道を教えてください。
결혼식장에 가는 길을 알려 주세요.

毎

매양 매 (毎)
N5 총 6획

音 まい　毎朝 매일 아침 | 毎月・毎月 매월 | 毎週 매주 |
毎度 매번 | 毎日 매일

毎朝、牛乳を飲んでいます。 매일 아침 우유를 마십니다.

毎度、ありがとうございます。 매번 감사합니다.

0124

週
돌 주 (週)
N4 총 11 획

음 しゅう　週刊誌 주간지 | 週末 주말 | 今週 이번 주 | 先週 지난주 | 毎週 매주

週末はバイトをしています。　주말은 아르바이트를 합니다.

先週、京都に行ってきました。
지난주 교토에 갔다 왔습니다.

週 週 週 週 週 週 週 週 週 週 週

0125

朝
아침 조
N4 총 12 획

음 ちょう　朝刊 조간 | 朝食 조식, 아침 식사 | 朝礼 조례 | 早朝 조조

훈 あさ　朝 아침 | 朝顔 나팔꽃 | 朝ご飯 아침밥 | 朝寝坊 늦잠 | 朝日 아침해

예외 今朝 오늘 아침

毎朝、朝刊を読んでいます。　매일 아침 조간을 읽습니다.

昔、朝顔は薬でした。　옛날에 나팔꽃은 약이었습니다.

朝 朝 朝 朝 朝 朝 朝 朝 朝 朝 朝 朝

0126

昼
낮 주 (晝)
N4 총 9 획

음 ちゅう　昼食 점심 | 昼夜 주야

훈 ひる　昼 낮 | 昼寝 낮잠 | 昼間 낮 동안, 주간 | 昼休み 점심시간

昼食はお弁当を食べています。　점심은 도시락을 먹습니다.

昼休みに銀行に行ってきました。
점심시간에 은행에 갔다 왔습니다.

昼 昼 昼 昼 昼 昼 昼 昼 昼

夜

밤 야
N4 총 8획

- 음 や　夜景 야경 | 夜食 야식 | 今夜 오늘밤 | 深夜 심야
- 훈 よ, よる　夜明け 새벽 | 夜中 한밤중 | 月夜 달밤 | 夜 밤

東京タワーから見る東京の夜景はきれいです。
도쿄 타워에서 보는 도쿄의 야경은 아름답습니다.

夜中に電話が鳴りました。 한밤중에 전화가 울렸습니다.

夜 夜 夜 夜 夜 夜 夜 夜

時

때 시
N5 총 10획

- 음 じ　時間 시간 | 時刻表 시간표 | 時代 시대 | 当時 당시
- 훈 とき　時 때 | 時々 가끔, 때때로, 그때그때
- 예외　時計 시계 | 時雨 늦가을에 오다 말다 하는 비

時刻表を見せてください。 시간표를 보여 주세요.

晴れ時々雨。 맑고 때때로 비.

時 時 時 時 時 時 時 時 時 時

曜

빛날 요 (曜)
N4 총 18획

- 음 よう　曜日 요일 | 土曜日 토요일 | 何曜日 무슨 요일

土曜日は休みですか。 토요일은 휴일입니까?

今日は何曜日ですか。 오늘은 무슨 요일입니까?

曜 曜 曜 曜 曜 曜 曜 曜 曜 曜 曜 曜 曜 曜 曜
曜 曜 曜

0130

半

반 반
N5 총 5 획

- **음** はん　半額 반값 | 半日 반일, 한나절 | 半分 반, 절반 |
  後半 후반 | 前半 전반
- **훈** なか(ば)　半ば 절반, 도중

閉店前は魚が半額です。 폐점 전에는 생선이 반값입니다.

今年も半ばを過ぎました。 올해도 절반이 지났습니다.

半 半 半 半 半

0131

京

서울 경
N4 총 8 획

- **음** きょう, けい　京都 교토 | 上京 상경 | 東京 도쿄 |
  京阪神 게이한신(교토, 오사카, 고베)

私は高校を卒業して、上京しました。
나는 고등학교를 졸업하고 상경했습니다.

私は東京生まれです。 나는 도쿄에서 태어났습니다.

京 京 京 京 京 京 京 京

0132

里

마을 리
N1 총 7 획

- **음** り　十里 십 리 | 千里 천리
- **훈** さと　里 마을, 시골 | 里帰り 귀성, 친정 나들이

韓国の十里は約四キロです。 한국의 10리는 약 4km입니다.

お正月には家族みんなで里帰りします。
설날에는 가족 모두 고향에 갑니다.

里 里 里 里 里 里 里

0133

모일 **회** (會)
N4 총 6획

음 **かい, え**　会議 회의 | 会社 회사 | 会話 회화 |
会釈 가벼운 인사 | 一期一会 일생에 단 한 번뿐인 만남
훈 **あ(う)**　会う 만나다 | 出会い 만남 | 出会う 우연히 만나다

日本語会話の時間は楽しいです。
일본어 회화 시간은 즐겁습니다.

デパートで昔の友人に会いました。
백화점에서 옛 친구를 만났습니다.

| 会 | 会 | 会 | 会 | 会 | 会 | | | | | | |

0134

社

모일 **사** (社)
N5 총 7획

음 **しゃ**　社員 사원 | 社会 사회 | 社長 사장(님) | 会社 회사 |
神社 신사
훈 **やしろ**　社 신사, 사당

うちの社長は厳しいです。 우리 사장님은 엄격합니다.
社にお参りに行きました。 사당에 참배하러 갔습니다.

| 社 | 社 | 社 | 社 | 社 | 社 | 社 | | | | | |

0135

公

공평할 **공** (公)
N1 총 4획

음 **こう**　公演 공연 | 公園 공원 | 公開 공개 | 公立 공립 |
主人公 주인공
훈 **おおやけ**　公 정부, 공공

公園に散歩に行きます。 공원에 산책하러 갑니다.
政治家は公の人です。 정치가는 공인입니다.

| 公 | 公 | 公 | 公 | | | | | | | | |

0136 園

동산 **원**
N3 총 13 획

- **음** えん　公園 공원 | 田園 전원 | 動物園 동물원 | 幼稚園 유치원
- **훈** その　エデンの園 에덴 동산 | 花園 화원

動物園に象がいます。 동물원에 코끼리가 있습니다.

アダムとイブがエデンの園に住んでいました。
아담과 이브가 에덴 동산에 살고 있었습니다.

0137 寺

절 **사**
N3 총 6 획

- **음** じ　寺院 사원 | 浅草寺 센소지(도쿄 아사쿠사) | 東大寺 도다이지(나라)
- **훈** てら　お寺 절 | 山寺 산사

浅草には浅草寺があります。 아사쿠사에는 센소지가 있습니다.
京都にはお寺が多いです。 교토에는 절이 많습니다.

0138 交

사귈 **교**
N3 총 6 획

- **음** こう　交代 교대 | 交通 교통 | 交番 파출소 | 外交 외교
- **훈** まじ(わる), まじ(える), ま(じる), ま(ざる), か(う), か(わす)

交わる 교차하다, 사귀다 | 交える 섞다, 교차시키다 |
交じる 섞이다 | 交ざる 섞이다 | 交わす 주고받다, 통하다

ソウル駅は交通が便利です。 서울역은 교통이 편리합니다.
韓国の男性はよく握手を交わします。
한국의 남성은 자주 악수를 합니다.

0139

□ □

絵

그림 회 (繪)
N3 총 12 획

음 かい, え 　絵画 회화, 그림 | 絵 그림 | 絵の具 그림물감 |
絵葉書 그림엽서 | 絵本 그림책

絵画展示会に行きました。　회화 전시회에 갔습니다.

外国の友達から絵葉書が届きました。
외국 친구에게서 그림엽서가 도착했습니다.

1	2	3	4	5	6	7	8	9	10	11	12		
絵	絵	絵	絵	絵	絵	絵	絵	絵	絵	絵	絵		

0140

□ □

画

그림 화/그을 획 (畫)
N4 총 8 획

음 が, かく 　画家 화가 | 映画 영화 | 漫画 만화 | 画数 획수 |
企画 기획 | 計画 계획

弟は漫画をかくことが好きです。
남동생은 만화 그리기를 좋아합니다.

夏休みの計画はありますか。　여름휴가 계획은 있습니까?

1	2	3	4	5	6	7	8						
画	画	画	画	画	画	画	画						

0141

□ □

言

말씀 언
N4 총 7 획

음 げん, ごん 　言語 언어 | 発言 발언 | 方言 방언, 사투리 |
伝言 전언, 전갈 | 遺言 유언

훈 い(う), こと 　言う 말하다 | 言い訳 변명 | 言葉 말, 언어 |
ひと言 한마디 | 寝言 잠꼬대

日本には方言がたくさんあります。
일본에는 사투리가 많이 있습니다.

言い訳を言わないでください。　변명을 하지 마세요.

1	2	3	4	5	6	7							
言	言	言	言	言	言	言							

0142

語

말씀 어
N5 총 14획

음 ご　語彙 어휘 | 語学 어학 | 言語 언어 | 日本語 일본어
훈 かた(る), かた(らう)　語る 말하다, 이야기하다 |
物語 이야기, 소설

難しい語彙は覚えなくてもいいです。
어려운 어휘는 외우지 않아도 됩니다.
『源氏物語』は有名な古典です。
『겐지 이야기』는 유명한 고전입니다.

語 語 語 語 語 語 語 語 語 語 語 語 語 語

0143

教

가르칠 교 (教)
N4 총 11획

음 きょう　教育 교육 | 教師 교사 | 教室 교실 | 宗教 종교
훈 おし(える), おそ(わる)　教える 가르치다 | 教え子 제자 |
教わる 배우다

マイケルは英語の教師です。　마이클은 영어 교사입니다.
馬場先生に日本語を教わりました。
바바 선생님에게 일본어를 배웠습니다.

教 教 教 教 教 教 教 教 教 教 教

0144

室

집 실
N4 총 9획

음 しつ　室内 실내 | 教室 교실 | 図書室 도서실 | 浴室 욕실
훈 むろ　室町時代 무로마치 시대(1336~1573)

図書室で勉強しています。　도서실에서 공부하고 있습니다.
鎌倉時代の次は室町時代です。
가마쿠라 시대의 다음은 무로마치 시대입니다.

室 室 室 室 室 室 室 室 室

0145

□ □

工

장인 **공**

N4 총 3획

- 음 **こう, く** 工事 공사 | 工場 공장 | 人工 인공 | 工夫 궁리, 고안 | 細工 세공 | 大工 목수

工事をしているので、うるさいです。
공사를 하고 있어서 시끄럽습니다.

これは私が工夫したものです。
이것은 내가 고안한 것입니다.

工	工	工

0146

□ □

作

지을 **작**

N4 총 7획

- 음 **さく, さ** 作品 작품 | 作文 작문 | 作家 작가 | 名作 명작 | 作業 작업 | 動作 동작 | 発作 발작
- 훈 **つく(る)** 作る 만들다 | 作り方 만드는 방법 | 手作り 수제

『坊ちゃん』は夏目漱石の名作です。
『도련님』은 나쓰메 소세키의 명작입니다.

日本料理の作り方を教えてください。
일본 요리 만드는 방법을 가르쳐 주세요.

作	作	作	作	作	作	作

0147

□ □

計

셀 **계**

N4 총 9획

- 음 **けい** 計画 계획 | 計算 계산 | 合計 합계 | 体温計 체온계 | 時計 시계
- 훈 **はか(る), はか(らう)** 計る 재다, 달다, 세다 | 計らう 처리하다, 의논하다

合計何人ですか。 합계 몇 명입니까?

体重を計ってみましょう。 체중을 재 봅시다.

計	計	計	計	計	計	計	計	計

0148

算

셈 **산**
N3 총 14 획

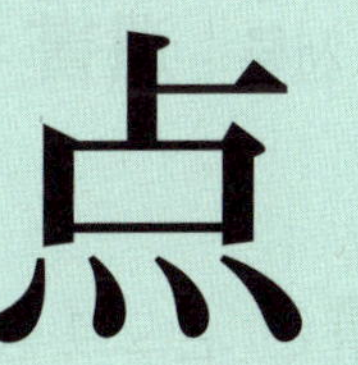

음 **さん** 算出 산출 | 算数 산수 | 精算 정산 | 予算 예산

算数は苦手です。 산수는 잘 못합니다.

乗り越し精算をしなければなりません。
초과 금액을 정산해야 합니다.

算 算 算 算 算 算 算 算 算 算 算 算 算 算

0149

点

점 **점** (點)
N3 총 9 획

음 **てん** 点検 점검 | 点数 점수 | 弱点 약점 | 終点 종점 |
百点 100점 | 満点 만점

まもなく終点です。 곧 종점입니다.

テストで百点満点をとりました。
테스트에서 100점 만점을 받았습니다.

点 点 点 点 点 点 点 点 点

0150

数

셈 **수** (數)
N3 총 13 획

음 **すう, す** 数学 수학 | 数字 숫자 | 点数 점수 | 人数 인원수 |
数奇屋 다실

훈 **かず, かぞ(える)** 数 수 | 数える 세다, 헤아리다 |
数え年 태어난 해를 한 살로 치는 나이

会合に来る人数を調べています。
모임에 오는 인원수를 조사하고 있습니다.

数え年でいくつですか。 한국 나이로 몇 살입니까?

数 数 数 数 数 数 数 数 数 数 数 数 数

0151

読

읽을 **독** (讀)
N5 총 14 획

음 どく, とく, とう　**読者** 독자 | **読書** 독서 | **朗読** 낭독 |
読本 독본 | **句読点** 구두점
훈 よ(む)　**読む** 읽다 | **読み方** 읽는 법 | **読み物** 읽을 거리

読者からメールが**来**ました。 독자에게 메일이 왔습니다.
名前の**読み方**を**教**えてください。
이름 읽는 법을 알려 주세요.

1	2	3	4	5	6	7	8	9	10	11	12	13	14
読	読	読	読	読	読	読	読	読	読	読	読	読	読

0152

書

글 **서**
N5 총 10 획

음 しょ　**書店** 서점, 책방 | **書道** 서예 | **書類** 서류 | **遺書** 유서 |
図書館 도서관
훈 か(く)　**書く** 쓰다 | **書留** 등기 우편 | **手書き** 손으로 씀

近くに**大**きな**書店**がありますか。
근처에 큰 서점이 있습니까?
書留なので、サインを**お願**いします。
등기 우편이니 사인 부탁드립니다.

1	2	3	4	5	6	7	8	9	10				
書	書	書	書	書	書	書	書	書	書				

0153

記

기록할 **기**
N2 총 10 획

음 き　**記事** 기사 | **記入** 기입 | **記念日** 기념일 | **記録** 기록 |
日記 일기
훈 しる(す)　**記す** 적다

毎日、**日記**を**書**いています。 매일 일기를 쓰고 있습니다.
背の**高**さを**柱**に**記**しておきました。
키가 몇인지 기둥에 적어 두었습니다.

1	2	3	4	5	6	7	8	9	10				
記	記	記	記	記	記	記	記	記	記				

0154

新

새 신
N4 총 13 획

음 しん　新鮮 신선함 | 新年 신년 | 新聞 신문 | 最新 최신 |
新幹線 신칸센(일본 고속 철도)

훈 あたら(しい), あら(た), にい　新しい 새롭다, 싱싱하다 |
新た 새로움 | 新潟県 니가타 현 | 新妻 새색시

これは最新モデルのケータイです。
이것은 최신 모델의 휴대전화입니다.

このビルは新しいです。
이 빌딩은 새 건물입니다.

新 新 新 新 新 新 新 新 新 新 新 新 新

0155

聞

들을 문
N5 총 14 획

음 ぶん, もん　見聞 구경 | 新聞 신문 | 伝聞 전문 |
前代未聞 전대미문 | 聴聞 청문

훈 き(く), き(こえる)　聞く 듣다 | 聞き取り 듣기 |
聞こえる 들리다

彼の夢は新聞記者です。
그의 꿈은 신문 기자입니다.

あした、聞き取りのテストがあります。
내일 듣기 시험이 있습니다.

聞 聞 聞 聞 聞 聞 聞 聞 聞 聞 聞 聞 聞 聞

番

차례 **번**
N3 총 12획

음 **ばん** 番組 프로그램 | 番号 번호 | 番地 번지 |
一番 첫번째, 가장 | 順番 순번, 순서, 차례 | 当番 당번

ホテルの部屋の番号を教えてください。
호텔 방 번호를 알려 주세요.

面接の順番を待っています。 면접 차례를 기다리고 있습니다.

番 番 番 番 番 番 番 番 番 番 番 番

組

짤 **조**
N3 총 11획

음 **そ** 組織 조직 | 組成 조성
훈 **く(む), くみ** 組む 엮다, 짜다 | 組合 조합 | 組み立て 조립 |
三組 3조, 3반 | 番組 프로그램

大学の組織が変わりました。 대학 조직이 바뀌었습니다.

おもしろい番組がありますか。
재미있는 프로그램이 있습니까?

組 組 組 組 組 組 組 組 組 組 組

歌

노래 **가**
N4 총 14획

음 **か** 歌詞 가사 | 歌手 가수 | 校歌 교가 | 国歌 국가
훈 **うた, うた(う)** 歌 노래 | 歌声 노랫소리 | 鼻歌 콧노래 |
歌う 노래하다

最近、外国で韓国の歌手が人気があります。
최근 외국에서 한국 가수가 인기 있습니다.

カラオケに行って、よく日本の歌を歌います。
노래방에 가서 종종 일본 노래를 부릅니다.

歌 歌 歌 歌 歌 歌 歌 歌 歌 歌 歌 歌 歌 歌

0159

声

소리 **성** (聲)

N3 총 7획

음 せい, しょう　声楽 성악 | 声明 성명 | 音声 음성 | 発声 발성

훈 こえ, こわ　声 목소리 | 歌声 노랫소리 | 大声 큰소리 | 鳴き声 우는 소리 | 声色 음색

カーナビが音声で道を説明します。
자동차 내비게이션이 음성으로 길을 설명합니다.

木村さんは声が大きいです。
기무라 씨는 목소리가 큽니다.

声 声 声 声 声 声 声

0160

楽

노래 **악**/즐길 **락** (樂)

N4 총 13획

음 がく, らく　音楽 음악 | 声楽 성악 | 楽器 악기 | 楽園 낙원 | 楽々 편안히

훈 たの(しい), たの(しむ)　楽しい 즐겁다 | 楽しむ 즐기다 | 楽しみ 즐거움, 기대

弟は声楽を専攻しています。
남동생은 성악을 전공합니다.

海外旅行は楽しかったです。
해외 여행은 즐거웠습니다.

楽 楽 楽 楽 楽 楽 楽 楽 楽 楽 楽 楽 楽

[/ 20]

■ 밑줄 친 한자를 바르게 읽은 것을 고르시오.

1　南向きの部屋は明るいです。
　　① みなみあき　　② ひがしあき　　③ みなみむき　　④ ひがしむき

2　台風が北上しています。
　　① きたうえ　　② きたじょう　　③ ほくうえ　　④ ほくじょう

3　韓国では冬至の日、あずきがゆを食べます。
　　① とうじ　　② どうじ　　③ とうし　　④ どうし

4　私は三人姉妹の末っ子です。
　　① しまい　　② ちまい　　③ しいま　　④ ちいま

5　足を折って、外科に行きました。
　　① けが　　② けか　　③ げが　　④ げか

6　白線の内側にお下がりください。
　　① うちかわ　　② うちがわ　　③ ないかわ　　④ ないがわ

7　遠慮しないでください。
　　① おんりょう　　② おんりょ　　③ えんりょう　　④ えんりょ

8　弟は声楽を専攻しています。
　　① せいらく　　② せんらく　　③ せいがく　　④ せんがく

9　電話番号を教えてください。
　　① ばんご　　② ばんごう　　③ ぼんご　　④ ぼんごう

10　サッカー選手の記事が載っています。
　　① きさ　　② きじ　　③ ぎさ　　④ ぎじ

11　書留でお願いします。
　　① かきとめ　　　② がきとめ　　　③ かきどめ　　　④ がきどめ

12　来年の予算を考えました。
　　① よさん　　　　② よざん　　　　③ いさん　　　　④ いざん

13　料理を工夫して作りました。
　　① こうふ　　　　② こふう　　　　③ くふう　　　　④ くうふ

14　父は遺言を残しました。
　　① いけん　　　　② いげん　　　　③ ゆいこん　　　④ ゆいごん

15　駅の近くに交番があります。
　　① きょうばん　　② きょうぼん　　③ こうばん　　　④ こうぼん

16　政治家は公の人です。
　　① おおやけ　　　② おやけ　　　　③ こう　　　　　④ こん

17　晴れ時々雨。
　　① どきどき　　　② ときどき　　　③ どきどき　　　④ ときどき

18　夜中まで勉強しました。
　　① やなか　　　　② よなか　　　　③ やちゅう　　　④ よちゅう

19　喫茶店でモーニングセットを食べました。
　　① きつちゃてん　② きっちゃてん　③ きつさてん　　④ きっさてん

20　麦飯は体にいいです。
　　① むぎめし　　　② むきめし　　　③ むぎはん　　　④ むきはん

[　 / 20]

■ 밑줄 친 히라가나를 한자로 바르게 적은 것을 고르시오.

1 <u>はるさめ</u>で作った料理を食べました。
① 春目　　② 青目　　③ 春雨　　④ 青雨

2 <u>しゅうぶん</u>は夜と昼の長さが同じです。
① 秋分　　② 秋合　　③ 春分　　④ 春合

3 漫画家に<u>でしいり</u>しました。
① 弟字入り　　② 第字入り　　③ 第子入り　　④ 弟子入り

4 道を<u>しんせつ</u>に教えてくれました。
① 新切　　② 親切　　③ 新折　　④ 親折

5 <u>みぶん</u>証明証を見せてください。
① 身分　　② 身合　　③ 見分　　④ 見合

6 <u>きかく</u>会社に入りました。
① 正両　　② 企両　　③ 正画　　④ 企画

7 文房具屋で<u>えのぐ</u>を買いました。
① 絵の具　　② 桧の具　　③ 絵の貝　　④ 桧の貝

8 <u>こうえん</u>に散歩に行きました。
① 公園　　② 公演　　③ 講園　　④ 講演

9 神戸の<u>やけい</u>がきれいです。
① 野景　　② 野京　　③ 夜景　　④ 夜京

10 パンと<u>ぎゅうにゅう</u>を買いました。
① 午孔　　② 牛孔　　③ 午乳　　④ 牛乳

11　弟はよわむしです。
① 弱忠　　② 弱虫　　③ 強虫　　④ 強忠

12　くじ引きがはずれました。
① 朴れ　　② 外れ　　③ 止れ　　④ 上れ

13　中村さんは私のおしえごです。
① 教え子　　② 数え子　　③ 教え字　　④ 数え字

14　ごうけい、いくらですか。
① 会訂　　② 会計　　③ 合訂　　④ 合計

15　会合に来るにんずうを調べています。
① 入数　　② 入教　　③ 人数　　④ 人教

16　おおごえを出さないでください。
① 大声　　② 太声　　③ 大戸　　④ 太戸

17　大学のそしきが変わりました。
① 組織　　② 組職　　③ 祖織　　④ 祖職

18　しょどうを習っています。
① 署通　　② 署道　　③ 書通　　④ 書道

19　てづくりのクッキーをもらいました。
① 毛作り　　② 毛昨り　　③ 手作り　　④ 手昨り

20　子どもをようちえんに送ります。
① 幻稚園　　② 幼稚園　　③ 幻雑園　　④ 幼雑園

2
초등학교
학년 한자 ②

売	買	門	戸	行	来	歩	走
팔 매	살 매	문 문	집 호	다닐 행	올 래	걸음 보	달릴 주
止	方	角	市	場	心	体	頭
그칠 지	모 방	뿔 각	저자 시	마당 장	마음 심	몸 체	머리 두
首	顔	色	羽	毛	丸	形	刀
머리 수	얼굴 안	빛 색	깃 우	털 모	둥글 환	모양 형	칼 도
店	長	用	才	科	答	引	線
가게 점	길 장	쓸 용	재주 재	과목 과	대답할 답	끌 인	줄 선
弓	矢	汽	船	台	光	紙	午
활 궁	화살 시	물 끓는 김 기	배 선	토대 대/별 태	빛 광	종이 지	낮 오
元	広	太	池	谷	岩	星	風
으뜸 원	넓을 광	클 태	못 지	골짜기 곡	바위 암	별 성	바람 풍
海	高	原	雪	野	黄	黒	雲
바다 해	높을 고	근원 원	눈 설	들 야	누를 황	검을 흑	구름 운
地	図	電	話	国	家	思	考
땅 지	그림 도	번개 전	말씀 화	나라 국	집 가	생각 사	생각할 고
活	切	合	同	回	帰	何	明
살 활	끊을 절/모두 체	합할 합	한가지 동	돌아올 회	돌아갈 귀	어찌 하	밝을 명
当	直	間	理	通	知	晴	細
마땅할 당	곧을 직	사이 간	다스릴 리	통할 통	알 지	맑을 청	가늘 세

0161

□ □

売

팔 **매** (賣)

N4 총 7획

음 ばい　売却 매각 | 売店 매점 | 商売 장사 | 発売 발매 | 販売 판매

훈 う(る), う(れる)　売る 팔다 | 売り場 매장 | 売り上げ 매상 | 売り切れ 매진 | 売れる 팔리다

これは新発売のパソコンです。
이것은 새로 발매된 컴퓨터입니다.

きっぷ売り場はどこですか。 매표소는 어디입니까?

1	2	3	4	5	6	7
売	売	売	売	売	売	売

0162

□ □

買

살 **매**

N4 총 12획

음 ばい　買収 매수 | 購買 구매 | 売買 매매

훈 か(う)　買う 사다 | 買い物 쇼핑 | お買い得 이득

テレビコマーシャルは購買力をそそります。
텔레비전 광고는 구매력을 자아냅니다.

このワインはお買い得です。 이 와인은 사면 이득입니다.

1	2	3	4	5	6	7	8	9	10	11	12
買	買	買	買	買	買	買	買	買	買	買	買

0163

□ □

門

문 **문**

N3 총 8획

음 もん　門戸 문호 | 校門 교문 | 専門 전문 | 入門 입문 | 名門 명문

훈 かど　門口 문간 | 門出 집을 나섬, 출발 | 門松 가도마쓰(새해에 문 앞에 장식하는 소나무)

校門の前で待ってください。 교문 앞에서 기다려 주세요.

お正月には門松を作ります。 설날에는 가도마쓰를 만듭니다.

1	2	3	4	5	6	7	8
門	門	門	門	門	門	門	門

0164

戸

집 호 (戸)
N3 총 4 획

음 こ 戸主 호주 | 戸籍 호적 | 一戸建て 단독주택 |
下戸 술을 못 마시는 사람
훈 と 戸締り 문단속 | 戸棚 찬장 | 網戸 망창, 방충망 |
井戸 우물

父は三十代で一戸建ての家を買いました。
아버지는 30대에 단독주택을 샀습니다.

きちんと戸締りをしてから出かけましょう。
문단속을 단단히 하고 나서 외출합시다.

戸 戸 戸 戸

0165

行

다닐 행
N5 총 6 획

음 こう, ぎょう, あん 行為 행위 | 行動 행동 | 銀行 은행 |
飛行機 비행기 | 旅行 여행 | 行事 행사 | 行列 행렬 |
行灯 행등, 초롱불
훈 い(く), ゆ(く), おこな(う) 行く・行く 가다 | 行方 행방 |
行う 행동하다

今まで飛行機に乗ったことがありません。
지금까지 비행기를 탄 적이 없습니다.

昨日、銀行に行ってきました。
어제 은행에 다녀왔습니다.

行 行 行 行 行 行

0166

来

올 **래** (來)
N5 총 7획

음 らい　来月 다음 달 | 来年 내년 | 将来 장래 | 未来 미래

훈 く(る), きた(る), きた(す)　来る 오다 | 来る 오다 |
来す 초래하다

鈴木さんは来月、韓国人と結婚します。
스즈키 씨는 다음 달에 한국인과 결혼합니다.

ソウル行きの電車は何時に来ますか。
서울행 전철은 몇 시에 옵니까?

1	2	3	4	5	6	7
来	来	来	来	来	来	来

0167

歩

걸음 **보** (歩)
N4 총 8획

음 ほ, ぶ, ふ　歩道 보도 | 徒歩 도보 | 散歩 산책 |
歩合 비율, 수수료 | 歩 졸(일본 장기)

훈 ある(く), あゆ(む)　歩く・歩む 걷다

天気がいいからお散歩でも行きましょうか。
날씨가 좋으니까 산책이라도 갈까요?

学校まで歩いて何分ぐらいかかりますか。
학교까지 걸어서 몇 분 정도 걸립니까?

1	2	3	4	5	6	7	8
歩	歩	歩	歩	歩	歩	歩	歩

0168

走

달릴 **주**
N4 총 7획

음 そう　走行 주행 | 走者 주자 | 競走 경주 | 逃走 도주

훈 はし(る)　走る 달리다, 뛰다

彼は百メートル競走の最高の選手です。
그는 100m 경주에서 가장 뛰어난 선수입니다.

廊下を走ってはいけません。 복도에서 뛰면 안 됩니다.

1	2	3	4	5	6	7
走	走	走	走	走	走	走

0169

止

그칠 **지**
N4 총 4획

음 し 止血 지혈 | 禁止 금지 | 中止 중지 | 停止 정지
훈 と(まる), と(める) 止まる 멈추다, 서다 | 止める 멈추다, 세우다 | 通行止め 통행금지

ここは通行禁止です。 여기는 통행금지입니다.
この電車は急行ですから、次の駅には止まりません。 이 전철은 급행이므로 다음 역에는 서지 않습니다.

止 止 止 止

0170

方

모 **방**
N4 총 4획

음 ほう 方向 방향 | 方法 방법 | 前方 전방 | 地方 지방
훈 かた 方 방법, 사람(분) | 作り方 만드는 방법 | 味方 내편, 아군

外国語の勉強には、どんな方法がありますか。
외국어 공부에는 어떤 방법이 있습니까?
トッポッキの作り方を教えてください。
떡볶이 만드는 법을 가르쳐 주세요.

方 方 方 方

0171

角

뿔 **각**
N3 총 7획

음 かく 角度 각도 | 三角形 삼각형 | 直角 직각 | 頭角 두각
훈 かど, つの 角 모서리, 모퉁이 | 角 뿔 | 角笛 뿔피리

日本のおにぎりは三角形の形です。
일본의 주먹밥은 삼각형 모양입니다.
次の角を右に曲がってください。
다음 모퉁이를 오른쪽으로 돌아 주세요.

角 角 角 角 角 角 角

0172

市

저자 **시**

N4 총 5획

음 し　市外 시외 | 市内 시내 | 市民 시민 | 都市 도시 |
大阪市 오사카시

훈 いち　市場 시장 | 魚市場 어시장

市内に新しいデパートができました。
시내에 새로운 백화점이 생겼습니다.

市場に買い物に行きましょう。 시장에 쇼핑하러 갑시다.

1	2	3	4	5
市	市	市	市	市

0173

場

마당 **장**

N4 총 12획

음 じょう　場内 장내 | 運動場 운동장 | 会場 회장 | 工場 공장

훈 ば　場合 때, 경우 | 場所 장소 | 場面 장면 | 広場 광장

会場にたくさんの人がいます。
회장에 많은 사람이 있습니다.

ソウルには市庁の前に広場があります。
서울에는 시청 앞에 광장이 있습니다.

1	2	3	4	5	6	7	8	9	10	11	12
場	場	場	場	場	場	場	場	場	場	場	場

0174

心

마음 **심**

N4 총 4획

음 しん　心身 심신 | 心配 걱정 | 安心 안심 | 中心 중심 |
本心 본심, 진심

훈 こころ　心 마음 | 心づかい 배려 |
心細い 불안하다, 허전하다 | 親心 부모 마음

卒業の後が心配です。 졸업 후가 걱정입니다.

一人で歩く夜の道は心細いです。
혼자 걷는 밤길은 불안합니다.

1	2	3	4
心	心	心	心

0175 □ □

体

몸 체 (體)
N4 총 7획

- 음 **たい, てい** 体育 たいいく 체육 | 体力 たいりょく 체력 | 身体 しんたい 신체 | 肉体 にくたい 육체 | 世間体 せけんてい 세상에 대한 체면
- 훈 **からだ** 体 からだ 몸 | 体つき からだ 몸매

今日は身体検査の日です。 오늘은 신체검사하는 날입니다.
きょう しんたいけんさ ひ

運動は体にいいです。 운동은 몸에 좋습니다.
うんどう からだ

1	2	3	4	5	6	7				
体	体	体	体	体	体	体				

0176 □ □

頭

머리 두
N4 총 16획

- 음 **とう, ず, と** 頭角 とうかく 두각 | 先頭 せんとう 선두 | 頭痛 ずつう 두통 | 頭脳 ずのう 두뇌
- 훈 **あたま, かしら** 頭 あたま 머리 | 頭 かしら 머리, 우두머리 | 頭文字 かしらもじ 머리글자

頭痛がひどいので、病院に行きました。
ずつう びょういん い
두통이 심해서 병원에 갔습니다.

疲れて頭が回りません。 피곤해서 머리가 돌아가지 않습니다.
つか あたま まわ

1	2	3	4	5	6	7	8	9	10	11	12	13	14	15
頭	頭	頭	頭	頭	頭	頭	頭	頭	頭	頭	頭	頭	頭	頭

16							
頭							

0177 □ □

首

머리 수
N4 총 9획

- 음 **しゅ** 首相 しゅしょう 수상, 총리 | 首都 しゅと 수도 | 自首 じしゅ 자수 | 部首 ぶしゅ 부수
- 훈 **くび** 首 くび 목 | 首かざり くび 목걸이 | 足首 あしくび 발목 | 手首 てくび 손목

ニューヨークはアメリカの首都ではありません。
しゅと
뉴욕은 미국의 수도가 아닙니다.

ワイシャツの首のサイズはどうですか。
くび
와이셔츠의 목 사이즈는 어떻습니까?

1	2	3	4	5	6	7	8	9	
首	首	首	首	首	首	首	首	首	

顔

얼굴 **안**
N4 총 18획

음 **がん**　顔色・顔色 얼굴색, 안색, 낯빛 ｜ 顔面 안면 ｜ 洗顔 세안 ｜
童顔 동안

훈 **かお**　顔 얼굴 ｜ 顔立ち 이목구비 ｜ 顔見知り 안면이 있음 ｜
笑顔 웃는 얼굴

吉田さんは童顔なので若く見えます。
요시다 씨는 동안이라 젊어 보입니다.

木村さんは笑顔がすてきです。
기무라 씨는 웃는 얼굴이 멋집니다.

| 1 顔 | 2 顔 | 3 顔 | 4 顔 | 5 顔 | 6 顔 | 7 顔 | 8 顔 | 9 顔 | 10 顔 | 11 顔 | 12 顔 | 13 顔 | 14 顔 | 15 顔 |
| 16 顔 | 17 顔 | 18 顔 | | | | | | | | | | | | |

色

빛 **색**
N4 총 6획

음 **しょく, しき**　染色 염색 ｜ 特色 특색 ｜ 色彩 색채 ｜
景色 경치, 풍경

훈 **いろ**　色 색, 색깔 ｜ 色々 여러 가지 ｜ 色紙 색종이 ｜
顔色・顔色 얼굴색, 안색, 낯빛

「松島」という所は景色がすばらしいです。
'마쓰시마'라는 곳은 경치가 훌륭합니다.

大丈夫ですか。顔色が悪いですよ。
괜찮아요? 얼굴색이 나쁜데요.

| 1 色 | 2 色 | 3 色 | 4 色 | 5 色 | 6 色 | | | | | | | | | |

0180

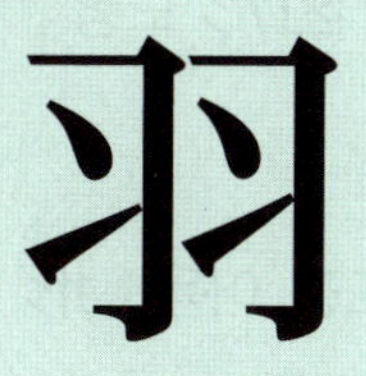

羽

깃 **우**
N3 총 6획

- 음 **う** 羽化 번데기가 날개 있는 성충이 됨 | 羽毛 깃털
- 훈 **は, はね, わ** 羽織 기모노 위에 입는 짧은 겉옷 | 羽 날개 | 羽布団 깃이불 | 一羽 한 마리

冬は羽毛のふとんを使うといいです。
겨울에는 깃털 이불을 사용하면 좋습니다.

電線の上にすずめが三羽とまっています。
전선 위에 참새가 세 마리 머물러 있습니다.

1	2	3	4	5	6
羽	羽	羽	羽	羽	羽

0181

毛

털 **모**
N3 총 4획

- 음 **もう** 毛筆 모필, 털붓 | 毛布 담요 | 不毛 불모 | 羊毛 양모
- 훈 **け** 毛 털 | 毛糸 털실 | 毛虫 모충 | 眉毛 눈썹

毛布をクリーニングに出しました。
담요를 세탁하러 보냈습니다.

毛糸でマフラーを編んで、友達にあげます。
털실로 목도리를 짜서 친구에게 줍니다.

1	2	3	4
毛	毛	毛	毛

0182

丸

둥글 **환**
N3 총 3획

- 음 **がん** 丸薬 환약 | 一丸 탄환 하나, 한 덩어리 | 弾丸 탄환 | 砲丸 포환 | 砲丸投げ 투포환
- 훈 **まる, まる(い), まる(める)** 丸 동그라미 | 丸い 둥글다 | 丸める 둥글게 하다 | 丸ごと 통째로 | 丸太 통나무

彼女は砲丸投げの選手です。 그녀는 투포환 선수입니다.

大きなケーキを一人で丸ごと食べてしまいました。
커다란 케이크를 혼자 통째로 다 먹어 버렸습니다.

1	2	3
丸	丸	丸

0183 形

모양 형
N3 총 7획

- **음** けい, ぎょう 　形式 형식 | 形容詞 형용사 | 図形 도형 | 形相 형상 | 人形 인형
- **훈** かた, かたち 　形見 기념품, 유품 | 手形 손도장, 어음 | 形 형태

子どもは人形が好きです。　아이는 인형을 좋아합니다.
この指輪は母の形見です。　이 반지는 어머니의 유품입니다.

形 形 形 形 形 形 形

0184 刀

칼 도
N1 총 2획

- **음** とう 　短刀 단도 | 日本刀 일본도 | 木刀 목도 | 名刀 명도
- **훈** かたな 　刀 칼 | 小刀 창칼, 주머니칼
- **예외** 竹刀 죽도

今では日本刀を作る人が少なくなりました。
지금은 일본도를 만드는 사람이 줄어들었습니다.
父が子どもの頃は、小刀で鉛筆を削っていました。
아버지가 어렸을 때는 주머니칼로 연필을 깎았습니다.

刀 刀

0185 店

가게 점
N5 총 8획

- **음** てん 　店員 점원 | 店長 점장 | 開店 개점 | 書店 서점, 책방 | 売店 매점
- **훈** みせ 　店 가게 | 店番 가게를 봄 | 夜店 밤거리 노점, 야시장

駅の売店でお茶と弁当を買いました。
역 매점에서 차와 도시락을 샀습니다.
いつか韓国料理の店を始めようと思います。
언젠가 한국 음식점을 시작하려고 생각합니다.

店 店 店 店 店 店 店 店

0186

길 장
N5 총 8획

음 **ちょう** 長所 장점 | 長女 장녀 | 長男 장남 | 社長 사장 | 成長 성장

훈 **なが(い)** 長い 길다 | 長生き 장수

今年、長女が結婚しました。 올해 장녀가 결혼했습니다.

最近、長生きの人が多くなりました。
최근 장수하는 사람이 많아졌습니다.

長 長 長 長 長 長 長 長

0187

用

쓸 용
N4 총 5획

음 **よう** 用意 준비 | 用事 용무, 볼일 | 使用 사용 | 実用 실용 | 日用品 생필품 | 利用 이용

훈 **もち(いる)** 用いる 사용하다

渡辺さんは用事があって、早く帰りました。
와타나베 씨는 볼일이 있어 빨리 돌아갔습니다.

テストのとき、辞書は用いないでください。
시험 때 사전은 사용하지 마세요.

用 用 用 用 用

0188

재주 재
N3 총 3획

음 **さい** 才能 재능 | 才気 재기 | 才女 재주가 있는 여자, 재원 | 天才 천재

子どもの才能を見つけることは大事なことです。
아이의 재능을 발견하는 것은 중요한 일입니다.

努力しない天才はいません。 노력하지 않는 천재는 없습니다.

才 才 才

0189

科

과목 **과**
N3 총 9획

음 か 　**科学** 과학 | **科目** 과목 | **学科** 학과 | **教科書** 교과서 |
外科 외과

好きな科目は何ですか。
좋아하는 과목은 무엇입니까?

妹は英文学科の学生です。
여동생은 영문학과 학생입니다.

科 科 科 科 科 科 科 科 科

0190

答

대답할 **답**
N4 총 12획

음 とう 　**答案** 답, 답안 | **答弁** 답변 | **応答** 응답 | **解答** 해답 |
正答 정답
훈 こた(える), こた(え) 　**答える** 대답하다 | **答え** 대답

答案は、この紙に書いてください。
답은 이 종이에 써 주세요.

難しくて答えることができませんでした。
어려워서 대답할 수가 없었습니다.

答 答 答 答 答 答 答 答 答 答 答 答

0191

引

끌 **인**
N3 총 4획

음 いん 　**引退** 은퇴 | **引用** 인용 | **引力** 인력 | **索引** 색인
훈 ひ(く), ひ(ける) 　**引く** 끌다 | **引き分け** 무승부 | **割引** 할인 |
引ける 끝나다

後ろに索引がありますので、利用してください。
뒤에 색인이 있으니 이용해 주세요.

学生は割引できます。 학생은 할인이 가능합니다.

引 引 引 引

0192

線

줄 **선**
N3 총 15 획

음 せん　**線画** せんが 선으로만 그린 그림 | **線路** せんろ 선로 | **直線** ちょくせん 직선 |
電線 でんせん 전선

線路を渡るときは、気をつけてください。
せんろ　　わた　　　　　　　き
선로를 건널 때는 주의하세요.

台風で**電線**が切れてしまいました。
たいふう　でんせん　き
태풍 때문에 전선이 끊어지고 말았습니다.

線 線 線 線 線 線 線 線 線 線 線 線 線 線 線

0193

弓

활 **궁**
N1 총 3 획

음 きゅう　**弓形** きゅうけい 궁형 | **弓道** きゅうどう 궁도 | **洋弓** ようきゅう 양궁
훈 ゆみ　**弓** ゆみ 활 | **弓矢** ゆみや 궁시, 활과 화살

弟は**弓道部**に入りました。
おとうと　きゅうどうぶ　はい
남동생은 궁도부에 들어 갔습니다.

弓を射ます。 활을 쏩니다.
ゆみ　い

弓 弓 弓

0194

矢

화살 **시**
N1 총 5 획

음 し　**一矢** いっし 화살 한 개 | **一矢報いる** いっしむくいる 보복하다, 되갚다
훈 や　**矢** や 화살 | **矢面** やおもて 화살이 날아오는 정면, 진두 | **矢印** やじるし 화살표 |
毒矢 どくや 독화살

今日の試合で、**一矢報いる**ことができました。
きょう　しあい　　いっしむく
오늘 시합에서 되갚아 줄 수 있었습니다.

矢印の方向に進んでください。 화살표 방면으로 가세요.
やじるし　ほうこう　すす

矢 矢 矢 矢 矢

□ □

0195

汽

물 끓는 김 **기**
N1 총 7획

음 き 汽車 기차 | 汽船 기선 | 汽笛 기적, 고동

汽車で旅をするのが好きです。
기차 여행을 좋아합니다.

港から汽笛が聞こえます。
항구에서 기적 소리가 들립니다.

汽 汽 汽 汽 汽 汽 汽

0196

船

배 **선** (船)
N2 총 11획

음 せん 船員 선원 | 船長 선장 | 漁船 어선 | 風船 풍선

훈 ふね, ふな 船 배 | 船旅 배를 타고 하는 여행 | 船便 배편 |
船酔い 뱃멀미

風船に空気を入れてください。
풍선에 공기를 넣어 주세요.

荷物を船便で送ります。
짐을 배편으로 보냅니다.

船 船 船 船 船 船 船 船 船 船 船

0197

台

토대 **대**/별 **태** (臺)
N4 총 5획

음 だい, たい 台所 부엌 | 灯台 등대 | 台風 태풍 |
屋台 노점상, 포장마차

母は台所で夕ご飯を作っています。
엄마는 부엌에서 저녁밥을 만들고 있습니다.

テレビで台風のニュースを見ます。
텔레비전으로 태풍에 관한 뉴스를 봅니다.

台 台 台 台 台

0198

光

빛 광
N4 총 6획

- 음 **こう** 光学 광학 | 光景 광경 | 光線 광선 | 観光 관광 | 日光 햇볕
- 훈 **ひか(る), ひかり** 光る 빛나다 | 光 빛

ソウルにはたくさんの観光客が来ます。
서울에는 많은 관광객이 옵니다.

ほたるの光がきれいです。 반딧불이 예쁩니다.

光 光 光 光 光 光

0199

紙

종이 지
N4 총 10획

- 음 **し** 紙上 종이 위, 지면 | 紙面 지면 | 表紙 표지 | 用紙 용지
- 훈 **かみ** 紙 종이 | 紙くず 휴지 | 紙ぶくろ 종이봉투 | 折り紙 종이접기

振込み用紙をください。 입금 용지를 주세요.

紙くずはゴミ箱に捨ててください。
휴지는 쓰레기통에 버리세요.

紙 紙 紙 紙 紙 紙 紙 紙 紙 紙

0200

午

낮 오
N5 총 4획

- 음 **ご** 午後 오후 | 午前 오전 | 子午線 자오선 | 正午 정오

テストは午前十時から始まります。
테스트는 오전 열 시부터 시작합니다.

午後から雨が降るそうです。
오후부터 비가 내린다고 합니다.

午 午 午 午

元

으뜸 **원**
N4 총 4획

음 げん, がん　元気 기운, 건강함 | 紀元 기원 | 根元 근원 | 元日 설날 | 元来 원래, 애당초

훈 もと　元 이전, 원래 | 元々 원래 | 身元 신원

おばあさんはまだ元気です。 할머니는 아직 건강합니다.
身元を確認するために、パスポートを見せて
ください。 신원을 확인하기 위해 여권을 보여 주세요.

元 元 元 元

広

넓을 **광** (廣)
N4 총 5획

음 こう　広告 광고 | 広大 넓고 큼 | 広報 홍보 | 広野 광야

훈 ひろ(い), ひろ(まる), ひろ(める), ひろ(がる), ひろ(げる)
広い 넓다 | 広場 광장 | 広まる 넓어지다 | 広める 넓히다 |
広がる 넓어지다 | 広げる 넓히다, 확장하다

広告を見た人が、店にたくさん来ます。
광고를 본 사람이 가게에 많이 옵니다.
広場に人が集まっています。 광장에 사람이 모여 있습니다.

広 広 広 広 広

太

클 **태**
N4 총 4획

음 た, たい　丸太 통나무 | 太古 태고, 먼 옛날 | 太平洋 태평양 |
太陽 태양

훈 ふと(い), ふと(る)　太い 굵다 | 太る 살찌다

太平洋はとても広いです。 태평양은 매우 넓습니다.
太ったのでダイエットをしようと思います。
살쪄서 다이어트를 하려고 합니다.

太 太 太 太

0204

池

못 지
N4 총 6획

- **음** ち　貯水池 저수지 ｜ 電池 전지, 건전지 ｜ 用水池 용수지
- **훈** いけ　池 연못 ｜ ため池 저수지 ｜ 古池 오래된 연못

新しい電池に取り換えてください。
새 전지로 바꿔 주세요.

危ないですから、この池で泳いではいけません。
위험하니까 이 연못에서 헤엄치면 안 됩니다.

池 池 池 池 池 池

0205

谷

골짜기 곡
N3 총 7획

- **음** こく　峡谷 협곡 ｜ 渓谷 계곡
- **훈** たに　谷 골짜기 ｜ 谷風 골바람 ｜ 谷川 계류, 산골짜기 시냇물 ｜ 谷間 골짜기

渓谷にはキャンプ場があります。
계곡에는 캠프장이 있습니다.

谷川で魚釣りをしました。
계류에서 낚시를 했습니다.

谷 谷 谷 谷 谷 谷 谷

0206

岩

바위 암 (巖)
N3 총 8획

- **음** がん　岩塩 돌소금, 암염 ｜ 岩石 암석 ｜ 砂岩 사암 ｜ 溶岩 용암
- **훈** いわ　岩 바위 ｜ 岩場 바위가 많은 곳, 암벽 ｜ 岩山 바위산

研究者は月の岩石を調べました。
연구자는 달의 암석을 조사했습니다.

岩山を登るのは大変です。
바위산을 오르는 것은 힘듭니다.

岩 岩 岩 岩 岩 岩 岩 岩

星

별 성
N3 총 9획

음 せい, しょう　星座 별자리 | 火星 화성 | 金星 금성 | 北極星 북극성 | 明星 금성의 옛이름

훈 ほし　星 별 | 星明り 별빛 | 星空 별이 총총한 밤하늘 | 流れ星 유성, 별똥별

夏の星座には何がありますか。
여름 별자리에는 뭐가 있습니까?

今日は星がよく見えます。
오늘은 별이 잘 보입니다.

1	2	3	4	5	6	7	8	9
星	星	星	星	星	星	星	星	星

風

바람 풍
N4 총 9획

음 ふう, ふ　風雨 바람과 비 | 風景 풍경 | 風情 운치, 정취 | お風呂 목욕(탕)

훈 かぜ, かざ　風 바람 | 風車 풍차, 바람개비 | 風下 바람이 불어 가는 쪽

예외 風邪 감기

お風呂に入った後、ビールを飲みます。
목욕을 한 다음 맥주를 마십니다.

エアコンの風より、自然の風が気持ちいいです。
에어컨 바람보다 자연 바람이 기분 좋습니다.

1	2	3	4	5	6	7	8	9
風	風	風	風	風	風	風	風	風

0209

海

바다 해 (海)
N4 총 9획

음 かい　海外 해외 | 海水浴 해수욕 | 公海 공해 | 地中海 지중해
훈 うみ　海 바다 | 海風 해풍 | 海辺 해변

父は海外に出張中です。　아빠는 해외에 출장 중입니다.
窓から海が見えます。　창문에서 바다가 보입니다.

海 海 海 海 海 海 海 海 海

0210

高

높을 고
N5 총 10획

음 こう　高価 고가 | 高級 고급 | 高校 고등학교 | 高度 고도 | 最高 최고
훈 たか(い), たか, たか(まる), たか(める)　高い 높다, 비싸다 | 売上高 판매액, 매출액 | 残高 잔액 | 高まる 높아지다 | 高める 높이다

妹は高校二年生です。　여동생은 고등학교 2학년입니다.
中村さんは背が高くて、ハンサムです。
나카무라 씨는 키가 크고 잘 생겼습니다.

高 高 高 高 高 高 高 高 高 高

0211

原

근원 원
N3 총 10획

음 げん　原因 원인 | 原稿 원고 | 原子力 원자력 | 原油 원유 | 高原 고원
훈 はら　原 들, 벌판 | 原っぱ 들판, 공터 | 野原 들판

けんかの原因は何ですか。　싸움의 원인은 무엇입니까?
野原にはコスモスが咲いています。
들판에는 코스모스가 피어 있습니다.

原 原 原 原 原 原 原 原 原 原

雪

눈 설
N3 총 11 획

음 せつ　雪原 설원 | 雪像 눈을 다져 만든 조각 | 除雪 제설 | 積雪 적설, 쌓여 있는 눈

훈 ゆき　雪 눈 | 雪国 설국, 눈이 많은 고장 | 雪だるま 눈사람 | 初雪 첫눈

北海道は除雪機が必要です。
홋카이도는 제설기가 필요합니다.

雪だるまを作って遊びました。
눈사람을 만들며 놀았습니다.

野

들 야
N4 총 11 획

음 や　野球 야구 | 野菜 채소 | 分野 분야 | 平野 평야

훈 の　野 들 | 野宿 노숙 | 野花 들꽃 | 野良猫 길고양이

テレビで野球を見るのが好きです。
텔레비전으로 야구를 보는 것을 좋아합니다.

色々な野花が咲いています。　여러 들꽃이 피어 있습니다.

黄

누를 황 (黃)
N2 총 11 획

음 おう, こう　黄金 황금 | 黄河 황하 | 黄砂 황사

훈 き, こ　黄色 노랑색 | 黄身 노른자위 | 黄金 황금

黄砂で車が汚れてしまいました。
황사 때문에 차가 더러워져 버렸습니다.

この料理は卵の黄身だけを使います。
이 요리는 달걀 노른자만을 사용합니다.

0215

□ □

黒

검을 흑 (黑)
N4 총 11 획

음 **こく** 黒点 흑점, 검은 점 | 黒板 칠판 | 暗黒 암흑

훈 **くろ, くろ(い)** 黒 검정 | 黒い 검다 | 黒字 흑자 |
黒砂糖 흑설탕

黒板に答えを書いてください。 칠판에 답을 써 주세요.

私は黒色の服をよく着ます。 나는 검정색 옷을 자주 입습니다.

1	2	3	4	5	6	7	8	9	10	11
黒	黒	黒	黒	黒	黒	黒	黒	黒	黒	黒

0216

□ □

雲

구름 운
N3 총 12 획

음 **うん** 雲海 구름바다 | 雲上 구름 위 | 星雲 성운 |
雷雲 소나기 구름

훈 **くも** 雲 구름 | 雲脚 구름의 움직임 | 雲間 구름 사이 |
雨雲 비구름

東の空から雷雲が近づいてきました。
동쪽 하늘에서 소나기 구름이 다가왔습니다.

今日は雲で月が見えません。
오늘은 구름 때문에 달이 보이지 않습니다.

1	2	3	4	5	6	7	8	9	10	11	12
雲	雲	雲	雲	雲	雲	雲	雲	雲	雲	雲	雲

0217

□ □

地

땅 지
N4 총 6 획

음 **ち, じ** 地下 지하 | 地球 지구 | 地図 지도 | 地理 지리 |
大地 대지 | 土地 토지 | 地震 지진 | 生地 본성, 옷감

この道は地図にありません。 이 길은 지도에 없습니다.

いつか地球を一周したいです。
언젠가 지구를 일주하고 싶습니다.

1	2	3	4	5	6
地	地	地	地	地	地

0218

図

그림 **도** (圖)
N4 총 7획

음 ず, と　図表 도표 | 合図 신호 | 図書館 도서관 | 意図 의도
훈 はか(る)　図る 도모하다, 꾀하다

午後は図書館で勉強します。
오후에는 도서관에서 공부합니다.

親睦を図るために、飲み会を開きました。
친목을 도모하기 위해 술자리를 가졌습니다.

1	2	3	4	5	6	7					
図	図	図	図	図	図	図					

0219

電

번개 **전**
N5 총 13획

음 でん　電気 전기 | 電車 전철 | 電話 전화 | 終電 마지막 전철 | 充電 충전

電気のない生活は不便です。
전기가 없는 생활은 불편합니다.

終電は夜の11時半です。
마지막 전철은 밤 열한 시 반 입니다.

1	2	3	4	5	6	7	8	9	10	11	12	13
電	電	電	電	電	電	電	電	電	電	電	電	電

0220

話

말씀 **화**
N5 총 13획

음 わ　話題 화제 | 会話 회화 | 手話 수화 | 神話 신화
훈 はな(す), はなし　話す 말하다 | 話し合う 서로 이야기하다, 의논하다 | 昔話 옛날이야기

最近の韓国の話題は何ですか。
최근 한국의 화젯거리는 무엇입니까?

友達と旅行の計画を話し合いました。
친구와 여행 계획을 의논했습니다.

1	2	3	4	5	6	7	8	9	10	11	12	13
話	話	話	話	話	話	話	話	話	話	話	話	話

0221

国

나라 국 (國)
N5 총 8획

음 こく　国語 국어 | 国内 국내 | 国民 국민 | 国家 국가 | 外国 외국 | 入国 입국

훈 くに　国 나라, 고향 | 島国 섬나라 | 雪国 설국, 눈의 고장

入国の手続きが簡単になりました。
입국 절차가 간단해졌습니다.

日本では色々な国から来た人たちが働いています。
일본에서는 다양한 나라에서 온 사람들이 일하고 있습니다.

国 国 国 国 国 国 国 国

0222

家

집 가
N4 총 10획

음 か, け　家事 가사 | 家族 가족 | 国家 국가 | 作家 작가 | 分家 분가 | 本家 본가

훈 いえ, や　家 집 | 家賃 집세 | 空き家 빈집 | 大家 집주인, 안채

家族は何人ですか。 가족은 몇 명입니까?

家賃は大家さんに直接、渡します。
집세는 집주인에게 직접 냅니다.

家 家 家 家 家 家 家 家 家 家

0223

思

생각 사
N4 총 9획

음 し　思考 사고 | 思春期 사춘기 | 思想 사상 | 意思 의사

훈 おも(う)　思う 생각하다 | 思い出 추억 | 思いやり 배려 | 思わず 엉겁결에

うちには思春期の娘がいます。
우리 집에는 사춘기인 딸이 있습니다.

日本で多くの思い出を作りました。
일본에서 많은 추억을 만들었습니다.

思 思 思 思 思 思 思 思 思

0224

음 こう　考古学 고고학 | 考察 고찰 | 再考 재고 | 参考 참고
훈 かんが(える)　考える 생각하다 | 考え 생각

新聞記事を参考にして、レポートを書きました。
신문 기사를 참고해서 리포트를 썼습니다.

もっと深く考えてみましょう。 더 깊게 생각해 봅시다.

考
생각할 고
N4 총 6획

0225

음 かつ　活動 활동 | 活用 활용 | 生活 생활 | 復活 부활

学生のときに、色々なボランティア活動をしま
した。 학생 때 다양한 봉사 활동을 했습니다.
最近、物価が上がったので生活が苦しくなりま
した。 최근에 물가가 올라서 생활이 힘들어졌습니다.

活
살 활
N3 총 9획

0226

음 せつ, さい　切実 절실함 | 親切 친절함 | 大切 중요함, 소중함 |
一切 일절, 모두
훈 き(る), き(れる)　切る 자르다 | 切手 우표 | 切符 표 |
切れる 끊어지다, 베이다

日本人が親切に道を教えてくれました。
일본인이 친절하게 길을 가르쳐 주었습니다.
玉ねぎを切ると涙が出ます。 양파를 자르면 눈물이 나옵니다.

切
끊을 절/모두 체
N4 총 4획

0227

合

합할 **합**
N4 총 6획

음 ごう, がっ, かっ 合格 합격 | 合計 합계 | 集合 집합 |
合宿 합숙 | 合羽 소매 없는 비옷

훈 あ(う), あ(わす), あ(わせる) 合う 맞다, 만나다 |
合気道 합기도 | 合図 신호 | 割合 비율 |
合わす 맞추다, 합치다 | 合わせる 맞추다, 합치다

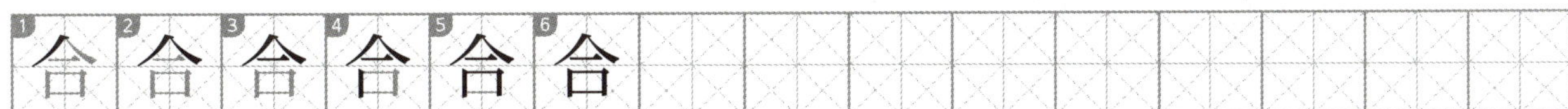

大学に合格して、父からスーツをもらいました。
대학에 합격해서 아빠에게 양복을 받았습니다.

何回、計算しても数字が合いません。
몇 번 계산했지만 숫자가 맞지 않습니다.

合 合 合 合 合 合

0228

同

한가지 **동**
N4 총 6획

음 どう 同一 동일 | 同時 동시 | 同情 동정 | 共同 공동 |
協同 협동 | 合同 합동

훈 おな(じ) 同じ 같음 | 同じ年・同い年 동갑

二人の選手は同時にゴールしました。
두 선수는 동시에 들어왔습니다.

私と木村さんは同い年です。
나와 기무라 씨는 동갑입니다.

同 同 同 同 同 同

0229

回

돌아올 **회**
N4 총 6획

음 かい, え　回送 회송 | 回転 회전 | 回答 회답 | 今回 이번 |
次回 다음 번 | 回向 회향(불교)

훈 まわ(る), まわ(す)　回る 돌다 | 回り道 길을 돌아서 감 |
回す 돌리다

これは回送電車なので乗れません。
이것은 회송 전철이라서 탈 수 없습니다.

風車を回して電気を作ります。
풍차를 돌려 전기를 만듭니다.

0230

帰

돌아갈 **귀** (歸)
N4 총 10획

음 き　帰化 귀화 | 帰国 귀국 | 帰省 귀성 | 帰宅 귀가 |
復帰 복귀

훈 かえ(る), かえ(す)　帰る 돌아가다 | 里帰り 귀성, 친정 나들이 |
日帰り 당일치기 | 帰す 돌려보내다

帰国する日は、いつですか。
귀국하는 날은 언제입니까?

忙しくて、帰る時間が遅くなりました。
바빠서 집에 가는 시간이 늦어졌습니다.

0231

何

어찌 하
N5 총 7획

음 **か** 幾何学 기하학

훈 **なに, なん** 何が 무엇이 | 何で・何で 무엇으로 | 何を 무엇을, 뭐야!(분노의 말) | 何個 몇 개 | 何時 몇 시

私は大学で幾何学を勉強しています。
나는 대학에서 기하학을 공부하고 있습니다.

何が必要ですか。
무엇이 필요합니까?

何 何 何 何 何 何 何

0232

明

밝을 명
N4 총 8획

음 **めい, みょう** 明暗 명암 | 明白 명백 | 自明 자명, 명백함 | 発明 발명 | 明朝 내일 아침 | 明晩 내일 밤

훈 **あ(かり), あか(るい), あか(るむ), あか(らむ), あき(らか), あ(ける), あ(く), あ(くる), あ(かす)**

明かり 빛 | 明るい 밝다 | 明るむ 밝아지다 | 明らむ (동이 터서) 훤해지다 | 明らか 명백함, 밝음 | 明ける 밝다 | 明くる 다음(~날, 달 등이 옴) | 明かす 밝히다

電球はエジソンが発明しました。
전구는 에디슨이 발명했습니다.

吉田さんは性格がとても明るいです。
요시다 씨는 성격이 매우 밝습니다.

明 明 明 明 明 明 明 明

当

마땅할 **당** (當)
N3 총 6획

음 とう　当日 당일 | 当番 당번 | 担当 담당 | 適当 적당함

훈 あ(たる), あ(てる)　当たる 맞다, 당첨되다 | 当たり前 당연함 | 当てる 맞히다, 대다

試験当日は朝八時に集合してください。
시험 당일에는 아침 여덟 시까지 집합하세요.

今まで宝くじに当たったことがありますか。
지금까지 복권에 당첨된 적이 있습니까?

当　当　当　当　当　当

直

곧을 **직**
N3 총 8획

음 ちょく, じき　直接 직접 | 直線 직선 | 直訴 직소, 직접 상소함 | 正直 정직함

훈 ただ(ちに), なお(す), なお(る)　直ちに 곧, 즉시 | 直す 고치다 | 直る 고쳐지다

この書類は直接、本人に渡さなければなりません。
이 서류는 직접 본인에게 건네야 합니다.

パソコンが故障したので、直してください。
컴퓨터가 고장났으니 고쳐 주세요.

直　直　直　直　直　直　直　直

0235

間

사이 **간**
N5 총 12 획

음 **かん, けん**　　間食 간식 ｜ 間接 간접 ｜ 時間 시간 ｜
世間 세간, 세상 사람들 ｜ 人間 인간

훈 **あいだ, ま**　間 사이, 동안 ｜ 間柄 혈족 관계, 친척 관계 ｜
間に合う 제시간에 대다 ｜ 間違う 틀리다

友達と世間話をしました。
친구와 세상 이야기를 했습니다.

間に合わないから、少し急ぎましょう。
제시간에 갈 수 없으니 조금 서두릅시다.

1	2	3	4	5	6	7	8	9	10	11	12
間	間	間	間	間	間	間	間	間	間	間	間

0236

理

다스릴 **리**
N4 총 11 획

음 **り**　理科 이과 ｜ 理解 이해 ｜ 理由 이유 ｜ 代理 대리 ｜
道理 도리 ｜ 無理 무리 ｜ 料理 요리

理由をきちんと話してください。
이유를 확실히 말해 주세요.

無理をしないで働いてください。
무리하지 말고 일하세요.

1	2	3	4	5	6	7	8	9	10	11
理	理	理	理	理	理	理	理	理	理	理

0237

通

통할 **통** (通)
N4 총 10 획

음 つう, つ 通学 통학 | 通行 통행 | 共通 공통 | 交通 교통 |
お通夜 초상집에서 밤샘

훈 とお(る), とお(す), かよ(う) 通る 지나가다 | 大通り 대로 |
通す 통하게 하다 | 通う 다니다

私は毎日、バスで通学しています。
나는 매일 버스로 통학합니다.

仕事が終わった後は、ジムに通います。
일이 끝난 후에는 체육관에 다닙니다.

通 通 通 通 通 通 通 通 通 通

0238

知

알 **지**
N4 총 8 획

음 ち 知識 지식 | 知人 지인 | 告知 고지, 통지 | 通知 통지

훈 し(る) 知る 알다 | 知り合い 아는 사이, 지인

会社から採用の通知が来ました。
회사에서 채용 통지가 왔습니다.

日本人の知り合いがいますか。
알고 지내는 일본인이 있습니까?

知 知 知 知 知 知 知 知

0239

晴

맑을 **청** (晴)

N2 총 12 획

음 せい 　晴耕雨読 청경우독(맑을 때는 밭을 갈고 비올 때는 책을 읽음) |
晴天 맑은 하늘 | 快晴 쾌청함

훈 は(れる), は(らす) 　晴れる (날씨가) 맑다, 개다 |
晴れ着 나들이 옷 | 晴らす 개게 하다, 풀다 |
気晴らし 기분 전환

十月は晴天の日が多いです。
시월은 하늘이 맑은 날이 많습니다.

晴れることを祈って、てるてる坊主をつるします。
날이 개기를 바라며 테루테루 인형을 매답니다.

* てるてる坊主: 날이 개기를 빌 때 매다는 종이 인형

1	2	3	4	5	6	7	8	9	10	11	12
晴	晴	晴	晴	晴	晴	晴	晴	晴	晴	晴	晴

0240

細

가늘 **세**

N3 총 11 획

음 さい 　細菌 세균 | 細心 세심함 | 細胞 세포 |
子細 자초지종, 자세한 경위 | 詳細 상세함

훈 ほそ(い), ほそ(る), こま(か), こま(かい) 　細い 가늘다 |
細る 가늘어지다 | 細か 아주 작음, 상세함 |
細かい 상세하다, 잘다

事故の詳細をニュースで知りました。
사고에 대한 상세한 내용을 뉴스로 알았습니다.

玉ねぎを細かく切って入れてください。
양파를 잘게 썰어 넣어 주세요.

1	2	3	4	5	6	7	8	9	10	11
細	細	細	細	細	細	細	細	細	細	細

연습 문제 ⑤

[/ 20]

■ 밑줄 친 한자를 바르게 읽은 것을 고르시오.

1 駅の<u>売店</u>で雑誌を買いました。

   ① まいてん   ② ばいてん   ③ まいみせ   ④ ばいみせ

2 お酒が飲めない人を<u>下戸</u>といいます。

   ① げご   ② げこ   ③ けご   ④ けこ

3 駅から<u>徒歩</u>十分です。

   ① とぽ   ② とうぽ   ③ とほ   ④ とうほ

4 友達と<u>世間話</u>をしました。

   ① せけんばなし   ② せかんばなし   ③ よけんばなし   ④ よかんばなし

5 秋は<u>晴天</u>の日が多いです。

   ① ちょうでん   ② ちょうてん   ③ せいでん   ④ せいてん

6 このバスは<u>回送</u>なので、乗れません。

   ① かいそ   ② かいそう   ③ がいそ   ④ がいそう

7 選手たちは十日間、<u>合宿</u>をしました。

   ① ごうしゅく   ② ごうやど   ③ がっしゅく   ④ がっやど

8 アメリカでたくさんの<u>思い出</u>を作りました。

   ① おもいで   ② おもいだ   ③ おまいで   ④ おまいだ

9 <u>入国</u>の手続きを済ませてください。

   ① にゅこく   ② にゅごく   ③ にゅうこく   ④ にゅうごく

10 飲み会で親睦を<u>図り</u>ました。

   ① あかりました   ② ひかりました   ③ わかりました   ④ はかりました

11 黄身と白身を分けてください。
① おうみ　　　　② きみ　　　　③ おうしん　　　④ きしん

12 銀行の残高があまりありません。
① ざんこう　　　② ざんだか　　　③ ぜんこう　　　④ ぜんだか

13 今日は流れ星がよく見えます。
① ながれぼし　　② ながれほし　　③ なかれぼし　　④ なかれほし

14 新しい電池に取り替えました。
① でんじ　　　　② てんじ　　　　③ でんち　　　　④ てんち

15 店の広告がおもしろいです。
① こうこく　　　② こうこ　　　　③ こんこく　　　④ こんこ

16 午後から雨が降るそうです。
① こご　　　　　② ごご　　　　　③ ごこ　　　　　④ ここ

17 港から汽笛が聞こえます。
① きでき　　　　② きてき　　　　③ ぎてき　　　　④ ぎでき

18 学生割引を使うと安いです。
① わるびく　　　② わるびき　　　③ わりびく　　　④ わりびき

19 解答は後ろについています。
① がいと　　　　② がいとう　　　③ かいと　　　　④ かいとう

20 お茶とコーヒーを用意してください。
① よい　　　　　② ようい　　　　③ ゆいん　　　　④ ゆういん

연습 문제 ❻

[/ 20]

■ 밑줄 친 히라가나를 한자로 바르게 적은 것을 고르시오.

1　車のそうこう距離は何キロになりましたか。
　　① 走行　　　　② 走何　　　　③ 足行　　　　④ 足何

2　しょうらいの夢は何ですか。
　　① 壮来　　　　② 壮未　　　　③ 将来　　　　④ 将未

3　お正月にはかどまつを作ります。
　　① 問松　　　　② 門松　　　　③ 問桧　　　　④ 門桧

4　きちんととじまりをしてください。
　　① 色締り　　　② 包締り　　　③ 声締り　　　④ 戸締り

5　りゆうをきちんと話してください。
　　① 利由　　　　② 利宙　　　　③ 理由　　　　④ 理宙

6　一人旅はこころぼそいです。
　　① 心細い　　　② 必細い　　　③ 心畑い　　　④ 必畑い

7　知り合いのおつやに行きました。
　　① お通夜　　　② お進夜　　　③ お通液　　　④ お進液

8　きばらしにドライブをしました。
　　① 汽請らし　　② 気請らし　　③ 汽晴らし　　④ 気晴らし

9　ぜんぽうに気をつけてください。
　　① 全方　　　　② 全万　　　　③ 前方　　　　④ 前万

10　しょうじきに言ってください。
　　① 正直　　　　② 正式　　　　③ 生直　　　　④ 生式

11 鈴木さんはあかるい性格です。
　① 昭るい　　　　② 明るい　　　　③ 胴るい　　　　④ 朋るい

12 日本と韓国がワールドカップをきょうどう開催しました。
　① 共同　　　　　② 共洞　　　　　③ 供同　　　　　④ 供洞

13 いつもきたくが遅いです。
　① 来宇　　　　　② 帰宇　　　　　③ 来宅　　　　　④ 帰宅

14 週末はかじを手伝いました。
　① 火事　　　　　② 家事　　　　　③ 火時　　　　　④ 家時

15 きっぷは窓口で買ってください。
　① 切花　　　　　② 切符　　　　　③ 来花　　　　　④ 来符

16 しゅわができますか。
　① 手話　　　　　② 手語　　　　　③ 毛話　　　　　④ 毛語

17 今日はくもで月が見えません。
　① 雲　　　　　　② 雷　　　　　　③ 雪　　　　　　④ 雹

18 やさいは体にいいです。
　① 野彩　　　　　② 野菜　　　　　③ 原彩　　　　　④ 原菜

19 ケーキを一人でまるごと食べました。
　① 刀ごと　　　　② 力ごと　　　　③ 九ごと　　　　④ 丸ごと

20 やじるしの方向に進んでください。
　① 失印　　　　　② 矢印　　　　　③ 失卯　　　　　④ 矢卯

3
초등학교
학년 한자 ①

反	対	軽	重	寒	暑	登	落	神	宮
돌이킬 반	대할 대	가벼울 경	무거울 중	찰 한	더울 서	오를 등	떨어질 락	귀신 신	집 궁
写	真	旅	館	期	待	消	息	終	着
베낄 사	참 진	나그네 려	집 관	기약할 기	기다릴 대	사라질 소	쉴 식	마칠 종	붙을 착
駅	始	発	病	院	流	血	医	者	薬
역 역	비로소 시	필 발	병 병	집 원	흐를 류	피 혈	의원 의	놈 자	약 약
局	号	全	身	遊	泳	急	速	安	打
판 국	이름 호	온전할 전	몸 신	놀 유	헤엄칠 영	급할 급	빠를 속	편안 안	칠 타
練	習	勝	負	投	球	幸	福	感	動
익힐 련	익힐 습	이길 승	질 부	던질 투	공 구	다행 행	복 복	느낄 감	움직일 동
列	島	受	取	物	品	配	送	商	業
벌일 렬	섬 도	받을 수	가질 취	물건 물	물건 품	나눌 배	보낼 송	장사 상	업 업
鉄	橋	乗	客	住	所	仕	事	進	路
쇠 철	다리 교	탈 승	손 객	살 주	바 소	섬길 사	일 사	나아갈 진	길 로
転	向	研	究	相	談	宿	題	詩	集
구를 전	향할 향	갈 연	연구할 구	서로 상	말씀 담	잘 숙	제목 제	시 시	모을 집
意	味	委	員	君	主	平	等	追	放
뜻 의	맛 미	맡길 위	인원 원	임금 군	주인 주	평평할 평	무리 등	쫓을 추	놓을 방
礼	式	使	命	悪	筆	飲	酒	部	屋
예도 례	법 식	하여금 사	목숨 명	악할 악/미워할 오	붓 필	마실 음	술 주	떼 부	집 옥

0241

反

돌이킬 **반**
N3 총 4 획

음 はん, ほん, たん　反省 반성 | 反対 반대 | 反応 반응 |
違反 위반 | 謀反 모반 | 反物 옷감

훈 そ(る), そ(らす)　反る 휘다 | 反らす 뒤로 젖히다, 휘게 하다

私は彼の意見に反対です。　나는 그의 의견에 반대입니다.

胸を反らして歩きました。
가슴을 뒤로 젖히고 자신만만하게 걸었습니다.

1	2	3	4
反	反	反	反

0242

対

대할 **대** (對)
N3 총 7 획

음 たい, つい　対応 대응 | 対する 대하다 | 対立 대립 |
絶対 절대 | 相対 상대 | 一対 한 쌍

意見が対立して、会議が終わりません。
의견이 대립해서 회의가 끝나지 않습니다.

親に対する態度が悪いです。
부모를 대하는 태도가 나쁩니다.

1	2	3	4	5	6	7
対	対	対	対	対	対	対

0243

軽

가벼울 **경** (輕)
N3 총 12 획

음 けい　軽快 경쾌함 | 軽視 경시 | 軽自動車 경차 | 軽蔑 경멸

훈 かる(い), かろ(やか)　軽い 가볍다 | 軽口 익살, 입이 가벼움 |
気軽 가볍게 행동함, 부담 갖지 않음 |
身軽 몸놀림이 가벼움, 간편한 모양 | 軽やか 가뿐함, 경쾌함

軽快な音楽が聞こえてきます。　경쾌한 음악이 들려옵니다.

気軽に何でも聞いてください。
부담 갖지 말고 무엇이든 물어보세요.

1	2	3	4	5	6	7	8	9	10	11	12
軽	軽	軽	軽	軽	軽	軽	軽	軽	軽	軽	軽

0244

重

무거울 **중**
N4 총 9 획

- 음 **じゅう, ちょう**　重大 중대 | 重要 중요함 | 厳重 엄중 | 体重 체중 | 貴重 귀중 | 尊重 존중
- 훈 **え, おも(い), かさ(ねる), かさ(なる)**　二重 이중, 두 겹 | 重い 무겁다 | 重ねる 겹치다, 반복하다 | 重なる 포개어지다, 거듭되다

急に体重が増えました。 갑자기 체중이 늘었습니다.
重い荷物は私が持ちます。 무거운 짐은 제가 들겠습니다.

1	2	3	4	5	6	7	8	9
重	重	重	重	重	重	重	重	重

0245

寒

찰 **한**
N3 총 12 획

- 음 **かん**　寒波 한파 | 寒風 한풍 | 悪寒 오한 | 厳寒 엄한, 혹한
- 훈 **さむ(い)**　寒い 춥다 | 寒気 한기, 오한

寒波が続いています。 한파가 계속되고 있습니다.
寒い日のおでんはおいしいです。
추운 날 먹는 어묵은 맛있습니다.

1	2	3	4	5	6	7	8	9	10	11	12
寒	寒	寒	寒	寒	寒	寒	寒	寒	寒	寒	寒

0246

暑

더울 **서** (暑)
N3 총 12 획

- 음 **しょ**　暑中見舞い 복중 문안 | 酷暑 혹서 | 残暑 늦더위 | 避暑 피서
- 훈 **あつ(い)**　暑い 덥다

残暑が厳しいです。 늦더위가 기승을 부립니다.
今年の夏はとても暑いです。 올여름은 매우 덥습니다.

1	2	3	4	5	6	7	8	9	10	11	12
暑	暑	暑	暑	暑	暑	暑	暑	暑	暑	暑	暑

登

오를 등
N3 총 12 획

음 とう, と　登校 등교 | 登場 등장 | 登録 등록 | 登山 등산
훈 のぼ(る)　登る 오르다 | 木登り 나무 타기 | 山登り 등산

朝八時半までに登校しなければなりません。
아침 여덟 시 반까지 등교해야만 합니다.

週末はいつも山に登ります。
주말에는 항상 산에 오릅니다.

登 登 登 登 登 登 登 登 登 登 登 登

落

떨어질 락
N3 총 12 획

음 らく　落書き 낙서 | 落第 낙제 | 下落 하락 | 転落 전락 | 落下 낙하
훈 お(ちる), お(とす)　落ちる 떨어지다 | 落ち葉 낙엽 | 落とす 떨어뜨리다 | 落とし物 분실물
예외 お洒落 멋짐, 세련됨

机に落書きをしないでください。
책상에 낙서를 하지 마세요.

落とし物を交番に届けました。
분실물을 파출소에 신고했습니다.

落 落 落 落 落 落 落 落 落 落 落 落

0249

神

귀신 신 (神)

N3 총 9획

음 しん, じん　神経 신경 | 神父 신부(가톨릭) | 神話 신화 | 精神 정신 | 神社 신사, 사당

훈 かみ, かん, こう　神 신 | 神様 신의 높임말, 신령님, 하느님 | 神無月 음력 10월의 딴 이름 | 神主 신사의 신관 | 神々しい 숭고하다, 성스럽다

日本の神話について勉強しました。
일본 신화에 대해 공부했습니다.

病気が治ることを神様に祈りました。
병이 낫기를 하느님께 빌었습니다.

神 神 神 神 神 神 神 神 神

0250

宮

집 궁

N1 총 10획

음 きゅう, ぐう, く　宮中 궁중 | 宮殿 궁전 | 王宮 왕궁 | 宮司 신사의 우두머리 신관 | 神宮 신궁 | 宮内庁 궁내청

훈 みや　宮 신사, 궁 | お宮参り 신사 참배

明治神宮は有名です。 메이지 신궁은 유명합니다.

日本では赤ちゃんが生まれると、お宮参りをします。 일본에서는 아기가 태어나면 신사에 참배를 갑니다.

宮 宮 宮 宮 宮 宮 宮 宮 宮 宮

写

베낄 **사** (寫)
N4 총 5획

음 しゃ 　写真 사진 | 写生 사생, 스케치 | 映写 영사 | 複写 복사

훈 うつ(す), うつ(る) 　写す 베끼다, 그리다, 찍다 |
書き写す 베껴 쓰다, 옮겨 적다 | 写る 찍히다

ここで写真を撮ってもいいですか。
여기에서 사진을 찍어도 됩니까?
電話番号を手帳に書き写しました。
전화번호를 수첩에 옮겨 적었습니다.

1	2	3	4	5
写	写	写	写	写

真

참 **진** (眞)
N4 총 10획

음 しん 　真意 진의 | 真実 진실 | 真理 진리 | 純真 순진함

훈 ま 　真心 진심, 정성 | 真面目 진지함, 성실함 | 真っ白 새하얌
| 真夏 한여름 | 真昼 한낮 | 真冬 한겨울

事件の真実が分かりません。 사건의 진실을 모르겠습니다.
田中さんから真心のこもったプレゼントをもら
いました。 다나카 씨에게 정성이 담긴 선물을 받았습니다.

1	2	3	4	5	6	7	8	9	10
真	真	真	真	真	真	真	真	真	真

旅

나그네 **려** (旅)
N4 총 10획

음 りょ 　旅客機 여객기 | 旅館 여관 | 旅行 여행 | 旅費 여비

훈 たび 　旅 여행 | 旅人 나그네, 여행자 | 一人旅 혼자 하는 여행 |
船旅 배를 타고 하는 여행

夏休みにアメリカを旅行します。
여름 방학에 미국을 여행합니다.
学生のときに、ヨーロッパを一人旅しました。
학생 때 혼자 유럽을 여행했습니다.

1	2	3	4	5	6	7	8	9	10
旅	旅	旅	旅	旅	旅	旅	旅	旅	旅

0254

館

집 관 (館)
N1 총 16획

音 **かん** 館長 관장 | 大使館 대사관 | 図書館 도서관 |
本館 본관 | 旅館 여관

訓 **やかた** 館 구조가 크고 번듯한 집, 공공 건물, 숙박 업소

パスポートをなくしたので、大使館に連絡しました。
여권을 잃어버려서 대사관에 연락했습니다.

森の中には古い旅館があります。
숲속에는 낡은 여관이 있습니다.

館 館 館 館 館 館 館 館 館 館 館 館 館 館 館
館

0255

期

기약할 기
N3 총 12획

音 **き, ご** 期間 기간 | 期待 기대 | 期末 기말 | 学期 학기 |
時期 시기 | 最期 임종, 최후

期末試験はとても難しかったです。
기말시험은 몹시 어려웠습니다.

日本の一学期は四月に始まります。
일본의 1학기는 4월에 시작됩니다.

期 期 期 期 期 期 期 期 期 期 期 期

0256

待

기다릴 대
N4 총 9획

音 **たい** 待機 대기 | 待遇 대우 | 期待 기대 | 招待 초대 |
接待 접대

訓 **ま(つ)** 待つ 기다리다 | 待合室 대합실

パーティーに友達を招待しました。
파티에 친구를 초대했습니다.

待合室にたくさんの人がいます。
대합실에 많은 사람이 있습니다.

待 待 待 待 待 待 待 待 待

消

0257

사라질 소 (消)
N2 총 10획

- 음 **しょう** 消化 소화 | 消極的 소극적 | 消灯 소등, (조명) 불을 끔 | 消費 소비 | 解消 해소
- 훈 **き(える), け(す)** 消える 사라지다 | 消す 끄다, 없애다

11時以降は消灯します。 열한 시 이후에는 불을 끕니다.
電気ストーブを消すのを忘れないでください。
전기 난로 끄는 것을 잊지 마세요.

消 消 消 消 消 消 消 消 消 消

息

0258

쉴 식
N3 총 10획

- 음 **そく** 休息 휴식 | 終息 종식 | 消息 소식 | 利息 이자
- 훈 **いき** 息 숨, 호흡 | 息抜き 한숨 돌림, 환기창 | ため息 한숨
- 예외 息子 아들

日本はあまり利息が変わりません。
일본은 그다지 이자가 달라지지 않습니다.
息抜きにコーヒーでも飲みましょう。
기분 전환을 위해 커피라도 마십시다.

息 息 息 息 息 息 息 息 息 息

終

0259

마칠 종
N4 총 11획

- 음 **しゅう** 終点 종점 | 終電 마지막 전철 | 終了 종료 | 最終 최종 | 始終 시종, 언제나
- 훈 **お(わる), お(える)** 終わる 끝나다 | 終える 끝내다

今日の営業は終了しました。 오늘의 영업은 종료했습니다.
授業は三時に終わります。 수업은 세 시에 끝납니다.

終 終 終 終 終 終 終 終 終 終 終

0260

着
붙을 착
N4 총 12 획

음 ちゃく, じゃく　着実 착실함 | 着用 착용 | 着陸 착륙 |
愛着 애착 | 到着 도착

훈 き(る), き(せる), つ(く), つ(ける)　着る (옷을) 입다 |
着物 기모노, 일본 옷 | 上着 겉옷, 상의 | 着せる 입히다 |
着く 도착하다, 닿다 | 着ける (몸에) 쓰다, 끼다, 매다

飛行機がもうすぐ到着します。 비행기가 이제 곧 도착합니다.

上着はここに掛けてください。 겉옷은 여기에 걸어 주세요.

着 着 着 着 着 着 着 着 着 着 着 着

0261

駅
역 역 (驛)
N4 총 14 획

음 えき　駅 역 | 駅員 역무원 | 駅舎 역사, 정거장 건물 | 駅長 역장

私の家は駅から遠いです。 우리 집은 역에서 멉니다.

田舎に古い駅舎があります。 시골에 낡은 역사가 있습니다.

駅 駅 駅 駅 駅 駅 駅 駅 駅 駅 駅 駅 駅 駅

0262

始
비로소 시
N4 총 8 획

음 し　始動 시동 | 始発 시발 | 開始 개시 | 年末年始 연말연시

훈 はじ(まる), はじ(める)　始まる 시작되다 | 始める 시작하다

毎日、始発の電車に乗って、会社に行きます。
매일 첫 전철을 타고 회사에 갑니다.

夏休みが始まりました。 여름 방학이 시작되었습니다.

始 始 始 始 始 始 始 始

0263

발음 (發) · N4 · 총 9획

발 (發)

음 はつ, ほつ 発音 발음 | 発明 발명 | 発車 발차 | 発生 발생 | 発表 발표 | 開発 개발 | 出発 출발 | 発作 발작 | 発足 발족, 출범

次の地下鉄は何時に出発しますか。
다음 지하철은 몇 시에 출발합니까?

私にはぜん息の発作があります。
나에게는 천식 발작이 있습니다.

0264

병병 · N4 · 총 10획

病

음 びょう, へい 病院 병원 | 病気 병 | 仮病 꾀병 | 持病 지병 | 疾病 질병
훈 や(む), やまい 病む 앓다, 병들다 | 病 병, 나쁜 버릇

病院へお見舞いに行きます。　병원에 병문안을 갑니다.

ストレスで心を病む人が増えています。
스트레스 때문에 마음의 병을 앓는 사람이 늘고 있습니다.

0265

집 원 · N4 · 총 10획

院

음 いん 院長 원장 | 医院 의원 | 大学院 대학원 | 入院 입원

一ヶ月、入院することになりました。
한 달 동안 입원하게 되었습니다.

兄は大学院で勉強しています。
형은 대학원에서 공부하고 있습니다.

0266

流

흐를 류
N3 총 10획

- 음 りゅう, る 　流行 유행 | 流通 유통 | 一流 일류 | 交流 교류 | 流布 유포
- 훈 なが(れる), なが(す) 　流れる 흐르다, 흘러가다 | 流す 흘리다, 흐르게 하다

日本にある大学と交流しています。
일본에 있는 대학과 교류하고 있습니다.

運動をして汗を流すと気持ちいいです。
운동을 해서 땀을 흘리면 기분 좋습니다.

流 流 流 流 流 流 流 流 流 流

0267

血

피 혈
N3 총 6획

- 음 けつ 　血圧 혈압 | 血液 혈액 | 献血 헌혈 | 出血 출혈
- 훈 ち 　血 피 | 鼻血 코피

大学生になって、初めて献血をしました。
대학생이 되어서 처음으로 헌혈을 했습니다.

けがをして血が出ました。 다쳐서 피가 났습니다.

血 血 血 血 血 血

0268

医

의원 의 (醫)
N4 총 7획

- 음 い 　医学 의학 | 医者 의사 | 医薬品 의약품 | 医療 의료 | 名医 명의

私の父は医者です。 우리 아버지는 의사입니다.

医学はとても発展しました。 의학은 무척 발전했습니다.

医 医 医 医 医 医 医

者

놈 **자** (者)

N4 총 8획

- 음 **しゃ**　学者 학자 | 患者 환자 | 記者 기자 | 作者 작자, 지은이 | 初心者 초심자
- 훈 **もの**　者 사람 | 若者 젊은이 | 人気者 인기 있는 사람, 인기인

私の夢は新聞記者です。　내 꿈은 신문 기자입니다.

彼はクラスの人気者です。　그는 반에서 인기가 있습니다.

者 者 者 者 者 者 者 者

薬

약 **약** (藥)

N3 총 16획

- 음 **やく**　薬品 약품 | 薬物 약물 | 薬局 약국 | 火薬 화약 | 試薬 시약
- 훈 **くすり**　薬 약 | 薬指 약지 | 胃薬 위장약

この薬品は危ないですから、触らないでください。
이 약품은 위험하니까 만지지 마세요.

薬は食前に飲んでください。　약은 식전에 먹으세요.

薬 薬 薬 薬 薬 薬 薬 薬 薬 薬 薬 薬 薬 薬 薬
薬

局

판 **국**

N3 총 7획

- 음 **きょく**　結局 결국 | 事務局 사무국 | 放送局 방송국 | 薬局 약국 | 郵便局 우체국

父は放送局に勤めています。
아버지는 방송국에서 근무하고 있습니다.

この近くに郵便局はありますか。
이 근처에 우체국은 있습니까?

局 局 局 局 局 局 局

□ □

0272

号

이름 호 (號)

N3 총 5획

음 ごう　**号外** 호외 ｜ **記号** 기호 ｜ **信号** 신호 ｜ **番号** 번호

しんごう あお か
信号が青に変わりました。
신호가 파란색으로 변했습니다.

あんしょうばんごう お
暗証**番号**を押してください。
비밀번호를 눌러 주세요.

¹	²	³	⁴	⁵						
号	号	号	号	号						

□ □

0273

全

온전할 전 (全)

N3 총 6획

음 ぜん　**全国** 전국 ｜ **全体** 전체 ｜ **全部** 전부 ｜ **安全** 안전 ｜
かんぜん
完全 완전

훈 まった(く), すべ(て)　まった すべ
全く 전혀 ｜ **全て** 전부, 모두

さん か しゃ ぜん ぶ なんにん
参加者は**全部**で何人ですか。
참가자는 전부 몇 명입니까?

くら へ や なか まった み
暗くて部屋の中が**全く**見えません。
어두워서 방 안이 전혀 보이지 않습니다.

¹	²	³	⁴	⁵	⁶					
全	全	全	全	全	全					

□ □

0274

身

몸 신

N3 총 7획

음 しん　**身体** 신체 ｜ **身長** 신장, 키 ｜ **出身** 출신 ｜ **全身** 전신

훈 み　**身** 몸, 신체, 자신 ｜ **身内** 온몸, 일가 ｜
み ぢか なか み
身近 신변, 자기와 관계가 깊음 ｜ **中身** 내용물

わたし とうきょうしゅっしん
私は東京**出身**です。
나는 도쿄 출신입니다.

べんとう なか み なん
お弁当の**中身**は何ですか。
도시락의 내용물은 무엇입니까?

¹	²	³	⁴	⁵	⁶	⁷				
身	身	身	身	身	身	身				

□ □

0275

놀 유 (遊)

N2 총 12 획

- 음 **ゆう, ゆ** 遊泳 유영 | 遊園地 유원지 | 遊牧 유목 | 遊覧船 유람선 | 遊山 유람, 관광
- 훈 **あそ(ぶ)** 遊ぶ 놀다

友達と遊覧船に乗りました。 친구와 유람선을 탔습니다.
公園で遊びました。 공원에서 놀았습니다.

1	2	3	4	5	6	7	8	9	10	11	12
遊	遊	遊	遊	遊	遊	遊	遊	遊	遊	遊	遊

□ □

0276

泳

헤엄칠 영

N3 총 8 획

- 음 **えい** 泳法 수영법 | 遠泳 원영, 장거리 수영 | 競泳 경영, 수영을 겨룸 | 水泳 수영
- 훈 **およ(ぐ)** 泳ぐ 헤엄치다 | 背泳ぎ 배영 | 平泳ぎ 평영

韓国の水泳選手が金メダルをとりました。
한국의 수영 선수가 금메달을 땄습니다.
私の得意な泳ぎは平泳ぎです。
내가 잘하는 수영은 평영입니다.

1	2	3	4	5	6	7	8
泳	泳	泳	泳	泳	泳	泳	泳

□ □

0277

급할 급

N4 총 9 획

- 음 **きゅう** 急行 급행 | 急用 급한 용무 | 緊急 긴급 | 早急・早急 조급함 | 特急 특급
- 훈 **いそ(ぐ)** 急ぐ 서두르다

急用ができたので、帰らなければなりません。
급한 용무가 생겨서 돌아가야 합니다.
あまり時間がないので急ぎましょう。
시간이 별로 없으니 서두릅시다.

1	2	3	4	5	6	7	8	9
急	急	急	急	急	急	急	急	急

0278

速

빠를 속 (速)
N2 총 10 획

음 そく　速達 속달, 빠른 우편 | 速度 속도 | 急速 급속 | 高速 고속

훈 はや(い), はや(める), はや(まる), すみ(やか)　速い 빠르다 | 速める 빠르게 하다 | 速まる 빨라지다 | 速やか 빠름, 신속함

この手紙を速達でお願いします。
이 편지를 빠른 우편으로 부탁합니다.

渡辺さんは足がとても速いです。
와타나베 씨는 발이 매우 빠릅니다.

速 速 速 速 速 速 速 速 速 速

0279

安

편안 안
N4 총 6 획

음 あん　安易 안이함 | 安心 안심 | 安全 안전 | 治安 치안 | 不安 불안

훈 やす(い)　安い 싸다 | 安売り 싸게 팖, 염가 판매 | 目安 표준, 기준

最近、この町は治安がよくなりました。
최근에 이 마을은 치안이 좋아졌습니다.

あの店より、この店がもっと安いです。
저 가게보다 이 가게가 더 쌉니다.

安 安 安 安 安 安

打

음 だ 打者 타자 | 打破 타파 | 安打 안타 | 乱打 난타

훈 う(つ) 打つ 치다 | 打ち合わせ 미리 상의함

打者がホームランを打ちました。
타자가 홈런을 쳤습니다.

あしたの日程の打ち合わせをしましょう。
내일 일정을 상의합시다.

칠 **타**
N3 총 5획

練

음 れん 練習 연습 | 練炭 연탄 | 訓練 훈련 | 試練 시련 | 未練 미련

훈 ね(る) 練る 단련하다, 반죽하다, 구상하다, 짜다

午後からピアノの練習があります。
오후부터 피아노 연습이 있습니다.

サッカー選手たちは作戦を練りました。
축구 선수들은 작전을 짰습니다.

익힐 **련** (練)
N2 총 14획

習

음 しゅう 習慣 습관 | 習得 습득 | 学習 학습 | 復習 복습 | 予習 예습

훈 なら(う) 習う 배우다, 익히다

漢字の学習は難しいです。 한자 학습은 어렵습니다.

ハナちゃんはダンスを習っています。
하나는 댄스를 배우고 있습니다.

익힐 **습** (習)
N4 총 11획

0283

勝

이길 **승**
N2 총 12 획

- 음 しょう　勝敗 승패 | 勝利 승리 | 決勝 결승 | 優勝 우승
- 훈 か(つ), まさ(る)　勝つ 이기다 | 勝手 제멋대로임 | 勝る 낫다, 뛰어나다

韓国チームが決勝に進出しました。
한국 팀이 결승에 진출했습니다.

妹が私の服を勝手に着て出かけました。
여동생이 내 옷을 제멋대로 입고 외출했습니다.

勝 勝 勝 勝 勝 勝 勝 勝 勝 勝 勝 勝

0284

負

질 **부**
N3 총 9 획

- 음 ふ　負債 부채 | 負担 부담 | 自負 자부 | 勝負 승부 | 抱負 포부
- 훈 ま(ける), ま(かす), お(う)　負ける 지다 | 負かす 지게 하다, 이기다 | 負う (짐을) 지다, (비난이나 상처 등을) 입다

この仕事は負担の大きい仕事です。
이 일은 부담이 큰 일입니다.

頑張ったのに負けてしまいました。
열심히 했는데 지고 말았습니다.

負 負 負 負 負 負 負 負 負

0285

投

던질 **투**
N2 총 7 획

- 음 とう　投資 투자 | 投手 투수 | 投入 투입 | 投票 투표
- 훈 な(げる)　投げる 던지다 | 投げやり 중도에 그만둠, 자포자기함

今月の十日は投票日です。 이번 달 10일은 투표일입니다.

ボールを高く投げてください。 공을 높이 던져 주세요.

投 投 投 投 投 投 投

0286

球

공 구
N2 총 11 획

- 음 きゅう　球技 구기 ｜ 球場 구장 ｜ 卓球 탁구 ｜ 地球 지구 ｜ 電球 전구 ｜ 野球 야구
- 훈 たま　球 공

昼休みに卓球をして、遊びました。
점심시간에 탁구를 하고 놀았습니다.

その選手は速い球を投げます。
그 선수는 빠른 공을 던집니다.

球 球 球 球 球 球 球 球 球 球 球

0287

幸

다행 행
N3 총 8 획

- 음 こう　幸運 행운 ｜ 幸福 행복 ｜ 多幸 다복 ｜ 不幸 불행
- 훈 さいわ(い), さち, しあわ(せ)　幸い 행복, 다행히 ｜ 幸 행복, 행운 ｜ 幸せ 행복

幸運を祈ります。 행운을 빕니다.

あなたに会えて、とても幸せです。
당신을 만나서 매우 행복합니다.

幸 幸 幸 幸 幸 幸 幸 幸

0288

福

복 복 (福)
N3 총 13 획

- 음 ふく　福祉 복지 ｜ 福利 복리 ｜ 祝福 축복 ｜ 裕福 유복함

スウェーデンは福祉の進んだ国です。
스웨덴은 복지가 발달한 나라입니다.

彼は裕福な家庭で育ちました。
그는 유복한 가정에서 자랐습니다.

福 福 福 福 福 福 福 福 福 福 福 福 福

0289

感

느낄 **감**
N3 총 13 획

음 **かん** 感覚 감각 | 感謝 감사 | 感情 감정 | 感じる 느끼다 | 感動 감동 | 予感 예감

感謝の気持ちを母に伝えました。
감사하는 마음을 어머니에게 전했습니다.

本を読んで感じたことを書いてください。
책을 읽고 느낀 점을 써 주세요.

感 感 感 感 感 感 感 感 感 感 感 感 感

0290

動

움직일 **동**
N4 총 11 획

음 **どう** 動作 동작 | 動物 동물 | 移動 이동 | 運動 운동 | 活動 활동 | 騒動 소동

훈 **うご(く), うご(かす)** 動く 움직이다, 행동하다 | 動かす 움직이다, 옮기다

子どもの頃に、よく動物園に行きました。
어릴 적에 종종 동물원에 갔습니다.

先生の言葉が学生の心を動かしました。
선생님의 말이 학생의 마음을 움직였습니다.

動 動 動 動 動 動 動 動 動 動 動

0291

列

벌일 **렬**
N3 총 6 획

음 **れつ** 列車 열차 | 列島 열도 | 行列 행렬, 줄 | 整列 정렬 | 陳列 진열

ラーメンのお店に長い行列ができています。
라면 가게에 긴 줄이 생겼습니다.

子どもたちが運動場に整列しています。
아이들이 운동장에 정렬해 있습니다.

列 列 列 列 列 列

島

섬 도
N3 총 10획

음 とう　島民 도민, 섬사람 | 半島 반도 | 無人島 무인도 |
離島 벽지, 외딴섬 | 列島 열도
훈 しま　島 섬 | 島国 섬나라

日本列島は南北に長いです。 일본 열도는 남북으로 깁니다.
いつか南の島に行ってみたいです。
언젠가 남쪽에 있는 섬에 가 보고 싶습니다.

1	2	3	4	5	6	7	8	9	10				
島	島	島	島	島	島	島	島	島	島				

受

받을 수
N3 총 8획

음 じゅ　受験 수험 | 受信 수신 | 受診 진찰을 받음 |
授受 수수, 주고받음
훈 う(ける), う(かる)　受ける 받다, (시험을) 치루다 | 受付 접수 |
受かる 합격하다

今は受験シーズンです。 지금은 수험 기간입니다.
一年ごとに健康診断を受けてください。
해마다 건강 진단을 받으세요.

1	2	3	4	5	6	7	8					
受	受	受	受	受	受	受	受					

取

가질 취
N3 총 8획

음 しゅ　取材 취재 | 取得 취득 | 採取 채취 | 先取 선취
훈 と(る)　取る 취하다, 받다, 따다 | 取っ手 손잡이 |
取り消し 취소

日本の記者が韓国を取材に来ました。
일본 기자가 한국을 취재하러 왔습니다.
ちょっと塩を取ってください。 소금 좀 집어 주세요.

1	2	3	4	5	6	7	8					
取	取	取	取	取	取	取	取					

0295 物

물건 물 · N4 총 8획

- 음 **ぶつ, もつ** 　物価 물가 | 物理 물리 | 植物 식물 | 人物 인물 | 食物 음식물 | 荷物 짐
- 훈 **もの** 　物 물건, 것 | 物語 이야기 | 果物 과일 | 偽物 가짜 | 飲み物 음료, 마실것

荷物はここに置いてください。 짐은 여기에 놓아 주세요.

お飲み物は何にしますか。 음료는 무엇으로 하시겠습니까?

物 物 物 物 物 物 物 物

0296 品

물건 품 · N4 총 9획

- 음 **ひん** 　品質 품질 | 品種 품종 | 作品 작품 | 商品 상품 | 特売品 특매품 | 返品 반품
- 훈 **しな** 　品 물건, 상품 | 品切れ 품절 | 品物 물건 | 手品 마술, 속임수

返品は断ります。 반품은 사절입니다.

特売品は品切れになりました。 특매품은 품절입니다.

品 品 品 品 品 品 品 品 品

0297 配

나눌 배 · N3 총 10획

- 음 **はい** 　配達 배달 | 配慮 배려 | 気配 기색, 낌새 | 手配 준비, 수배 | 心配 걱정 | 宅配 택배
- 훈 **くば(る)** 　配る 나누어 주다 | 気配り 배려

母が宅配でみかんを送ってくれました。
어머니가 택배로 귤을 보내 주었습니다.

新入生にガイダンスの案内を配りました。
신입생에게 오리엔테이션 안내를 나눠 주었습니다.

配 配 配 配 配 配 配 配 配 配

0298

送

보낼 **송** (送)
N4 총 9획

음 そう　送金 송금 | 送信 송신 | 回送 회송 | 放送 방송 |
郵送 우송

훈 おく(る)　送る 보내다, 배웅하다 | 見送り 배웅

外国にいる息子に送金しました。
외국에 있는 아들에게 송금했습니다.

友達を空港まで送りました。
친구를 공항까지 배웅했습니다.

0299

商

장사 **상**
N2 총 11획

음 しょう　商業 상업 | 商店街 상점가 | 商売 장사 | 商品 상품 |
行商 행상

훈 あきな(う)　商う 장사하다

商品券で買い物をしました。　상품권으로 쇼핑을 했습니다.

私の実家は小さな店を商っています。
제 본가는 작은 가게를 합니다.

0300

業

업 **업**
N4 총 13획

음 ぎょう, ごう　業種 업종 | 業務 업무 | 営業 영업 | 企業 기업 |
産業 산업 | 授業 수업 | 卒業 졸업 | 業苦 업고(불교)

훈 わざ　業 짓, 소행, 일, 직업 | 仕業 소행, 짓

毎日、五時まで授業があります。
매일 다섯 시까지 수업이 있습니다.

窓を割ったのはだれの仕業でしょうか。
창문을 깬 것은 누구 짓일까요?

0301

鉄

쇠 **철** (鐵)
N3 총 13 획

음 てつ　鉄筋 철근 | 鉄道 철도 | 鉄棒 철봉 | 地下鉄 지하철

新しい鉄道ができました。
새로운 철도가 생겼습니다.

東京の地下鉄はとても複雑です。
도쿄 지하철은 매우 복잡합니다.

0302

橋

다리 **교**
N3 총 16 획

음 きょう　橋脚 교각 | 鉄橋 철교 | 歩道橋 보도교, 육교

훈 はし　橋 다리 | 石橋 돌다리 | 吊り橋 현수교, 조교

歩道橋を歩いて渡りましょう。
육교를 걸어서 건넙시다.

漢江にはたくさんの橋があります。
한강에는 많은 다리가 있습니다.

0303

乗

탈 **승** (乘)
N4 총 9 획

음 じょう　乗車 승차 | 乗馬 승마 | 乗務員 승무원 | 搭乗 탑승

훈 の(る), の(せる)　乗る 타다 | 乗り換え 환승 |
乗り場 승차장 | 乗せる 태우다

飛行機の搭乗には時間がかかります。
비행기 탑승에는 시간이 걸립니다.

高速バスに乗って京都まで行きました。
고속버스를 타고 교토까지 갔습니다.

0304

客

손 객

N3 총 9획

음 きゃく, かく　客席 객석 | 客観 객관 | 観客 관객 | 乗客 승객 |
旅客機・旅客機 여객기

お客さまを客席に案内します。
손님을 객석으로 안내합니다.

会場には観客がたくさんいました。
회장에는 관객이 많이 있었습니다.

客 客 客 客 客 客 客 客 客

0305

住

살 주

N4 총 7획

음 じゅう　住所 주소 | 住宅 주택 | 住民 주민 | 移住 이주 |
居住 거주

훈 す(む), す(まう)　住む 살다, 거주하다 | 住まう 살다, 거주하다 |
住まい 주거, 주소

住民センターで料理を習っています。
주민 센터에서 요리를 배우고 있습니다.

私は学校の近くに住んでいます。
나는 학교 근처에서 삽니다.

住 住 住 住 住 住 住

0306

所

바 소

N3 총 8획

음 しょ　所属 소속 | 所得 소득 | 近所 근처 | 短所 단점 |
場所 장소 | 市役所 시청

훈 ところ　所 곳, 부분, 점 | 台所 부엌

今日は市役所に行かなければなりません。
오늘은 시청에 가야 합니다.

景色がきれいな所でお弁当を食べました。
경치가 좋은 곳에서 도시락을 먹었습니다.

所 所 所 所 所 所 所 所

0307

仕

섬길 **사**
N4 총5획

- **음** し　仕入れ 구입, 매입 | 仕組み 방법, 계획, 장치 | 仕事 일 | 奉仕 봉사
- **훈** つか(える)　仕える 섬기다, 봉사하다

仕事がなかなか終わりません。
일이 좀처럼 끝나지 않습니다.
私は国に仕える仕事がしたいです。
나는 나라에 도움이 되는 일을 하고 싶습니다.

1	2	3	4	5							
仕	仕	仕	仕	仕							

0308

事

일 **사**
N4 총8획

- **음** じ, ず　事件 사건 | 事故 사고 | 記事 기사 | 行事 행사 | 食事 식사 | 無事 무사, 평온함 | 返事 대답 | 好事家 호사가, 별난 것을 좋아하는 사람, 풍류를 즐기는 사람
- **훈** こと　事 사건, 일 | 出来事 일어난 일, 사건 | 人事 남의 일

無事に帰国することができました。
무사히 귀국할 수 있었습니다.
今日は色々な出来事がありました。
오늘은 여러 가지 일이 있었습니다.

1	2	3	4	5	6	7	8				
事	事	事	事	事	事	事	事				

0309

進

나아갈 **진** (進)
N4 총 11획

음 **しん** 進化 진화 | 進学 진학 | 先進国 선진국 | 前進 전진 |
促進 촉진

훈 **すす(む), すす(める)** 進む 나아가다, 전진하다 |
進める 앞으로 가게 하다, 진행시키다

ここの高校は進学率がいいです。
이 고등학교는 진학률이 좋습니다.

まっすぐ進んで、交差点を左に曲がってください。
직진하다가 사거리에서 왼쪽으로 꺾어 주세요.

進 進 進 進 進 進 進 進 進 進 進

0310

路

길 **로**
N3 총 13획

음 **ろ** 路上 노상, 가는 도중 | 路面 노면 | 活路 활로 | 進路 진로 |
線路 선로 | 道路 도로

훈 **じ** 家路 귀로, 집에 가는 길 | 旅路 여로, 여행길

卒業後の進路はどうしますか。
졸업 후의 진로는 어떻게 합니까?

雨が降ってきたので家路を急ぎました。
비가 내려서 서둘러 집으로 갔습니다.

路 路 路 路 路 路 路 路 路 路 路 路 路

0311

転

구를 전 (轉)
N4 총 11 획

음 **てん** 転校 전학 | 転職 전직, 이직 | 移転 이전 | 運転 운전 |
自転車 자전거

훈 **ころ(がる), ころ(げる), ころ(がす), ころ(ぶ)**
転がる 구르다, 넘어지다 | 転げる 구르다, 넘어지다 |
転がす 굴리다, 넘어뜨리다 | 転ぶ 구르다, 넘어지다

早く車を運転してみたいです。
빨리 차를 운전해 보고 싶습니다.

転んで、けがをしてしまいました。
넘어져서 다쳤습니다.

転 転 転 転 転 転 転 転 転 転 転

0312

向

향할 향
N3 총 6 획

음 **こう** 向上 향상 | 意向 의향 | 傾向 경향 | 方向 방향

훈 **む(く), むか(う), む(ける), む(こう)** 向く 향하다 |
向かう 향하다 | 向かい風 맞바람, 역풍 | 向ける 향하게 하다 |
向こう 건너편, 맞은편 | 向こう岸 건너편 물가

道に迷って、方向が分からなくなりました。
길을 헤매서 방향을 잃어버렸습니다.

向こうから山田さんが歩いてきます。
맞은편에서 야마다 씨가 걸어 옵니다.

向 向 向 向 向 向

研

음 けん　研究 연구 | 研鑽 연찬(깊이 연구함) | 研修 연수 | 研磨 연마

훈 と(ぐ)　研ぐ 갈다, 윤을 내다, (곡식을) 씻다

갈 **연** (研)
N4 총 9획

兄は新薬の研究をしています。
형은 신약을 연구하고 있습니다.

米を研いで、ご飯を炊きました。
쌀을 씻어서 밥을 지었습니다.

研 研 研 研 研 研 研 研 研

究

음 きゅう　究極 궁극 | 究明 구명, 규명 | 探究 탐구 | 追究 추구

훈 きわ(める)　究める 사물을 구명하다, 사물의 끝에 도달하다

연구할 **구**
N4 총 7획

警察は事故の原因を究明しています。
경찰은 사고 원인을 규명하고 있습니다.

真相を究めるのは難しいです。
진상을 밝혀내기란 어렵습니다.

究 究 究 究 究 究 究

相

음 そう, しょう　相対 상대 | 相当 상당함 | 相場 시세 | 真相 진상 | 手相 손금 | 首相 수상

훈 あい　相変わらず 변함없이, 여전히 | 相席 합석 | 相手 상대

서로 **상**
N3 총 9획

株式相場のニュースを見ます。
주식 시세의 뉴스를 봅니다.

私は相変わらず元気です。
저는 변함없이 잘 있습니다.

相 相 相 相 相 相 相 相 相

0316

談

말씀 담
N3 총 15 획

음 だん　談判 담판 | 談話 담화 | 雑談 잡담 | 冗談 농담 |
相談 상담 | 面談 면담

大統領が談話を発表しました。
대통령이 담화를 발표했습니다.

午後から先生と面談があります。
오후부터 선생님과 면담이 있습니다.

談 談 談 談 談 談 談 談 談 談 談 談 談 談 談

0317

宿

잘 숙
N3 총 11 획

음 しゅく　宿題 숙제 | 宿泊 숙박 | 合宿 합숙 | 下宿 하숙 |
野宿 노숙

훈 やど, やど(る), やど(す)　宿 집, 숙소 | 宿る 거주하다, 숙박하다,
잉태하다 | 雨宿り 비를 피함 | 宿す 묵게 하다, 품다

今日は宿題がたくさんあります。
오늘은 숙제가 많이 있습니다.

新しい命が宿りました。 새 생명을 잉태하였습니다.

宿 宿 宿 宿 宿 宿 宿 宿 宿 宿 宿

0318

題

제목 제
N4 총 18 획

음 だい　題材 제재 | 題名 제명, 표제명 | 題目 제목 |
課題 과제 | 問題 문제 | 話題 화제

卒業論文の題目が決まりません。
졸업 논문의 제목이 정해지지 않습니다.

次の課題は何ですか。 다음 과제는 무엇입니까?

題 題 題 題 題 題 題 題 題 題 題 題 題 題 題
題 題 題

0319

詩

시 시
N1 총 13 획

음 し　詩集 시집 | 詩人 시인 | 漢詩 한시 | 自由詩 자유시

韓国の詩を読むのが好きです。
한국 시를 읽는 것을 좋아합니다.

佐藤さんは詩人みたいな人です。
사토 씨는 시인 같은 사람입니다.

1	2	3	4	5	6	7	8	9	10	11	12	13
詩	詩	詩	詩	詩	詩	詩	詩	詩	詩	詩	詩	詩

0320

集

모을 집
N4 총 12 획

음 しゅう　集合 집합 | 集団 집단 | 採集 채집 | 収集 수집 | 集中 집중 | 募集 모집

훈 あつ(まる), あつ(める), つど(う)　集まる 모이다 | 集める 모으다 | 集う 모이다

午後三時にここに集合してください。
오후 세 시에 여기로 집합해 주세요.

切手を集めるのが趣味です。 우표 모으기가 취미입니다.

1	2	3	4	5	6	7	8	9	10	11	12
集	集	集	集	集	集	集	集	集	集	集	集

0321

意

뜻 의
N4 총 13 획

음 い　意外 의외 | 意見 의견 | 意思 의사 | 意識 의식 | 意図 의도 | 意味 의미 | 決意 결의 | 注意 주의 | 得意 잘함 | 用意 준비

この単語の意味が分かりません。
이 단어의 의미를 모르겠습니다.

足元に注意してください。 발밑을 조심하세요.

1	2	3	4	5	6	7	8	9	10	11	12	13
意	意	意	意	意	意	意	意	意	意	意	意	意

0322

味

맛 미
N4 총 8 획

- **음** み 味覚 미각 | 意味 의미 | 興味 흥미 | 地味 수수함 | 趣味 취미 | 調味料 조미료
- **훈** あじ, あじ(わう) 味 맛 | 味付け 간맞추기 | 味見 맛을 봄, 간을 봄 | 味わう 맛보다

趣味は何ですか。 취미는 무엇입니까?

ちょっと味見してみてください。 잠깐 간을 봐 주세요.

| 味 | 味 | 味 | 味 | 味 | 味 | 味 | 味 |

0323

委

맡길 위
N2 총 8 획

- **음** い 委員 위원 | 委嘱 위촉 | 委託 위탁 | 委任 위임
- **훈** ゆだ(ねる) 委ねる 남에게 맡기다, 위임하다

彼は学生会の委員です。 그는 학생회의 위원입니다.

私は彼女に判断を委ねました。
나는 그녀에게 판단을 맡겼습니다.

| 委 | 委 | 委 | 委 | 委 | 委 | 委 | 委 |

0324

員

인원 원
N4 총 10 획

- **음** いん 会員 회원 | 会社員 회사원 | 公務員 공무원 | 社員 사원 | 店員 점원

会員カードを作りました。 회원 카드를 만들었습니다.

店員が席を案内してくれました。
점원이 자리를 안내해 주었습니다.

| 員 | 員 | 員 | 員 | 員 | 員 | 員 | 員 | 員 | 員 |

0325

君

임금 **군**

N3 총 7획

음 **くん** 君 ~군 | 君子 군자 | 君主 군주 | 主君 주군
諸君 제군, 여러분

훈 **きみ** 君 자네, 너 | 君が代 기미가요(일본 국가)

山田君、おはよう。 야마다 군, 안녕.

君が作ってくれる料理はおいしいね。
네가 만들어 주는 요리는 맛있구나.

君	君	君	君	君	君	君						

0326

主

주인 **주**

N4 총 5획

음 **しゅ, す** 主人 남편, 주인 | 主題 주제 | 主張 주장 |
主婦 주부 | 主役 주역 |
三日坊主 곧 싫증이 나서 오래 지속하지 못함, 작심삼일 |
民主的 민주적

훈 **ぬし, おも** 主 주인 | 飼い主 가축이나 반려동물을 기르는 사람 |
家主 호주, 집주인 | 主な 주된 | 主に 주로

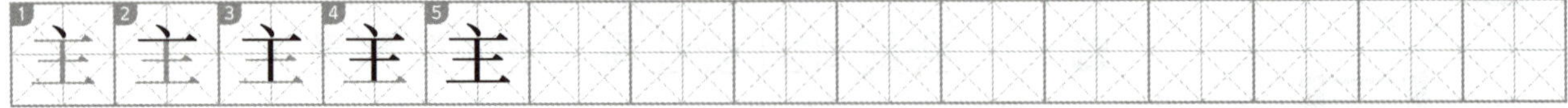

母は主婦で、父は会社員です。
어머니는 주부이고 아버지는 회사원입니다.

主な内容は次のとおりです。
주된 내용은 다음과 같습니다.

主	主	主	主	主								

0327

平

평평할 **평** (平)
N3 총 5획

음 へい, びょう　平均 평균 | 平日 평일 | 平和 평화 | 公平 공평 | 平等 평등

훈 たい(ら), ひら　平ら 평평함, 편안함 | 平泳ぎ 평영 | 平社員 평사원 | 平屋 단층집

テストの平均点は 70点でした。
시험의 평균점은 70점이었습니다.

兄はまだ平社員です。　형은 아직 평사원입니다.

1	2	3	4	5
平	平	平	平	平

0328

等

무리 **등**
N3 총 12획

음 とう　等級 등급 | 一等 1등 | 均等 균등 | 同等 동등 | 特等席 특등석 | 平等 평등

훈 ひと(しい)　等しい 같다, 마찬가지이다

体育大会で一等になりました。　체육 대회에서 1등 했습니다.

ケーキを等しく四つに切りました。
케이크를 똑같이 네 개로 잘랐습니다.

1	2	3	4	5	6	7	8	9	10	11	12
等	等	等	等	等	等	等	等	等	等	等	等

0329

追

쫓을 **추** (追)
N2 총 9획

음 つい　追憶 추억 | 追加 추가 | 追求 추구 | 追伸 추신

훈 お(う)　追う 쫓다, 추구하다 | 追い風 순풍 | 追い越す 추월하다

一人分、追加をお願いします。　1인분 추가를 부탁합니다.

前の車を追い越しました。　앞차를 추월했습니다.

1	2	3	4	5	6	7	8	9
追	追	追	追	追	追	追	追	追

0330

放

놓을 **방**

N2 총 8획

음 ほう　放棄 포기 | 放送 방송 | 放置 방치 | 解放 해방 | 追放 추방

훈 はな(す), はな(つ), はな(れる), ほう(る)　放す 풀어 주다 | 放し飼い 방목 | 放つ 놓아주다, 추방하다 | 放れる 풀리다 | 放る 던지다, 방치하다

テレビがデジタル放送に変わりました。
텔레비전이 디지털 방송으로 바뀌었습니다.

魚を川に放しました。 물고기를 강에 놓아 주었습니다.

放 放 放 放 放 放 放 放

0331

礼

예도 **례** (禮)

N3 총 5획

음 れい, らい　礼儀 예의 | 礼服 예복 | 敬礼 경례 | 失礼 실례 | 謝礼 사례 | 礼賛 예찬

田中さんはいつも礼儀正しいです。
다나카 씨는 늘 예의가 바릅니다.

今日は、これで失礼します。 오늘은 이만 실례하겠습니다.

礼 礼 礼 礼 礼

0332

式

법 **식**

N3 총 6획

음 しき　株式 주식 | 形式 형식 | 結婚式 결혼식 | 公式 공식 | 正式 정식 | 洋式 서양식 | 和式 일본식

日本の結婚式に行ったことがありますか。
일본의 결혼식에 간 적이 있습니까?

洋式と和式のトイレがあります。
서양식과 일본식 화장실이 있습니다.

式 式 式 式 式 式

0333

使

하여금 **사**
N4 총8획

- 음 し　使者 사자, 심부름하는 사람 | 使用 사용 | 大使 대사 | 天使 천사
- 훈 つか(う)　使う 사용하다 | 使い捨て 한 번 쓰고 버림, 일회용

使用上の注意をよく読んでください。
사용상의 주의를 잘 읽어 주세요.

私は使い捨てのコンタクトレンズを使っています。
나는 일회용 콘택트렌즈를 사용하고 있습니다.

使 使 使 使 使 使 使 使

0334

命

목숨 **명**
N3 총8획

- 음 めい, みょう　命じる 명령하다 | 命令 명령 | 運命 운명 | 生命 생명 | 寿命 수명
- 훈 いのち　命 목숨, 생명 | 命がけ 필사적임, 목숨을 걺 | 命綱 위험한 곳에서 일할 때 몸에 매어 두는 밧줄 | 命拾い 구사일생으로 살아남

ベートーヴェンの「運命」はとても有名です。
베토벤의 '운명'은 매우 유명합니다.

何よりも命が大事です。
무엇보다도 생명이 소중합니다.

命 命 命 命 命 命 命 命

0335

□ □

悪

악할 **악**/미워할 **오** (悪)
N4 총 11 획

음 あく, お　悪意 악의 | 悪化 악화 | 極悪 극악 | 善悪 선악 |
悪寒 오한 | 嫌悪 혐오
훈 わる(い)　悪い 나쁘다 | 悪口 욕, 험담 | 悪者 나쁜 놈, 악인

病気が悪化してしまいました。 병이 악화되고 말았습니다.
具合が悪いので、帰ってもいいですか。
몸이 좋지 않은데, 집에 가도 됩니까?

悪 悪 悪 悪 悪 悪 悪 悪 悪 悪 悪

0336

□ □

筆

붓 **필**
N2 총 12 획

음 ひつ　筆記 필기 | 筆者 필자 | 筆順 필순, 쓰는 순서 |
鉛筆 연필 | 万年筆 만년필
훈 ふで　筆 붓 | 筆先 붓끝 | 絵筆 화필, 그림붓

この漢字の筆順を教えてください。
이 한자의 쓰는 순서를 가르쳐 주세요.
絵筆を三本買いました。 그림붓을 세 자루 샀습니다.

筆 筆 筆 筆 筆 筆 筆 筆 筆 筆 筆 筆

0337

□ □

飲

마실 **음** (飲)
N4 총 12 획

음 いん　飲酒 음주 | 飲食 음식 | 飲用 음용, 마심 |
飲料水 음료수
훈 の(む)　飲む 마시다 | 飲み会 술을 마시고 즐기는 모임 |
飲み屋 술집, 선술집

飲酒運転はよくないです。 음주 운전은 좋지 않습니다.
コーラが飲みたいです。 콜라를 마시고 싶습니다.

飲 飲 飲 飲 飲 飲 飲 飲 飲 飲 飲 飲

0338

酒

술 주
N3 총 10 획

- **음** しゅ　酒税 주세 ｜ 酒席 술자리 ｜ 禁酒 금주 ｜ 日本酒 일본술 ｜ 洋酒 양주
- **훈** さけ, さか　酒 술 ｜ 甘酒 단술, 감주 ｜ 酒屋 주류 판매업 ｜ 居酒屋 선술집

免税店で洋酒を買いました。 면세점에서 양주를 샀습니다.

居酒屋で一杯やりましょうか。 선술집에서 한잔 할까요?

1	2	3	4	5	6	7	8	9	10
酒	酒	酒	酒	酒	酒	酒	酒	酒	

0339

部

떼 부
N3 총 11 획

- **음** ぶ　部長 부장 ｜ 部分 부분 ｜ 局部 국부 ｜ 西部 서부 ｜ 全部 전부 ｜ 本部 본부
- **예외** 部屋 방

部長はとても厳しいです。 부장님은 매우 엄합니다.

週末は部屋の掃除をしました。
주말엔 방 청소를 했습니다.

1	2	3	4	5	6	7	8	9	10	11
部	部	部	部	部	部	部	部	部	部	

0340

屋

집 옥
N4 총 9 획

- **음** おく　屋外 옥외 ｜ 屋上 옥상 ｜ 家屋 가옥 ｜ 社屋 사옥
- **훈** や　屋台 가판점, 포장마차 ｜ 屋根 지붕 ｜ 花屋 꽃 가게 ｜ 本屋 서점, 책방 ｜ 八百屋 채소 가게

屋上のビアガーデンがオープンしました。
옥상의 비어 가든이 오픈했습니다.

屋台でラーメンを食べました。
포장마차에서 라면을 먹었습니다.

1	2	3	4	5	6	7	8	9
屋	屋	屋	屋	屋	屋	屋	屋	屋

■ 밑줄 친 한자를 바르게 읽은 것을 고르시오.

1　体重を計ってみましょう。
　　① たいじゅん　　② たいじゅう　　③ だいじゅん　　④ だいじゅう

2　週末は部屋の掃除をしました。
　　① ぶや　　　　　② へや　　　　　③ ぶおく　　　　④ へおく

3　今年は残暑が厳しいです。
　　① ざんしょ　　　② ざんしょう　　③ ぜんしょ　　　④ ぜんしょう

4　美術用の鉛筆を三本買いました。
　　① よんひつ　　　② よんぴつ　　　③ えんひつ　　　④ えんぴつ

5　フランスに行って、昔の王宮を見ました。
　　① おうぐう　　　② おうきゅう　　③ ぎょくぐう　　④ ぎょくきゅう

6　あしたは友達の結婚式に行きます。
　　① けっぽんしき　② けつほんしき　③ けっこんしき　④ けつこんしき

7　祖父は病院で最期を迎えました。
　　① ざいき　　　　② ざいご　　　　③ さいき　　　　④ さいご

8　私は三日坊主なので、ダイエットが続きません。
　　① みっかぼうず　　　　　　　　② さんにちぼうず
　　③ みっかぼうしゅ　　　　　　　④ さんにちぼうしゅ

9　上着はここに掛けてください。
　　① じょうぎ　　　② うわぎ　　　　③ じょうちゃく　④ うわちゃく

10　彼は学生会の委員です。
　　① ゆいん　　　　② ゆいいん　　　③ いいん　　　　④ いいいん

11 インフルエンザが<u>流行</u>しています。
　① るこう　　　　② るごう　　　　③ りゅうこう　　　④ りゅうごう

12 これは戦争を<u>題材</u>にした映画です。
　① たいさい　　　② たいざい　　　③ だいさい　　　④ だいざい

13 大統領が<u>談話</u>を発表しました。
　① たんわ　　　　② だんわ　　　　③ たんご　　　　④ だんご

14 今日、はじめて<u>献血</u>をしました。
　① けんけつ　　　② けんげつ　　　③ けいけつ　　　④ けいげつ

15 <u>転んで</u>、けがをしてしまいました。
　① はこんで　　　② あそんで　　　③ とんで　　　　④ ころんで

16 プールで<u>平泳ぎ</u>の練習をしました。
　① へいあおぎ　　② へいおよぎ　　③ ひらあおぎ　　④ ひらおよぎ

17 服を買いに行きましたが、<u>品切れ</u>でした。
　① しなぎれ　　　② しなきれ　　　③ ひんぎれ　　　④ ひんきれ

18 母はどんな困難も<u>打破</u>してきました。
　① たは　　　　　② だは　　　　　③ たぱ　　　　　④ だぱ

19 スウェーデンは<u>福祉</u>の進んだ国です。
　① ほくり　　　　② ほくし　　　　③ ふくり　　　　④ ふくし

20 その選手は速い<u>球</u>を投げます。
　① たま　　　　　② まる　　　　　③ えん　　　　　④ きゅう

■ 밑줄 친 히라가나를 한자로 바르게 적은 것을 고르시오.

1 遅くまで<u>いざかや</u>でビールを飲みました。
　　① 居酒屋　　　② 居涙屋　　　③ 届酒屋　　　④ 届涙屋

2 日本では結婚のお祝いに<u>いっつい</u>の茶碗を送ります。
　　① 一立　　　② 一班　　　③ 一組　　　④ 一対

3 平均<u>じゅみょう</u>が延びました。
　　① 寿明　　　② 寿命　　　③ 受明　　　④ 受命

4 壁に<u>らくがき</u>をしてはいけません。
　　① 楽書き　　　② 落書き　　　③ 楽画き　　　④ 落画き

5 魚を川に<u>はなし</u>ました。
　　① 話し　　　② 離し　　　③ 放し　　　④ 逃し

6 田中さんはとても<u>まじめ</u>な性格です。
　　① 責両目　　　② 真両目　　　③ 責面目　　　④ 真面目

7 平民は<u>くんしゅ</u>に逆らうことができませんでした。
　　① 君主　　　② 君住　　　③ 郡主　　　④ 郡住

8 来月、<u>むすこ</u>が結婚します。
　　① 弟子　　　② 息子　　　③ 餃子　　　④ 双子

9 燃えるゴミは水曜日に<u>しゅうしゅう</u>します。
　　① 取集　　　② 取隼　　　③ 収集　　　④ 収隼

10 子どもがぜん息の<u>ほっさ</u>を起こしました。
　　① 発作　　　② 発昨　　　③ 登作　　　④ 登昨

11 警察は事故の原因を<u>きゅうめい</u>しています。

① 突命　　　② 突明　　　③ 究命　　　④ 究明

12 細いジーンズが<u>わかもの</u>に人気です。

① 若物　　　② 若者　　　③ 苦物　　　④ 苦者

13 今日は色々な<u>できごと</u>がありました。

① 出来事　　　② 出末事　　　③ 圭来事　　　④ 圭末事

14 吉田さんの言うことは、<u>まったく</u>理解できません。

① 全く　　　② 絶く　　　③ 不く　　　④ 非く

15 窓を割ったのはだれの<u>しわざ</u>でしょうか。

① 支技　　　② 支業　　　③ 仕技　　　④ 仕業

16 火事のときは、<u>すみやか</u>に避難してください。

① 退やか　　　② 近やか　　　③ 速やか　　　④ 迅やか

17 ホテルの予約を<u>とりけし</u>ました。

① 耶り消し　　　② 取り消し　　　③ 耶り注し　　　④ 取り注し

18 毎日、漢字の<u>ふくしゅう</u>をします。

① 復習　　　② 複習　　　③ 復翌　　　④ 複翌

19 日本やイギリスは<u>しまぐに</u>です。

① 鳥囲　　　② 島囲　　　③ 鳥国　　　④ 島国

20 本を読んで<u>かんじた</u>ことを書いてください。

① 惑じた　　　② 感じた　　　③ 思じた　　　④ 想じた

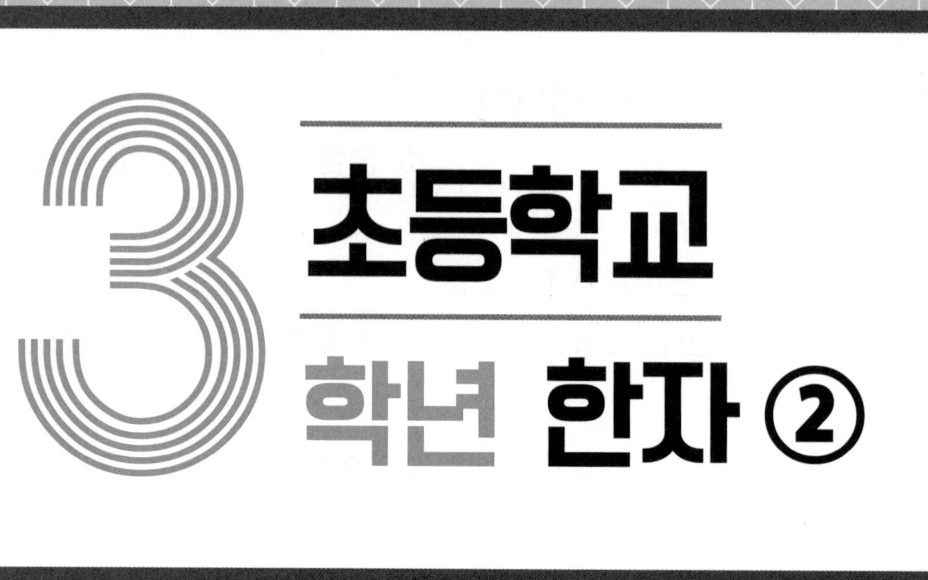

3
초등학교
학년 한자 ②

指	皮	歯	鼻	有	短	温	暗	去	返
가리킬 지	가죽 피	이 치	코 비	있을 유	짧을 단	따뜻할 온	어두울 암	갈 거	돌이킬 반
助	拾	持	起	開	湖	岸	化	氷	油
도울 조	주울 습	가질 지	일어날 기	열 개	호수 호	언덕 안	될 화	얼음 빙	기름 유
波	庫	荷	箱	曲	次	運	役	苦	美
물결 파	곳집 고	멜 하	상자 상	굽을 곡	버금 차	옮길 운	부릴 역	쓸 고	아름다울 미
想	炭	畑	根	深	植	陽	葉	農	緑
생각 상	숯 탄	화전 전	뿌리 근	깊을 심	심을 식	볕 양	잎 엽	농사 농	푸를 록
予	代	申	央	注	柱	決	坂	皿	豆
미리 예	대신할 대	거듭 신	가운데 앙	부을 주	기둥 주	결정할 결	언덕 판	그릇 명	콩 두
具	第	洋	服	階	童	湯	銀	羊	死
갖출 구	차례 제	큰 바다 양	옷 복	섬돌 계	아이 동	끓일 탕	은 은	양 양	죽을 사
世	界	両	由	板	級	表	面	丁	区
인간 세	지경 계	두 량	말미암을 유	널빤지 판	등급 급	겉 표	낯 면	고무래 정	구역 구
州	県	都	庭	他	悲	勉	問	章	漢
고을 주	고을 현	도읍 도	뜰 정	다를 타	슬플 비	힘쓸 면	물을 문	글 장	한나라 한
族	守	昔	祭	和	係	育	定	昭	秒
겨레 족	지킬 수	옛 석	제사 제	화할 화	맬 계	기를 육	정할 정	밝을 소	분초 초
調	整	様	度	実	笛	港	横	倍	帳
고를 조	가지런할 정	모양 양	법도 도	열매 실	피리 적	항구 항	가로 횡	곱 배	휘장 장

0341

指

가리킬 **지**
N3 총 9획

음 し 指揮 지휘 | 指示 지시 | 指定 지정 | 指名 지명 | 指紋 지문

훈 ゆび, さ(す) 指 손가락 | 指輪 반지 | 親指 엄지손가락 | 指す 가리키다

野球場の指定席を予約しました。
야구장의 지정석을 예약했습니다.

大切な指輪をなくしてしまいました。
소중한 반지를 잃어 버렸습니다.

0342

皮

가죽 **피**
N3 총 5획

음 ひ 皮肉 가죽과 살, 피상적, 빈정거림 | 皮膚 피부 | 脱皮 탈피 | 表皮 표피

훈 かわ 皮 가죽, 껍질 | 毛皮 털가죽

アトピーで皮膚科に通っています。
아토피 때문에 피부과에 다니고 있습니다.

りんごの皮をむいてくれませんか。
사과 껍질을 벗겨 주지 않을래요?

0343

歯

이 치 (齒)

N2 총 12 획

| 음 し | 歯科 치과 | 歯石 치석 | 抜歯 발치 |
| 훈 は | 歯 이 | 歯医者 치과 의사 | 歯車 톱니바퀴 |

歯ブラシ 칫솔 | 歯磨き 양치질 | 虫歯 충치

親知らずを抜歯しました。 사랑니를 뺐습니다.

虫歯ができたので、歯医者に行きました。
충치가 생겨서 치과 의사에게 갔습니다.

歯 歯 歯 歯 歯 歯 歯 歯 歯 歯 歯 歯

0344

鼻

코 비

N3 총 14 획

| 음 び | 鼻炎 비염 | 鼻音 비음 | 鼻孔 콧구멍 | 耳鼻科 이비인후과 |
| 훈 はな | 鼻 코 | 鼻歌 콧노래 | 鼻血 코피 | 鼻水 콧물 |

鼻炎の薬をください。 비염 약을 주세요.

風邪を引いて、鼻水が止まりません。
감기에 걸려서 콧물이 멈추지 않습니다.

鼻 鼻 鼻 鼻 鼻 鼻 鼻 鼻 鼻 鼻 鼻 鼻 鼻 鼻

0345

有

있을 유

N4 총 6 획

음 ゆう, う	有名 유명함	有料 유료	所有 소유	有無 유무
	稀有 아주 드묾			
훈 あ(る)	有る 있다			

あの方は有名な作家です。 저 분은 유명한 작가입니다.

部屋にはたくさんの本が有ります。
방에는 책이 많이 있습니다.

有 有 有 有 有 有

0346

短

짧을 **단**
N3 총 12획

- 음 **たん** | 短気 성미가 급함 | 短期 단기 | 短縮 단축 | 短所 단점
- 훈 **みじか(い)** | 短い 짧다

短期研修で日本に行ってきました。
단기 연수로 일본에 갔다 왔습니다.

この服は袖がちょっと短いです。
이 옷은 소매가 조금 짧습니다.

0347

温

따뜻할 **온** (溫)
N3 총 12획

- 음 **おん** | 温水 온수 | 温泉 온천 | 温度 온도 | 気温 기온 | 高温 고온
- 훈 **あたた(か), あたた(かい), あたた(まる), あたた(める)**
  温か 따뜻함, 다정함 | 温かい 따뜻하다 | 温まる 따뜻해지다 | 温める 따뜻하게 하다, 데우다

箱根は有名な温泉地です。　하코네는 유명한 온천지입니다.

お風呂に入って体を温めます。
목욕탕에 들어가서 몸을 따뜻하게 합니다.

0348

暗

어두울 **암**
N3 총 13획

- 음 **あん** | 暗記 암기 | 暗号 암호 | 暗算 암산 | 暗室 암실 | 明暗 명암
- 훈 **くら(い)** | 暗い 어둡다 | 暗闇 어둠 | 真っ暗 아주 캄캄함

セリフを暗記しなければなりません。
대사를 암기해야만 합니다.

冬は外が早く暗くなります。　겨울은 밖이 빨리 어두워집니다.

0349

갈 거
N4 총 5획

음 きょ, こ　去年 작년 | 除去 제거 | 退去 퇴거 | 過去 과거

훈 さ(る)　去る 떠나가다, 가다, 지나가다

去年、ここに引っ越してきました。
작년에 이곳으로 이사했습니다.

冬が去って、春になりました。
겨울이 가고 봄이 되었습니다.

去 去 去 去 去

0350

돌이킬 반 (返)
N3 총 7획

음 へん　返却 반환 | 返金 돈을 갚음 | 返事 대답, 답장 | 返信 반신, 회신

훈 かえ(す), かえ(る)　返す 돌려주다 | 返る 돌아가다

大きい声で返事をしてください。
큰 소리로 대답해 주세요.

この本は、あしたまでに返さなければなりません。
이 책은 내일까지 돌려주어야 합니다.

0351

助

도울 **조**
N3 총 7획

음 じょ　助言 조언 | 助手 조수 | 助力 조력 | 援助 원조 |
救助 구조

훈 たす(ける), たす(かる), すけ　助ける 구하다, 돕다 |
助かる 살아나다, 목숨을 건지다, 도움이 되다 |
助っ人 일을 돕는 사람, 조력자

先生に助言を求めました。
선생님께 조언을 구했습니다.

手術をして、父の命は助かりました。
수술을 해서 아버지의 목숨은 구했습니다.

助 助 助 助 助 助 助

0352

拾

주울 **습**
N2 총 9획

음 しゅう, じゅう　収拾 수습 | 拾得 습득

훈 ひろ(う)　拾う 줍다 | 拾い物 주운 물건, 습득물

拾得物を警察に届けました。
주운 물건을 경찰에 신고했습니다.

森の中で栗を拾いました。
숲속에서 밤을 주웠습니다.

拾 拾 拾 拾 拾 拾 拾 拾 拾

0353

持

가질 **지**
N4 총 9획

- 음 **じ** 持参 지참 | 持続 지속 | 持病 지병 | 維持 유지 | 所持 소지
- 훈 **も(つ)** 持つ 들다, 가지다, 지속하다 | 持ち主 소유주 | 金持ち 부자 | 気持ち 기분

あしたはお弁当を持参してください。
내일은 도시락을 지참해 주세요.

車を持っています。
차를 가지고 있습니다.

持 持 持 持 持 持 持 持 持

0354

起

일어날 **기**
N4 총 10획

- 음 **き** 起因 기인 | 起源 기원 | 起床 기상 | 起立 기립 | 決起 궐기
- 훈 **お(きる), お(こす), お(こる)** 起きる 일어나다 | 早起き 일찍 일어남 | 起こす 일으키다, 깨우다 | 起こる 일어나다, 발생하다

起床時間は朝六時です。
기상 시간은 아침 여섯 시입니다.

毎朝、母が私を起こしてくれます。
매일 아침 엄마가 나를 깨워 줍니다.

起 起 起 起 起 起 起 起 起 起

0355

開

열 개
N4 총 12획

음 **かい** 開始 개시 | 開店 개점 | 開発 개발 | 公開 공개 |
展開 전개 | 満開 만개

훈 **ひら(く), ひら(ける), あ(く), あ(ける)** 開く 열리다 |
開ける 열리다, 펼쳐지다 | 開く 열리다, 개점하다 |
開ける 열다

開店時間はいつですか。 문 여는 시간은 언제입니까?

窓を開けてもいいですか。 창문을 열어도 됩니까?

開 開 開 開 開 開 開 開 開 開 開 開

0356

湖

호수 호
N2 총 12획

음 **こ** 湖岸 호안, 호숫가 | 湖面 호면, 호수의 수면 |
湖畔 호반, 호숫가 | 淡水湖 담수호

훈 **みずうみ** 湖 호수

湖面に月が映っています。 호수의 수면에 달이 비칩니다.

琵琶湖は日本で一番大きい湖です。
비와코는 일본에서 가장 큰 호수입니다.

湖 湖 湖 湖 湖 湖 湖 湖 湖 湖 湖 湖

0357

岸

언덕 안
N2 총 8획

음 **がん** 岸壁 안벽 | 沿岸 연안 | 海岸 해안 | 対岸 건너편 기슭

훈 **きし** 岸 물가 | 岸辺 강변, 물가 | 川岸 강 기슭

毎朝、海岸を散歩します。 매일 아침에 해변을 산책합니다.

川岸にきれいな花が咲いています。
강 기슭에 예쁜 꽃이 피어 있습니다.

岸 岸 岸 岸 岸 岸 岸 岸

0358

化

될 **화**
N3 총 4획

- 음 か, け　化学 화학 | 化石 화석 | 進化 진화 | 文化 문화 | 変化 변화 | 化粧 화장
- 훈 ば(ける), ば(かす)　化ける 둔갑하다 | お化け 도깨비, 요괴 | 化かす 호리다

化粧すれば、きれいになります。 화장하면 예뻐집니다.

ここはお化けが出るそうです。
여기는 귀신이 나온다고 합니다.

化 化 化 化

0359

氷

얼음 **빙**
N3 총 5획

- 음 ひょう　氷河 빙하 | 氷山 빙산 | 氷点 빙점 | 流氷 유빙 | 結氷 결빙
- 훈 こおり, ひ　氷 얼음 | かき氷 빙수 | 氷室 빙실, 빙고

三浦綾子の『氷点』という小説を知っていますか。 미우라 아야코의 『빙점』이라는 소설을 아십니까?

夏はかき氷がよく売れます。 여름에는 빙수가 잘 팔립니다.

氷 氷 氷 氷 氷

0360

油

기름 **유**
N3 총 8획

- 음 ゆ　油断 방심, 부주의 | 油田 유전 | 醤油 간장 | 石油 석유
- 훈 あぶら　油 기름 | 油あげ 유부 | 油絵 유화, 서양화 | ごま油 참기름

油断してはいけません。 방심하면 안 됩니다.

ごま油を入れると、おいしくなります。
참기름을 넣으면 맛있어집니다.

油 油 油 油 油 油 油 油

0361

波

물결 **파**
N3 총 8 획

음 は 波及 파급 | 波長 파장 | 波止場 부두, 항구 | 音波 음파 | 電波 전파

훈 なみ 波 파도 | 津波 해일 | 人波 인파

ここは電波を受信することができません。
여기는 전파를 수신할 수 없습니다.

今日は波が高いです。 오늘은 파도가 높습니다.

波 波 波 波 波 波 波 波

0362

庫

곳집 **고**
N2 총 10 획

음 こ, く 金庫 금고 | 車庫 차고 | 倉庫 창고 | 冷蔵庫 냉장고 | 庫裏 절의 부엌

車を車庫に入れます。 차를 차고에 넣습니다.

冷蔵庫でビールを冷やします。
냉장고에서 맥주를 차갑게 합니다.

庫 庫 庫 庫 庫 庫 庫 庫 庫 庫

0363

荷

멜 **하**
N2 총 10 획

음 か 荷重 하중 | 集荷 집하 | 出荷 출하 | 入荷 입하

훈 に 荷造り 짐을 꾸림, 포장 | 荷札 꼬리표, 짐표 | 荷物 짐

新しい商品が入荷しました。 새로운 상품이 들어왔습니다.

旅行の荷造りをします。 여행 짐을 꾸립니다.

荷 荷 荷 荷 荷 荷 荷 荷 荷 荷

0364

箱

상자 **상**
N3 총 15획

- 음 はこ　箱 상자 | ごみ箱 쓰레기통 | 重箱 찬합 | 筆箱 필통

ごみは、きちんとごみ箱に捨ててください。
쓰레기는 제대로 쓰레기통에 버려 주세요.

この消しゴムは大きくて、筆箱に入りません。
이 지우개는 커서 필통에 들어가지 않습니다.

箱 箱 箱 箱 箱 箱 箱 箱 箱 箱 箱 箱 箱 箱 箱

0365

曲

굽을 **곡**
N3 총 6획

- 음 きょく　曲線 곡선 | 曲目 곡목, 곡명 | 作曲 작곡 | 名曲 명곡
- 훈 ま(がる), ま(げる)　曲がる 구부러지다, (방향을) 돌다 | 曲げる 구부리다, 기울이다

ギターを使って作曲をしました。
기타를 사용해서 작곡을 했습니다.

道が曲がっているので、注意してください。
길이 구부러져 있으니 주의하세요.

曲 曲 曲 曲 曲 曲

0366

次

버금 **차**
N3 총 6획

- 음 じ, し　次回 다음번 | 次男 차남 | 目次 목차 | 次第 순서, (명사 뒤에 붙어) ~나름
- 훈 つぎ, つ(ぐ)　次 다음 | 次ぐ 잇따르다, 버금가다

私は次男です。 저는 차남입니다.

次はだれの順番ですか。 다음은 누구 차례입니까?

次 次 次 次 次 次

運

옮길 **운**
N4 총 12획

음 **うん** 運営 운영 | 運送 운송 | 運転 운전 | 運動 운동 |
運命 운명 | 幸運 행운

훈 **はこ(ぶ)** 運ぶ 나르다, 옮기다

兄は運送会社で働いています。
형은 운송 회사에서 일하고 있습니다.

荷物を運ぶのを手伝ってください。
짐을 나르는 것을 도와주세요.

運 運 運 運 運 運 運 運 運 運 運 運

役

부릴 **역**
N3 총 7획

음 **やく, えき** 役員 임원 | 役者 배우 |
役に立つ・役立つ 도움이 되다, 유용하다 |
役割 역할 | 市役所 시청 | 主役 주역, 주연 | 兵役 병역

今度、演劇で主役をすることになりました。
이번에 연극에서 주연을 하게 되었습니다.

この本は役に立ちます。
이 책은 도움이 됩니다.

役 役 役 役 役 役 役

0369

苦

쓸 고

N3 총 8 획

음 く 苦情(くじょう) 불평, 불만 | 苦戦(くせん) 고전 | 苦痛(くつう) 고통 | 苦悩(くのう) 고뇌 | 苦労(くろう) 고생, 수고

훈 くる(しい), くる(しむ), くる(しめる), にが(い)

苦(くる)しい 괴롭다, 고통스럽다, 난처하다 |
苦(くる)しむ 괴로워하다, 고민하다 | 苦(くる)しめる 괴롭히다, 걱정시키다 |
苦(にが)い (맛이) 쓰다 | 苦手(にがて) 서투름, 골칫거리

両親(りょうしん)は若(わか)い時(とき)、とても苦労(くろう)しました。
부모님은 젊었을 때 몹시 고생하셨습니다.

この薬(くすり)は、とても苦(にが)いので飲(の)めません。
이 약은 너무 써서 먹을 수 없습니다.

| ¹苦 | ²苦 | ³苦 | ⁴苦 | ⁵苦 | ⁶苦 | ⁷苦 | ⁸苦 | | | |

0370

美

아름다울 미

N3 총 9 획

음 び 美術(びじゅつ) 미술 | 美女(びじょ) 미녀 | 美人(びじん) 미인 | 美容(びよう) 미용

훈 うつく(しい) 美(うつく)しい 아름답다

美容室(びようしつ)でパーマをかけました。
미용실에서 파마를 했습니다.

桜(さくら)はとても美(うつく)しいです。
벗꽃은 매우 아름답습니다.

| ¹美 | ²美 | ³美 | ⁴美 | ⁵美 | ⁶美 | ⁷美 | ⁸美 | ⁹美 | | |

0371

想

생각 **상**
N2 총 13 획

음 **そ, そう**　愛想 상냥함, 붙임성 | 想像 상상 | 空想 공상 | 思想 사상 | 予想 예상

その事故はだれも予想できませんでした。
그 사고는 아무도 예상하지 못했습니다.

彼は想像力が豊かです。　그는 상상력이 풍부합니다.

想 想 想 想 想 想 想 想 想 想 想 想 想

0372

炭

숯 **탄**
N2 총 9 획

음 **たん**　炭鉱 탄광 | 炭素 탄소 | 石炭 석탄 | 練炭 연탄
훈 **すみ**　炭 숯 | 炭火 숯불

昔は石炭をよく使いました。
옛날에는 석탄을 자주 사용했습니다.

炭を使って、肉を焼きました。
숯을 사용해서 고기를 구웠습니다.

炭 炭 炭 炭 炭 炭 炭 炭 炭

0373

畑

화전 **전**
N3 총 9 획

음 **はたけ, はた**　畑 밭 | 畑仕事 밭일 | 麦畑 보리밭 | 畑作 밭농사 | 田畑・田畑 논밭

畑でキャベツを育てています。
밭에서 양배추를 기르고 있습니다.

畑仕事を終えて、家に帰ります。
밭일을 끝내고 집으로 돌아갑니다.

畑 畑 畑 畑 畑 畑 畑 畑 畑

0374

根

뿌리 **근**
N3 총 10 획

음 **こん** 根幹 근간 | 根拠 근거 | 根性 근성 | 根本 근본 |
球根 구근 | 大根 무

훈 **ね** 根 뿌리 | 根元 근원, 근본 | 尾根 산등성이, 능선 | 屋根 지붕

大根でたくあんを作ります。 무로 단무지를 만듭니다.
最近、わらの屋根は見かけません。
최근에 초가 지붕은 볼 수 없습니다.

根 根 根 根 根 根 根 根 根 根

0375

深

깊을 **심**
N2 총 11 획

음 **しん** 深海 심해 | 深刻 심각함 | 深夜 심야 | 水深 수심

훈 **ふか(い), ふか(まる), ふか(める)** 深い 깊다 |
深まる 깊어지다 | 深める 깊게 하다

深夜までお酒を飲んでしまいました。
심야까지 술을 마셨습니다.
深い所に行かないでください。 깊은 곳에 가지 마세요.

深 深 深 深 深 深 深 深 深 深 深

0376

植

심을 **식**
N2 총 12 획

음 **しょく** 植樹 식수 | 植物 식물 | 植民地 식민지 | 移植 이식

훈 **う(える), う(わる)** 植える 심다 | 植木 정원수 |
田植え 모내기 | 植わる 심어지다

野原にはたくさんの植物が生えています。
들판에는 많은 식물이 자라고 있습니다.
記念に松の木を植えました。 기념으로 소나무를 심었습니다.

植 植 植 植 植 植 植 植 植 植 植 植

0377

陽

별 **양**
N2 총 12획

음 よう　陽気 명랑함 | 陽子 양자 | 陽性 양성 | 陰陽 음양 |
太陽 태양

田中さんは陽気な性格です。　다나카 씨는 명랑한 성격입니다.

太陽の光がまぶしいです。　태양 빛이 눈부십니다.

陽 陽 陽 陽 陽 陽 陽 陽 陽 陽 陽 陽

0378

葉

잎 **엽**
N2 총 12획

음 よう　紅葉 단풍 | 広葉樹 활엽수 | 針葉樹 침엽수 |
落葉 낙엽

훈 は　葉 잎, 잎사귀 | 葉書き 엽서 | 落ち葉 낙엽 |
言葉 말, 언어, 단어

예외 紅葉 단풍이 듦, 단풍잎 | 紅葉狩り 단풍놀이

秋は紅葉が美しいです。　가을은 단풍이 아름답습니다.

落ち葉を拾って、しおりにします。
낙엽을 주워서 책갈피로 삼았습니다

葉 葉 葉 葉 葉 葉 葉 葉 葉 葉 葉 葉

0379

農

농사 **농**
N2 총 13획

음 のう　農家 농가 | 農業 농업 | 農作物 농작물 | 農場 농장 |
農村 농촌

おじいさんは広い農場を持っています。
할아버지는 넓은 농장을 갖고 있습니다.

今年もたくさんの農作物がとれました。
올해도 많은 농작물을 수확했습니다.

農 農 農 農 農 農 農 農 農 農 農 農 農

0380

緑

푸를 **록** (緑)
N3 총 14 획

음 **りょく, ろく** 緑地 녹지 | 緑茶 녹차 | 緑化 녹화 | 新緑 신록 |
緑青 녹청, 동록
훈 **みどり** 緑 녹색, 초록

五月を新緑の季節と言います。
5월은 신록의 계절이라고 합니다.

緑の野菜を充分とってください。
푸른 채소를 충분히 섭취해 주세요.

1	2	3	4	5	6	7	8	9	10	11	12	13	14
緑	緑	緑	緑	緑	緑	緑	緑	緑	緑	緑	緑	緑	緑

0381

予

미리 **예** (豫)
N3 총 4 획

음 **よ** 予算 예산 | 予習 예습 | 予想 예상 | 予定 예정 |
予約 예약 | 猶予 유예
예외 予め 미리, 사전에

ホテルの予約をしました。
호텔 예약을 했습니다.

バスの時間を予め調べておきましょう。
버스 시간을 미리 조사해 둡시다.

1	2	3	4				
予	予	予	予				

0382

□ □

代

대신할 **대**
N4 총 5획

음 たい, だい　交代 교대 | 代表 대표 | 代理 대리 | 近代 근대 |
現代 현대 | 時代 시대

훈 か(わる), か(える), しろ, よ　代わる 대신하다, 바뀌다 |
代える 바꾸다, 교환하다 | 代物 물건, 상품 |
君が代 기미가요(일본 국가)

木村さんが代表に決まりました。
기무라 씨가 대표로 결정되었습니다.

社長に代わって、部長があいさつをしました。
사장님을 대신하여 부장님이 인사를 했습니다.

1 代	2 代	3 代	4 代	5 代				

0383

□ □

申

거듭 **신**
N3 총 5획

음 しん　申告 신고 | 申請 신청 | 答申 답신 |
内申 내신, 남 모르게 상신함

훈 もう(す)　申す・申し上げる 말씀드리다, 여쭙다(겸사말) |
申し込む 신청하다

これは税関で申告しなければならない物です。
이것은 세관에 신고해야 하는 물건입니다.

海外短期研修に申し込みました。
해외 단기 연수를 신청했습니다.

1 申	2 申	3 申	4 申	5 申				

0384

央

가운데 앙
N3 총 5획

음 おう 　中央 중앙 | 中央区 주오구(지명)

広場の中央に集まってください。
광장 중앙에 모여 주세요.

中央区にある会社で働いています。
주오구에 있는 회사에서 일하고 있습니다.

央 央 央 央 央

0385

注

부을 주
N4 총8획

음 ちゅう 　注意 주의 | 注入 주입 | 注目 주목 | 注文 주문 |
脚注 각주 | 発注 발주
훈 そそ(ぐ) 　注ぐ 붓다, 따르다, 정신을 쏟다

紅茶とホットケーキを注文しました。
홍차와 핫케이크를 주문했습니다.

お湯を注ぐだけで食べられます。
뜨거운 물을 붓기만 해도 먹을 수 있습니다.

注 注 注 注 注 注 注 注

0386

柱

기둥 주
N3 총9획

음 ちゅう 　円柱 원기둥 | 支柱 지주 | 鉄柱 쇠기둥 | 電柱 전봇대
훈 はしら 　柱 기둥, 일의 중요한 부분 | 霜柱 서릿발 | 電信柱 전신주
大黒柱 집의 중심에 세우는 굵은 기둥(일본식 목조건물),
집안의 기둥인 인물

電柱を登ってはいけません。 전봇대에 올라가면 안 됩니다.

父は一家の柱です。 아버지는 한 집안의 기둥입니다.

柱 柱 柱 柱 柱 柱 柱 柱 柱

0387

<img 음 / けつ> 音 けつ　決意 결의 | 決算 결산 | 決定 결정 | 解決 해결 |
対決 대결 | 決して 결코, 절대로
훈 き(める), き(まる)　決める 결정하다 | 決まる 결정되다 |
決まり 결정, 규정

결정할 **결**
N3 총 7획

あしたは韓国と日本のチームが対決します。
내일은 한국 팀과 일본 팀이 대결합니다.

行くか行かないか決めてください。
갈지 안 갈지 결정해 주세요.

決 決 決 決 決 決 決

0388

음 はん　急坂 가파른 비탈 | 登坂 비탈길을 오름
훈 さか　坂 비탈, 경사지 | 坂道 고갯길, 비탈길 |
下り坂 내리막길, 쇠퇴기 | 上り坂 오르막길, 상승세

언덕 **판**
N3 총 7획

登坂車線は重いトラックなどが走る道です。
등판 차선은 무거운 트럭 등이 달리는 길입니다.

坂道で転んでしまいました。
비탈길에서 넘어지고 말았습니다.

坂 坂 坂 坂 坂 坂 坂

0389

훈 さら　皿 접시 | 皿洗い 설거지 | 小皿 작은 접시 | 灰皿 재떨이

母の皿洗いを手伝いました。
엄마를 도와서 설거지를 했습니다.

料理を小皿に分けます。　요리를 작은 접시에 나눕니다.

그릇 **명**
N3 총 5획

皿 皿 皿 皿 皿

0390

豆

콩 두
N1 총 7획

- 음 ず, とう | 大豆 대두, 콩 | 豆乳 두유 | 豆腐 두부 | 納豆 낫토
- 훈 まめ | 豆 콩 | 豆電球 꼬마 전구 |
  枝豆 가지째 꺾은 풋콩을 삶은 것
- 예외 小豆 팥

健康のために毎日、豆乳を飲んでいます。
건강을 위해 매일 두유를 마시고 있습니다.

ビールのおつまみに枝豆を食べました。
맥주 안주로 삶은 풋콩을 먹었습니다.

1	2	3	4	5	6	7							
豆	豆	豆	豆	豆	豆	豆							

0391

具

갖출 구 (具)
N3 총 8획

- 음 ぐ | 具合 상태, 형편 | 具体的 구체적 | 雨具 우비, 비옷 |
  家具 가구 | 道具 도구

もう少し具体的に説明してください。
조금 더 구체적으로 설명해 주세요.

このキャンプ場は調理道具がそなわっています。
이 캠프장은 조리 도구가 갖추어져 있습니다.

1	2	3	4	5	6	7	8						
具	具	具	具	具	具	具	具						

0392

第

차례 제
N3 총 11획

- 음 だい | 第一印象 첫인상 | 及第 급제 | 次第 순서 | 落第 낙제

小川さんの第一印象はとてもよかったです。
오가와 씨의 첫인상은 매우 좋았습니다.

落第してしまいました。 낙제하고 말았습니다.

1	2	3	4	5	6	7	8	9	10	11			
第	第	第	第	第	第	第	第	第	第	第			

0393

洋

큰 바다 **양**

N4 총 9획

음 よう　洋式 양식, 서양식 | 洋食 양식 | 洋風 서양식 | 海洋 해양 | 太平洋 태평양

近所に洋食のお店があります。
근처에 서양식 레스토랑이 있습니다.

台風が太平洋を北上しています。
태풍이 태평양을 북상하고 있습니다.

洋 洋 洋 洋 洋 洋 洋 洋 洋

0394

服

옷 **복**

N4 총 8획

음 ふく　服装 복장 | 服用 복용 | 衣服 의복 | 制服 제복 | 和服 일본옷, 기모노

おばあさんはいつも和服を着ています。
할머니는 항상 기모노를 입습니다.

毎日、制服を着て学校に行きます。
매일 교복을 입고 학교에 갑니다.

服 服 服 服 服 服 服 服

0395

階

섬돌 **계**

N2 총 12획

음 かい　階級 계급 | 階段 계단 | 一階 1층 | 段階 단계

トイレは階段を下りて、右です。
화장실은 계단을 내려가서 오른쪽입니다.

本屋は五階にあります。　서점은 5층에 있습니다.

階 階 階 階 階 階 階 階 階 階 階 階

0396

童

아이 동
N2 총 12 획

- **음** どう　童顔 동안 | 童話 동화 | 児童 아동 | 神童 신동
- **훈** わらべ　童 아이, 아동 | 童歌 구전되어 내려온 아이들의 노래, 동요

子どものころに、グリム童話をよく読みました。
어렸을 적에 그림 동화를 자주 읽었습니다.

母が童歌を教えてくれました。
엄마가 동요를 가르쳐 주었습니다.

童童童童童童童童童童童童

0397

湯

끓일 탕
N2 총 12 획

- **음** とう　湯治 온천욕으로 병을 치료함, 온천 요양 | 銭湯 대중 목욕탕 | 熱湯 열탕 | 薬湯 약탕
- **훈** ゆ　湯 뜨거운 물, 목욕물, 목욕탕 | 湯気 김, 수증기 | 湯飲み 찻잔 | 湯船 욕조, 목욕통

最近、銭湯が少なくなりました。
최근에 대중 목욕탕이 줄어들었습니다.

湯船にお湯をためます。　욕조에 뜨거운 물을 받습니다.

湯湯湯湯湯湯湯湯湯湯湯湯

0398

銀

은 은
N4 총 14 획

- **음** ぎん　銀貨 은화 | 銀河 은하수 | 金銀 금은 | 銀行 은행 | 水銀 수은
- **예외** 銀杏 은행나무

銀行は三時に閉まります。　은행은 세 시에 닫습니다.

これは外国の銀貨です。　이것은 외국의 은화입니다.

銀銀銀銀銀銀銀銀銀銀銀銀銀銀

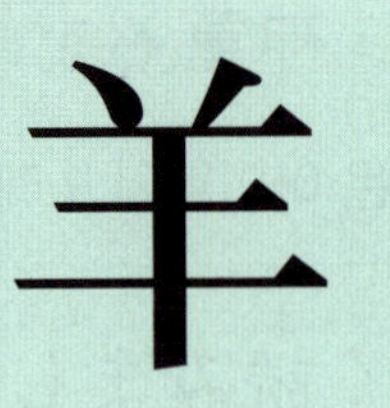

0399

羊

양 양
N1 총6획

음 **よう** 羊羹 양갱 | 羊毛 양모, 양털 | 牧羊 목양, 양을 침 | 綿羊 면양

훈 **ひつじ** 羊 양 | 羊飼い 양치기 | 子羊 어린 양, 새끼 양

羊毛でジャケットを作ります。
양털로 재킷을 만듭니다.

牧場にはたくさんの羊がいます。
목장에는 많은 양이 있습니다.

羊 羊 羊 羊 羊 羊

0400

死

죽을 사
N4 총6획

음 **し** 死体 시체 | 死亡 사망 | 安楽死 안락사 | 惨死 참사 | 必死 필사 | 病死 병사

훈 **し(ぬ)** 死ぬ 죽다

安楽死はいいと思いますか。
안락사는 괜찮다고 생각합니까?

ペットの犬が死んでしまいました。
반려견이 죽고 말았습니다.

死 死 死 死 死 死

0401

世

인간 세
N4 총5획

음 **せい, せ** 世紀 세기 | 近世 근세 | 世間 세간 | 世代 세대 | 出世 출세

훈 **よ** 世の中 세상, 사회 | 世論・世論 여론

今は21世紀です。 지금은 21세기입니다.

新聞社が世論を調査しました。
신문사가 여론을 조사했습니다.

世 世 世 世 世

0402

界

지경 **계**
N4 총 9획

음 **かい** 境界 경계 | 業界 업계 | 限界 한계 | 世界 세계 | 他界 타계

山田さんは世界中に友達がいます。
야마다 씨는 전 세계에 친구가 있습니다.

彼は事故で他界しました。
그는 사고로 타계했습니다.

界 界 界 界 界 界 界 界 界

0403

両

두 **량** (兩)
N3 총 6획

음 **りょう** 両替 환전 | 両親 양친, 부모 | 両手 양손 | 両方 양쪽, 쌍방

両親は田舎で暮らしています。
부모님은 시골에서 살고 있습니다.

ウォンを円に両替してください。
원을 엔으로 환전해 주세요.

両 両 両 両 両 両

0404

由

말미암을 **유**
N3 총 5획

음 **ゆ, ゆう, ゆい** 由来 유래 | 経由 경유 | 自由 자유 | 理由 이유 | 由緒 유서

훈 **よし** 由 까닭, 원인

日本経由でアメリカに行きました。
일본을 경유하여 미국에 갔습니다.

父は由もなく結婚に反対しました。
아버지는 이유도 없이 결혼에 반대했습니다.

由 由 由 由 由

0405

板

널빤지 **판**
N3 총 8획

- 음 **はん, ばん** 　板木 판목, 인쇄를 위해 글씨 등을 새긴 목판 | 看板 간판 | 黒板 칠판 | 鉄板 철판
- 훈 **いた** 　板 판자, 널빤지 | 板前 주방, 조리장, 요리사 | まな板 도마

駅前に人気の鉄板焼きのお店があります。
역 앞에 인기 있는 철판구이 가게가 있습니다.

兄は板前です。 형은 요리사입니다.

板 板 板 板 板 板 板 板

0406

級

등급 **급**
N2 총 9획

- 음 **きゅう** 　階級 계급 | 学級 학급 | 高級 고급 | 上級 상급 | 等級 등급 | 同級生 동급생

上級のテストに合格しました。
상급 시험에 합격했습니다.

彼と私は同級生です。 그와 나는 동급생입니다.

級 級 級 級 級 級 級 級 級

0407

表

겉 **표**
N3 총 8획

- 음 **ひょう** 　表現 표현 | 表情 표정 | 表面 표면 | 図表 도표 | 代表 대표 | 発表 발표
- 훈 **おもて, あらわ(す), あらわ(れる)** 　表 앞면, 표면, 바깥쪽 | 表す 나타내다 | 表れる 나타나다

みんなの前で発表をしました。
모든 사람들 앞에서 발표를 했습니다.

家の表に車がとまっています。
집 앞에 차가 세워져 있습니다.

表 表 表 表 表 表 表 表

0408

面

낯 **면**
N3 총 9획

- 음 **めん** 面会 면회 | 面倒 귀찮음, 돌봄 | 仮面 가면 | 紙面 지면 |
  正面 정면 | 前面 전면
- 훈 **おも, おもて, つら** 面影 모습 | 面 얼굴, 표면 |
  泣き面 우는 얼굴, 울상

弟の面倒を見ます。 남동생을 돌봅니다.

佐藤さんにはお父さんの面影が残っています。
사토 씨에게는 아버지의 모습이 남아 있습니다.

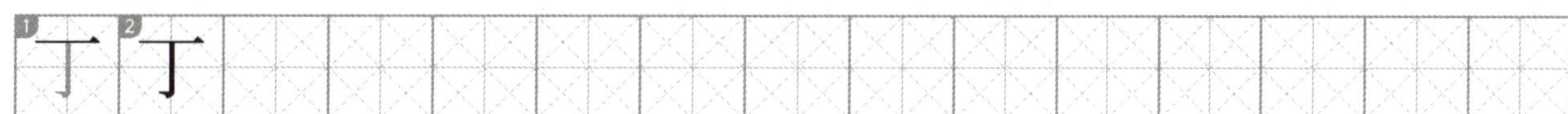

0409

丁

고무래 **정**
N1 총 2획

- 음 **ちょう, てい** 一丁目 1초메(일본의 행정 구역) |
  落丁 낙장, 책에서 책장이 일부 빠져 있는 일 | 丁寧 정중함, 공손함 |
  装丁 (책의) 장정, 인쇄물에 표지를 붙여 책의 모양을 만드는 일

一丁目の交差点に交番があります。
1초메 교차로에 파출소가 있습니다.

丁寧にあいさつしてください。 정중히 인사해 주세요.

0410

区

구역 **구** (區)
N3 총 4획

- 음 **く** 区域 구역 | 区間 구간 | 区分 구분 | 区別 구별 |
  区役所 구청 | 地区 지구

ここから工事区間です。 여기부터 공사 구간입니다.

双子の区別が難しいです。 쌍둥이의 구별이 어렵습니다.

州

고을 주
N2 총 6획

음 しゅう　州知事 주지사 | 州立 주립 | 欧州 유럽 |
九州 규슈(지명)
훈 す　三角州 삼각주

九州と韓国はとても近いです。
규슈와 한국은 아주 가깝습니다.

川の河口に三角州があります。
강의 하구에 삼각주가 있습니다.

州 州 州 州 州 州

県

고을 현 (縣)
N3 총 9획

음 けん　県 현(일본 지방 행정 구역) | 県知事 현지사 |
県民 현민, 현의 주민 | 県立 현립 |
都道府県 도도부현(일본 행정 구역의 총칭)

日本には43の県があります。
일본에는 43개의 현이 있습니다.

青森県はりんごが有名です。
아오모리현은 사과가 유명합니다.

県 県 県 県 県 県 県 県 県

都

도읍 도 (都)
N3 총 11획

음 と, つ　都市 도시 | 都民 도민, 도의 주민 | 首都 수도 |
東京都 도쿄도(지명) | 都合 형편, 사정
훈 みやこ　都 수도, 도시

今日は都合が悪いです。　오늘은 사정이 안 좋습니다.

京都は昔、日本の都でした。
교토는 옛날에 일본의 수도였습니다.

都 都 都 都 都 都 都 都 都 都 都

0414

庭

뜰 정
N3 총 10 획

음 てい ｜ 庭園 정원 ｜ 庭球 테니스 ｜ 家庭 가정 ｜
校庭 교정, 학교 마당
훈 にわ ｜ 庭 마당, 정원 ｜ 庭師 정원사 ｜ 裏庭 뒷마당, 뒤뜰

校庭で子どもが遊んでいます。
학교 마당에서 아이가 놀고 있습니다.
庭ですずめが鳴いています。
마당에서 참새가 지저귀고 있습니다.

庭 庭 庭 庭 庭 庭 庭 庭 庭 庭

0415

他

다를 타
N3 총 5 획

음 た ｜ 他界 타계 ｜ 他国 타국, 타향 ｜ 他殺 타살 ｜ 他人 타인, 남 ｜
自他 자타, 자신과 타인
훈 ほか ｜ 他 그 밖, 이외

このことは他人に言わないでください。
이 일은 다른 사람에게 말하지 마세요.
他のサイズはありませんか。 다른 사이즈는 없습니까?

他 他 他 他 他

0416

悲

슬플 비
N3 총 12 획

음 ひ ｜ 悲運 비운 ｜ 悲劇 비극 ｜ 悲鳴 비명 ｜ 慈悲 자비
훈 かな(しい), かな(しむ) ｜ 悲しい 슬프다 ｜ 悲しむ 슬퍼하다

女の人の悲鳴が聞こえました。
여자의 비명이 들렸습니다.
恋人にふられて、とても悲しいです。
애인에게 차여서 몹시 슬픕니다.

悲 悲 悲 悲 悲 悲 悲 悲 悲 悲 悲 悲

0417

勉

힘쓸 면
N4 총 10획

음 べん　勉学 면학 | 勉強 공부 | 勉励 면려, 열심히 노력함 |
勤勉 근면

テストがあるので、勉強しました。
시험이 있어서 공부를 했습니다.

父はとても勤勉に働きます。
아버지는 매우 근면하게 일합니다.

勉 勉 勉 勉 勉 勉 勉 勉 勉 勉

0418

問

물을 문
N4 총 11획

음 もん　問診 문진 | 問題 문제 | 疑問 의문 | 質問 질문 |
設問 설문 | 訪問 방문

훈 と(う), と(い), とん　問う 묻다 | 問い 질문, 문제 |
問い合わせ 문의 | 問屋 도매상

この問題はとても難しいです。
이 문제는 매우 어렵습니다.

性別・年齢は問いません。
성별·연령은 묻지 않습니다.

問 問 問 問 問 問 問 問 問 問 問

0419

章

글 장
N3 총 11획

음 しょう　楽章 악장 | 勲章 훈장 | 憲章 헌장 | 文章 문장, 글 |
紋章 문장

藤田さんは文章を書くのが上手です。
후지타 씨는 글을 잘 씁니다.

祖父は昔、勲章をもらいました。
할아버지는 옛날에 훈장을 받았습니다.

章 章 章 章 章 章 章 章 章 章 章

0420

漢

한나라 **한** (漢)

N4 총 13 획

음 かん　漢字 한자 | 漢族 한족 | 漢文 한문 | 漢方薬 한약

毎日、16字ずつ漢字を勉強します。
매일 열여섯 자씩 한자를 공부합니다.

風邪には漢方薬がいいです。
감기에는 한약이 좋습니다.

漢 漢 漢 漢 漢 漢 漢 漢 漢 漢 漢 漢 漢

0421

族

겨레 **족**

N4 총 11 획

음 ぞく　一族 일족 | 家族 가족 | 親族 친족 | 水族館 수족관 | 民族 민족

私は五人家族です。
우리 가족은 다섯 명입니다.

週末、水族館に行きました。
주말에 수족관에 갔습니다.

族 族 族 族 族 族 族 族 族 族 族

0422

守

지킬 **수**

N3 총 6 획

음 しゅ, す　守衛 수위 | 守備 수비 | 厳守 엄수 | 保守 보수 | 留守 부재중

훈 まも(る), も(り)　守る 지키다 | 子守り 아이를 봄

集合時間を厳守してください。
집합 시간을 엄수해 주세요.

提出期限を必ず守ってください。
제출 기한을 반드시 지켜 주세요.

守 守 守 守 守 守

0423

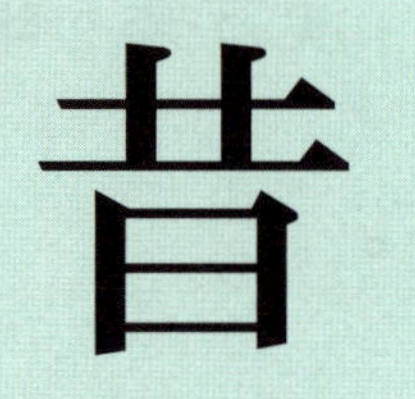

昔

옛 **석**

N3 총 8획

음 せき, しゃく 昔日(せきじつ) 옛날 | 往昔(おうせき) 옛날 | 今昔(こんじゃく) 옛날과 지금

훈 むかし 昔(むかし) 옛날 | 昔話(むかしばなし) 옛날이야기

『今昔(こんじゃくものがたりしゅう)物語集』という日本(にほん)の古典(こてん)を読(よ)みました。
『곤쟈쿠모노가타리슈』라는 일본의 고전을 읽었습니다.

この町(まち)は昔(むかし)から変(か)わりません。
이 마을은 옛날부터 변하지 않습니다.

1	2	3	4	5	6	7	8
昔	昔	昔	昔	昔	昔	昔	昔

0424

祭

제사 **제**

N2 총 11획

음 さい 祭祀(さいし) 제사 | 祭日(さいじつ) 신사 또는 궁중의 제사가 있는 날 | 学園祭(がくえんさい) 학교 축제 | 祝祭(しゅくさい) 축제 | 前夜祭(ぜんやさい) 전야제

훈 まつ(る), まつ(り) 祭(まつ)る 제사 지내다 | 祭(まつ)り 제사, 축제 | 夏祭(なつまつ)り 여름 축제

前夜祭(ぜんやさい)には多(おお)くの人(ひと)が来(き)ました。
전야제에는 많은 사람이 왔습니다.

夏祭(なつまつ)りの時期(じき)になりました。
여름 축제철이 되었습니다.

1	2	3	4	5	6	7	8	9	10	11
祭	祭	祭	祭	祭	祭	祭	祭	祭	祭	祭

0425

和

화할 **화**
N3 총 8획

음 わ, お　和解 화해 | 穏和 온화함 | 柔和 유화, 온화함 |
平和 평화 | 和尚 스님, 주지

훈 なご(む), なご(やか), やわ(らぐ), やわ(らげる)　和む 온화해지다 |
和やか 온화함, 화기애애함 | 和らぐ 누그러지다 |
和らげる 누그러뜨리다, 완화하다

世界が平和になることを望んでいます。
세계가 평화로워지기를 바랍니다.

最後まで和やかな雰囲気でした。
마지막까지 화기애애한 분위기였습니다.

1	2	3	4	5	6	7	8
和	和	和	和	和	和	和	和

0426

係

맬 **계**
N3 총 9획

음 けい　係数 계수 | 係争 계쟁, 소송의 당사자끼리 법률상으로 다툼 |
係留 계류, 붙들어 맴 | 関係 관계

훈 かか(る), かか(り)　係る 관계되다 | 係り 관계 | 係長 계장 |
受付係り 접수 담당

そのことと私は関係がありません。
그 일과 저는 관계가 없습니다.

仕事を係長に相談しました。
일을 계장님과 상담했습니다.

1	2	3	4	5	6	7	8	9
係	係	係	係	係	係	係	係	係

育

기를 **육**
N3 총 8획

음 いく　育児 육아 | 育成 육성 | 教育 교육 | 体育 체육 |
発育 발육

훈 そだ(つ), そだ(てる), はぐく(む)　育つ 자라다, 성장하다 |
育てる 기르다, 키우다 | 育む 품어 기르다, 소중히 기르다

来月から教育実習が始まります。
다음 달부터 교육 실습을 시작합니다.

母は花を育てるのが好きです。
엄마는 꽃을 기르는 것을 좋아합니다.

育 育 育 育 育 育 育 育

定

정할 **정**
N3 총 8획

음 てい, じょう　定員 정원 | 定期 정기 | 安定 안정 | 決定 결정 |
肯定 긍정 | 定規 정규, 자 | 案の定 예상했던 대로, 아니나 다를까

훈 さだ(める), さだ(まる), さだ(か)　定める 정하다, 결정하다 |
定まる 정해지다, 결정되다 | 定か 확실함, 분명함

定員は何人ですか。
정원은 몇 명입니까?

日本は1946年に憲法を定めました。
일본은 1946년에 헌법을 정했습니다.

定 定 定 定 定 定 定 定

0429

昭

밝을 **소**
N1 총 9획

음 **しょう** 昭和 쇼와 일왕 때의 연호(1926.12.25〜1989.1.7)

私は昭和56年生れです。
나는 쇼와 56년(1981년)생입니다.

昭和は1926年から1989年までです。
쇼와는 1926년부터 1989년까지입니다.

昭 昭 昭 昭 昭 昭 昭 昭 昭

0430

秒

분초 **초**
N3 총 9획

음 **びょう** 秒針 초침 | 秒速 초속 | 一秒 1초 | 毎秒 매초

秒針が止まってしまいました。
초침이 멈춰 버렸습니다.

一分一秒でも惜しいです。
1분 1초라도 아깝습니다.

秒 秒 秒 秒 秒 秒 秒 秒 秒

調

고를 조
N2 총 15획

음 ちょう　調査 조사 | 調子 상태 | 調節 조절 | 調和 조화 |
快調 쾌조, 호조 | 順調 순조로움

훈 しら(べる), ととの(う), ととの(える)　調べる 조사하다 |
調う 정돈되다, 구비되다, 성립되다 |
調える 정돈하다, 조정하다, 갖추다

このボタンで温度を調節してください。
이 버튼으로 온도를 조절해 주세요.
図書館でソウルの歴史を調べました。
도서관에서 서울의 역사를 조사했습니다.

調 調 調 調 調 調 調 調 調 調 調 調 調 調 調

整

가지런할 정
N1 총 16획

음 せい　整備 정비 | 整理 정리 |
均整 (둘 이상의) 세력의 균형이 잡혀 있음 | 調整 조정

훈 ととの(う), ととの(える)　整う 정돈되다, 구비되다, 성립되다 |
整える 정돈하다, 조정하다

押入れの中を整理しました。
벽장 안을 정리했습니다.
準備が整いましたので、式を始めます。
준비가 되었으니 식을 시작하겠습니다.

整 整 整 整 整 整 整 整 整 整 整 整 整 整 整
整

0433

様

모양 양 (様)
N3 총 14 획

음 **よう** 　様式 양식 | 様子 모습, 상황 | 同様 같음, 마찬가지임 |
模様 무늬, 상황, 형편

훈 **さま** 　様 상태, 모습, 방법, ~님 | 様々 여러 가지 | 王様 임금님
奥様 남의 아내를 부르는 높임말, 부인 | 皆様 여러분

水玉模様のワンピースを着ています。
물방울 무늬의 원피스를 입고 있습니다.

皆様、こんにちは。 여러분, 안녕하세요.

様 様 様 様 様 様 様 様 様 様 様 様 様 様

0434

度

법도 도
N4 총 9 획

음 **ど, と, たく** 　度胸 담력, 배짱 | 温度 온도 | 今度 이번, 다음 번 |
法度 법도 | 支度 채비, 준비

훈 **たび** 　度 ~할 때마다 | 度々 번번이, 여러 번, 자주 |
この度 이번, 금번

今度の日曜日、海に行きませんか。
이번 일요일에 바다에 가지 않을래요?

この度は、大変お世話になりました。
이번에는 많은 신세를 졌습니다.

度 度 度 度 度 度 度 度 度

実

열매 **실** (實)
N3 총 8획

- **음** じつ　実験 실험 | 実現 실현 | 実力 실력 | 現実 현실 | 誠実 성실함 | 真実 진실
- **훈** み, みの(る)　実 열매, 씨앗 | 実る 열매를 맺다, 결실하다

夢が実現しました。 꿈이 실현되었습니다.

梅の実がたくさん実りました。
매실이 많이 열렸습니다.

1	2	3	4	5	6	7	8							
実	実	実	実	実	実	実	実							

笛

피리 **적**
N1 총 11획

- **음** てき　汽笛 기적, 고동 | 警笛 경적 | 鼓笛 고적, 북과 피리
- **훈** ふえ　笛 피리, 호각 | 口笛 휘파람

電車が警笛を鳴らしています。
전차가 경적을 울리고 있습니다.

祭りの笛の音が聞こえます。
축제의 피리 소리가 들립니다.

1	2	3	4	5	6	7	8	9	10	11				
笛	笛	笛	笛	笛	笛	笛	笛	笛	笛	笛				

港

항구 **항**
N2 총 12획

- **음** こう　港湾 항만 | 空港 공항 | 出港 출항 | 入港 입항
- **훈** みなと　港 항구, 포구

空港からタクシーに乗りました。
공항에서 택시를 탔습니다.

船が港を出ます。 배가 항구를 나옵니다.

1	2	3	4	5	6	7	8	9	10	11	12			
港	港	港	港	港	港	港	港	港	港	港	港			

0438

横

가로 **횡** (横)
N2 총 15 획

음 **おう** 　横断 횡단 | 横領 횡령 | 縦横 종횡 |
専横 전횡, 제멋대로 휘두름

훈 **よこ** 　横 가로, 옆 | 横顔 옆얼굴 |
横道 옆길, 본 줄거리에서 벗어난 이야기, 그릇된 길

ここで道路を横断してはいけません。
여기에서 도로를 횡단하면 안 됩니다.

コンビニの横に花屋があります。
편의점 옆에 꽃가게가 있습니다.

横 横 横 横 横 横 横 横 横 横 横 横 横 横 横

0439

倍

곱 **배**
N3 총 10 획

음 **ばい** 　倍加 배가 | 倍数 배수 | 倍増 배증, 배가 | 倍率 배율 |
二倍 두 배

売り上げが倍増しました。
매출이 배로 늘었습니다.

価格が二倍になりました。
가격이 두 배가 되었습니다.

倍 倍 倍 倍 倍 倍 倍 倍 倍 倍

0440

帳

휘장 **장**
N1 총 11 획

음 **ちょう** 　帳簿 장부 | 通帳 통장 | 手帳 수첩 | 日記帳 일기장

通帳を金庫にしまいます。
통장을 금고에 보관합니다.

今日の出来事を日記帳に書きました。
오늘 일을 일기장에 적었습니다.

帳 帳 帳 帳 帳 帳 帳 帳 帳 帳 帳

[　　/ 20]

■ 밑줄 친 한자를 바르게 읽은 것을 고르시오.

1　売り上げが倍増しました。
　① ばいぞう　　② ばいじょう　　③ ばんぞう　　④ ばんじょう

2　上司の指示に従って働きます。
　① ちし　　② ちじ　　③ しし　　④ しじ

3　遠くから汽笛が聞こえます。
　① きってき　　② きてき　　③ きっぷえ　　④ きふえ

4　木村さんはたくさんの車を所有しています。
　① しょゆう　　② しょうゆう　　③ しょうゆ　　④ しょゆ

5　一分一秒でも惜しいです。
　① いっぴょ　　② いちびょ　　③ いっぴょう　　④ いちびょう

6　過去の新聞記事を調べます。
　① がこ　　② かこ　　③ がご　　④ かご

7　パーティーは和やかな雰囲気でした。
　① はでやかな　　② つややかな　　③ なごやかな　　④ あでやかな

8　妹は化粧をして出かけました。
　① かしょ　　② かしょう　　③ けしょ　　④ けしょう

9　先生の話を聞いて疑問がわきました。
　① きもん　　② ぎもん　　③ きむん　　④ ぎむん

10　韓国には兵役の義務があります。
　① へいえき　　② ひょうえき　　③ へいやく　　④ ひょうやく

11 <u>他人</u>に迷惑（めいわく）をかけてはいけません。
① だじん　　② たじん　　③ だにん　　④ たにん

12 <u>吉田</u>（よしだ）さんはとても<u>美人</u>です。
① びじん　　② みじん　　③ びにん　　④ みにん

13 <u>一丁目</u>の交差点（こうさてん）に交番（こうばん）があります。
① いっちょめ　　② いっちょうめ　　③ ひとちょめ　　④ ひとちょうめ

14 野原（のはら）にはたくさんの<u>植物</u>が生（は）えています。
① しょくぶつ　　② しょくもつ　　③ しきぶつ　　④ しきもつ

15 ここの地名（ちめい）の<u>由来</u>を調（しら）べています。
① ゆき　　② ゆうき　　③ ゆらい　　④ ゆうらい

16 <u>三人</u>（さんにん）で<u>交代</u>して働（はたら）きます。
① こうだい　　② こうたい　　③ きょうだい　　④ きょうたい

17 吸（す）いがらは<u>灰皿</u>に捨（す）てましょう。
① かいさら　　② かいざら　　③ はいさら　　④ はいざら

18 子（こ）どもに<u>童話</u>の本（ほん）を買（か）ってあげました。
① とうわ　　② どうわ　　③ とうご　　④ どうご

19 パーティーには、どんな<u>服装</u>をして行（い）けばいいでしょか。
① ふくそう　　② ふくしょう　　③ ふっそう　　④ ふっしょう

20 アメリカから大豆（だいず）を<u>輸入</u>（ゆにゅう）します。
① おおまめ　　② おおず　　③ だいまめ　　④ だいず

[/ 20]

■ 밑줄 친 히라가나를 한자로 바르게 적은 것을 고르시오.

1 そんな<u>ひにく</u>を言わないでください。
① 皮内   ② 皮肉   ③ 度内   ④ 度肉

2 木村さんは<u>よこがお</u>がきれいです。
① 槽顔   ② 槽順   ③ 横順   ④ 横顔

3 英単語を<u>あんき</u>しています。
① 暗記   ② 暗紀   ③ 晴記   ④ 晴紀

4 出かける<u>したく</u>をします。
① 示度   ② 示皮   ③ 支度   ④ 支皮

5 道で財布を<u>ひろい</u>ました。
① 拾い   ② 捨い   ③ 持い   ④ 授い

6 私は<u>しょうわ</u>56年に生まれました。
① 唱稚   ② 昭稚   ③ 唱和   ④ 昭和

7 <u>みずうみ</u>でボートに乗りました。
① 潮   ② 湖   ③ 灘   ④ 激

8 <u>むかし</u>のことなので覚えていません。
① 昌   ② 冒   ③ 昔   ④ 晋

9 スイカが大きくて<u>れいぞうこ</u>に入れません。
① 冷蔵庫   ② 伶蔵庫   ③ 冷蔵車   ④ 伶蔵車

10 奈良には古代日本の<u>みやこ</u>がありました。
① 郡   ② 郊   ③ 郁   ④ 都

11　じゅうばこにのり巻_{まき}を詰_つめます。

① 重箱　　② 十箱　　③ 重筋　　④ 十筋

12　押_おし入_いれの中_{なか}をせいりしました。

① 正利　　② 正理　　③ 整利　　④ 整理

13　トウモロコシをはたけで作_{つく}っています。

① 佃　　② 鈿　　③ 畑　　④ 細

14　中学生_{ちゅうがくせい}のときのどうきゅうせいに会_あいました。

① 等級生　　② 同級生　　③ 等終生　　④ 同終生

15　のうぎょうをする人_{ひと}が少_{すく}なくなっています。

① 濃僕　　② 濃業　　③ 農僕　　④ 農業

16　父_{ちち}は一家_{いっか}のはしらです。

① 主　　② 注　　③ 住　　④ 柱

17　いつかせかいを一周_{いっしゅう}したいです。

① 也界　　② 世界　　③ 也堺　　④ 世堺

18　急_{きゅう}なさかみちを登_{のぼ}ります。

① 阪道　　② 阪通　　③ 坂道　　④ 坂通

19　ねっとうが出_でますから、気_きをつけてください。

① 熱湯　　② 勢湯　　③ 熱揚　　④ 勢揚

20　試験_{しけん}にらくだいしてしまいました。

① 楽第　　② 楽大　　③ 落第　　④ 落大

정답

연습 문제 ❶	1 ② 2 ③ 3 ① 4 ① 5 ④ 6 ② 7 ② 8 ① 9 ④ 10 ① 11 ④ 12 ③ 13 ② 14 ④ 15 ① 16 ③ 17 ② 18 ④ 19 ① 20 ②
연습 문제 ❷	1 ③ 2 ④ 3 ① 4 ③ 5 ① 6 ② 7 ④ 8 ① 9 ④ 10 ③ 11 ③ 12 ② 13 ① 14 ① 15 ④ 16 ④ 17 ② 18 ① 19 ② 20 ③
연습 문제 ❸	1 ③ 2 ④ 3 ① 4 ① 5 ④ 6 ② 7 ④ 8 ③ 9 ② 10 ② 11 ① 12 ① 13 ③ 14 ④ 15 ③ 16 ① 17 ② 18 ② 19 ④ 20 ①
연습 문제 ❹	1 ③ 2 ① 3 ④ 4 ② 5 ① 6 ④ 7 ① 8 ① 9 ③ 10 ④ 11 ② 12 ② 13 ① 14 ④ 15 ③ 16 ① 17 ① 18 ④ 19 ③ 20 ②
연습 문제 ❺	1 ② 2 ② 3 ③ 4 ① 5 ④ 6 ② 7 ③ 8 ① 9 ③ 10 ④ 11 ② 12 ② 13 ① 14 ③ 15 ① 16 ② 17 ② 18 ④ 19 ④ 20 ②
연습 문제 ❻	1 ① 2 ③ 3 ② 4 ④ 5 ③ 6 ① 7 ① 8 ④ 9 ③ 10 ① 11 ② 12 ① 13 ④ 14 ② 15 ② 16 ① 17 ① 18 ② 19 ④ 20 ②
연습 문제 ❼	1 ② 2 ② 3 ① 4 ④ 5 ② 6 ③ 7 ④ 8 ① 9 ② 10 ③ 11 ③ 12 ④ 13 ② 14 ① 15 ④ 16 ④ 17 ① 18 ② 19 ④ 20 ①
연습 문제 ❽	1 ① 2 ④ 3 ② 4 ② 5 ③ 6 ④ 7 ① 8 ② 9 ③ 10 ① 11 ④ 12 ② 13 ① 14 ① 15 ④ 16 ③ 17 ② 18 ① 19 ④ 20 ②
연습 문제 ❾	1 ① 2 ④ 3 ② 4 ① 5 ④ 6 ② 7 ③ 8 ④ 9 ② 10 ① 11 ④ 12 ① 13 ② 14 ① 15 ③ 16 ② 17 ④ 18 ② 19 ① 20 ④
연습 문제 ❿	1 ② 2 ④ 3 ① 4 ③ 5 ① 6 ④ 7 ② 8 ③ 9 ① 10 ④ 11 ① 12 ④ 13 ③ 14 ② 15 ④ 16 ④ 17 ② 18 ③ 19 ① 20 ③

New
4-6
학년
일본어
상용한자
기초마스터
1026
큰글자책
다락원

11주 학습 계획표

『NEW 일본어 상용한자 기초 마스터 1026』을 학습하는 독자분들을 위해 11주 완성으로 학습 계획표를 짰습니다. 80~100자로 이루어진 각 unit을 일주일 동안 학습할 수 있게 일련번호순으로 하루에 약 16~20자씩 나누었습니다. 주말에는 일주일 동안 학습한 내용을 연습 문제를 풀어 보며 꼼꼼하게 복습하세요. 단어와 예문의 음성(mp3) 파일, 매일 풀어 보는 확인 문제도 다락원 홈페이지(www.darakwon.co.kr)에서 제공하니 다운로드하여 활용해 보세요.

		월	화	수	목	금	토·일
6주	초등학교 **4학년** 한자 ①	441~460	461~480	481~500	501~520	521~540	연습 문제 11, 12
7주	초등학교 **4학년** 한자 ②	541~560	561~580	581~600	601~620	621~642	연습 문제 13, 14
8주	초등학교 **5학년** 한자 ①	643~662	663~682	683~702	703~722	723~742	연습 문제 15, 16
9주	초등학교 **5학년** 한자 ②	743~761	762~780	781~799	800~817	818~835	연습 문제 17, 18
10주	초등학교 **6학년** 한자 ①	836~854	855~873	874~892	893~910	911~928	연습 문제 19, 20
11주	초등학교 **6학년** 한자 ②	929~948	949~968	969~988	989~1008	1009~1026	연습 문제 21, 22

차례

4
초등학교
학년 한자 ①

漢字	加	街	各	覚	岡	康	改	挙	建	健
訓音	더할 가	거리 가	각각 각	깨달을 각	언덕 강	편안할 강	고칠 개	들 거	세울 건	굳셀 건
	欠	結	径	景	鏡	競	季	械	固	功
	이지러질 결	맺을 결	지름길 경	볕 경	거울 경	다툴 경	계절 계	기계 계	굳을 고	공 공
	共	果	課	官	管	関	観	求	軍	郡
	한가지 공	실과 과	공부할 과	벼슬 관	대롱 관	관계할 관	볼 관	구할 구	군사 군	고을 군
	群	極	給	岐	埼	崎	旗	器	機	奈
	무리 군	극진할 극	줄 급	갈림길 기	갑 기	험할 기	기 기	그릇 기	베틀 기	어찌 나
	念	努	単	達	帯	隊	徳	徒	働	灯
	생각 념	힘쓸 노	홑 단	통달할 달	띠 대	무리 대	큰 덕	무리 도	일할 동	등불 등
	冷	良	量	連	令	例	老	労	鹿	録
	찰 랭	어질 량	헤아릴 량	잇닿을 련	하여금 령	법식 례	늙을 로	일할 로	사슴 록	기록할 록
	料	類	陸	輪	利	梨	満	末	望	梅
	헤아릴 료	무리 류	뭍 륙	바퀴 륜	이로울 리	배나무 리	찰 만	끝 말	바랄 망	매화 매
	牧	無	未	民	博	飯	法	辺	変	別
	칠 목	없을 무	아닐 미	백성 민	넓을 박	밥 반	법 법	가 변	변할 변	나눌 별
	兵	夫	付	府	阜	副	富	不	飛	司
	군사 병	지아비 부	줄 부	마을 부	언덕 부	버금 부	부유할 부	아닐 불(부)	날 비	맡을 사
	辞	産	散	席	潟	選	説	成	省	城
	말씀 사	낳을 산	흩을 산	자리 석	개펄 석	가릴 선	말씀 설/달랠 세	이룰 성	살필 성/덜 생	성 성

0441 加

더할 가
N3 총 5획

음 **か** 加工 가공 | 加入 가입 | 参加 참가 | 増加 증가 | 追加 추가 | 添加 첨가

훈 **くわ(わる), くわ(える)** 加わる 늘다, 추가되다, 참여하다 | 加える 보태다, 더하다, 넣다, 첨가하다

ボランティアに参加しました。 봉사 활동에 참가했습니다.

塩を加えてください。 소금을 넣어 주세요.

0442 街

거리 가
N1 총 12획

음 **がい, かい** 街頭 가두, 길거리 | 街路樹 가로수 | 商店街 상점가 | 繁華街 번화가

훈 **まち** 街 거리 | 街角 길모퉁이

デパートの地下には商店街があります。
백화점 지하에는 상점가가 있습니다.

食事の後、街を散歩しました。
식사 후 거리를 산책했습니다.

0443 各

각각 각
N3 총 6획

음 **かく** 各自 각자 | 各種 각종 | 各地 각지 | 各国 각국

훈 **おのおの** 各々 각자, 각각

あしたはお弁当を各自、持ってきてください。
내일은 도시락을 각자 가지고 오세요.

子どもたちは各々、好きな本を読んでいます。
아이들은 제각각 좋아하는 책을 읽고 있습니다.

0444

覚

깨달을 **각** (覺)

N2 총 12 획

음 **かく** 覚悟 각오 | 覚醒 각성 | 感覚 감각 | 視覚 시각 |
聴覚 청각

훈 **おぼ(える), さ(ます), さ(める)** 覚える 기억하다, 익히다 |
覚ます 깨우다, 깨다 | 目覚まし時計 자명종 |
覚める 잠이 깨다, 눈이 뜨이다

とても寒くて、手の感覚がありません。
너무 추워서 손의 감각이 없습니다.

赤ちゃんが目を覚ましました。 아기가 잠에서 깼습니다.

覚 覚 覚 覚 覚 覚 覚 覚 覚 覚 覚 覚

0445

岡

언덕 **강**

N1 총 8 획

훈 **おか** 岡持ち 요리 배달용 통 | 岡山県 오카야마현(지명)

岡持ちに入れて、うどんの出前をします。
배달용 통에 넣어서 우동 배달을 합니다.

鈴木さんは岡山県出身です。
스즈키 씨는 오카야마현 출신입니다.

岡 岡 岡 岡 岡 岡 岡 岡

0446

康

편안할 **강**

N1 총 11 획

음 **こう** 健康 건강 | 小康 소강, 병세가 조금 좋아짐, 상태가 가라앉음

健康のため野菜をたくさん食べましょう。
건강을 위해 채소를 많이 먹읍시다.

雨は小康状態です。 비는 소강 상태입니다.

康 康 康 康 康 康 康 康 康 康 康

0447

改

고칠 개
N2 총 7획

- 음 **かい** 改革 개혁 | 改札 개찰 | 改正 개정 | 改造 개조 | 改良 개량
- 훈 **あらた(める), あらた(まる)** 改める 고치다, 바꾸다 | 改まる 새로워지다, 고쳐지다, 달라지다

改札口で友達が待っていました。
개찰구에서 친구가 기다리고 있었습니다.

態度を改めました。 태도를 바꿨습니다.

1	2	3	4	5	6	7
改	改	改	改	改	改	改

0448

挙

들 거 (擧)
N1 총 10획

- 음 **きょ** 挙手 거수, 손을 듦 | 挙動 거동 | 快挙 쾌거 | 選挙 선거
- 훈 **あ(げる), あ(がる)** 挙げる (손을) 들다, (식을) 올리다 | 挙がる (범인이) 잡히다, 검거되다, (증거가) 드러나다

意見がある人は挙手してください。
의견이 있는 사람은 손을 들어 주세요.

姉は来月、結婚式を挙げます。
언니는 다음달에 결혼식을 올립니다.

1	2	3	4	5	6	7	8	9	10
挙	挙	挙	挙	挙	挙	挙	挙	挙	挙

0449

建

세울 건
N4 총 9획

- 음 **けん, こん** 建設 건설 | 建築 건축 | 再建 재건 | 建立 건립
- 훈 **た(てる), た(つ)** 建てる 짓다, 세우다 | 建物 건물 | 建つ 서다

大きな橋を建設しています。 큰 다리를 건설하고 있습니다.

新しく家を建てました。 새롭게 집을 지었습니다.

1	2	3	4	5	6	7	8	9
建	建	建	建	建	建	建	建	建

0450

健

굳셀 건
N1 총 11 획

- 음 けん 健康 건강 | 健全 건전함 | 健闘 건투 | 保健 보건
- 훈 すこ(やか) 健やか 몸이 튼튼함, 건강함

保健室で休みました。 보건실에서 쉬었습니다.

子どもは健やかに育っています。
아이는 건강하게 자라고 있습니다.

| 1 健 | 2 健 | 3 健 | 4 健 | 5 健 | 6 健 | 7 健 | 8 健 | 9 健 | 10 健 | 11 健 |

0451

欠

이지러질 결 (缺)
N3 총 4 획

- 음 けつ 欠場 결장 | 欠席 결석 | 欠点 결점 | 欠乏 결핍 | 不可欠 불가결
- 훈 か(ける), か(く) 欠ける 깨져 떨어지다, 빠지다, 부족하다 | 欠く 빠뜨리다, 소홀히 하다, 부족하다

鈴木さんは今日、欠席です。 스즈키 씨는 오늘 결석입니다.

忙しいときには食事を欠くこともあります。
바쁠 때는 식사를 거를 때도 있습니다.

| 1 欠 | 2 欠 | 3 欠 | 4 欠 |

0452

結

맺을 결
N3 총 12 획

- 음 けつ 結果 결과 | 結局 결국 | 結婚 결혼 | 終結 종결 | 団結 단결 | 連結 연결
- 훈 むす(ぶ), ゆ(う), ゆ(わえる) 結ぶ 매다, 잇다, 맺다 | 結う 매다, 묶다, 엮다 | 結わえる 매다, 묶다

検査の結果が出ました。 검사 결과가 나왔습니다.

靴のひもを結んでください。 신발끈을 묶어 주세요.

| 1 結 | 2 結 | 3 結 | 4 結 | 5 結 | 6 結 | 7 結 | 8 結 | 9 結 | 10 結 | 11 結 | 12 結 |

4 학년

径

지름길 경 (徑)
N1 총 8획

음 けい　径路 경로 | 口径 구경 | 直径 직경, 지름 |
半径 반경, 반지름

会場までの径路を案内します。
회장까지 가는 길을 안내하겠습니다.

直径を計ります。 지름을 잽니다.

径 径 径 径 径 径 径 径

景

볕 경
N3 총 12획

음 けい　景気 경기 | 景品 경품 | 背景 배경 | 風景 풍경 |
夜景 야경
예외 景色 경치

最近、景気が悪いです。
최근 경기가 좋지 않습니다.

ここから見る夜景はきれいです。
여기에서 보는 야경은 아름답습니다.

景 景 景 景 景 景 景 景 景 景 景 景

0455

鏡

거울 경
N1 총 19 획

음 きょう　鏡台 경대 | 顕微鏡 현미경 | 三面鏡 삼면경 |
望遠鏡 망원경

훈 かがみ　鏡 거울 | 鏡餅 새해에 신에게 올리는 동글납작한 찰떡 |
手鏡 손거울

예외 眼鏡 안경

これは母が使っていた三面鏡です。
이것은 엄마가 사용했던 삼면경입니다.

母が鏡の前で化粧しています。
엄마가 거울 앞에서 화장을 하고 있습니다.

1	2	3	4	5	6	7	8	9	10	11	12	13	14	15
鏡	鏡	鏡	鏡	鏡	鏡	鏡	鏡	鏡	鏡	鏡	鏡	鏡	鏡	鏡

16	17	18	19
鏡	鏡	鏡	鏡

0456

競

다툴 경
N2 총 20 획

음 きょう, けい　競技 경기 | 競争 경쟁 | 競売 경매 | 競馬 경마 |
競輪 경륜

훈 きそ(う), せ(る)　競う 다투다, 겨루다, 경쟁하다 |
競る 다투다, 겨루다, 경매하다

週末は競馬場に行きます。
주말은 경마장에 갑니다.

友達と競いながら勉強します。
친구와 경쟁하면서 공부합니다.

1	2	3	4	5	6	7	8	9	10	11	12	13	14	15
競	競	競	競	競	競	競	競	競	競	競	競	競	競	競

16	17	18	19	20
競	競	競	競	競

0457

季

계절 **계**
N3 총 8획

음 き　季節 계절 | 雨季 우기 | 夏季 하계 | 四季 사계, 사계절 |
冬季 동계

韓国も日本も四季がはっきりしています。
한국도 일본도 사계절이 뚜렷합니다.

ここは冬季オリンピックの予定地です。
이곳은 동계올림픽 예정지입니다.

0458

械

기계 **계**
N2 총 11획

음 かい　機械 기계 | 器械 기계

これは何の機械ですか。 이것은 무슨 기계입니까?

妹は器械体操の選手です。
여동생은 기계 체조 선수입니다.

0459

固

굳을 **고**
N3 총 8획

음 こ　固体 고체 | 固有 고유 | 頑固 완고함 | 強固 강고함, 견고함 |
凝固 응고 | 堅固 견고함

훈 かた(める), かた(まる), かた(い)　固める 다지다, 굳히다 |

固まる 굳다, 확고해지다 |

固い 단단하고 튼튼하다, 견고하다

これは日本固有の植物です。
이것은 일본 고유의 식물입니다.

留学する決意を固めました。 유학할 결의를 굳혔습니다.

0460

功

공 공
N1 총 5획

음 こう, く 　功績 공적 | 功労 공로 | 成功 성공 | 功徳 공덕

父はたくさんの功績を残しました。
아버지는 많은 공적을 남겼습니다.

ダイエットに成功して、うれしいです。
다이어트에 성공해서 기쁩니다.

功 功 功 功 功

0461

共

한가지 공
N3 총 6획

음 きょう 　共存 공존 | 共通 공통 | 共同 공동 | 公共 공공
훈 とも 　共に 함께, 같이 | 共働き 맞벌이

最近は公共の場所でタバコが吸えません。
요즘은 공공장소에서 담배를 필 수 없습니다.

両親は共働きで、昼間は家にいません。
부모님은 맞벌이여서 낮엔 집에 없습니다.

共 共 共 共 共 共

0462

果

실과 과
N3 총 8획

음 か 　果実 과실 | 果樹園 과수원 | 効果 효과 | 成果 성과
훈 は(たす), は(てる), は(て) 　果たす 다하다, 달성하다 |
果てる 끝나다, 다하다 | 果て 끝, 말로
예외 果物 과일

この薬はどんな効果がありますか。
이 약은 어떤 효과가 있습니까?

友達との約束を果たすことができませんでした。
친구와의 약속을 지키지 못했습니다.

果 果 果 果 果 果 果 果

0463

課

공부할 과
N3 총 15획

음 **か** 課税 과세 | 課題 과제 | 課長 과장 | 日課 일과 |
放課後 방과 후

毎日、公園を散歩するのが日課です。
매일 공원을 산책하는 것이 일과입니다.

放課後、友達と遊びました。
방과 후 친구와 놀았습니다.

1	2	3	4	5	6	7	8	9	10	11	12	13	14	15
課	課	課	課	課	課	課	課	課	課	課	課	課	課	課

0464

官

벼슬 관
N3 총 8획

음 **かん** 官庁 관청 | 官僚 관료 | 外交官 외교관 | 教官 교관 |
警察官 경찰관

霞ヶ関は官庁街です。 가스미가세키는 관청가입니다.
兄は警察官です。 형은 경찰관입니다.

1	2	3	4	5	6	7	8							
官	官	官	官	官	官	官	官							

0465

管

대롱 관
N2 총 14획

음 **かん** 管楽器 관악기 | 管理 관리 | 血管 혈관 |
水道管 수도관
훈 **くだ** 管 관, 대롱

お金の管理は大切です。 돈 관리는 중요합니다.
雨水を流す管が詰まってしまいました。
빗물을 흘려 보내는 관이 막혀 버렸습니다.

1	2	3	4	5	6	7	8	9	10	11	12	13	14	
管	管	管	管	管	管	管	管	管	管	管	管	管	管	

0466

関

관계할 **관** (關)
N3 총 14 획

음 かん　関係 관계 ｜ 関心 관심 ｜ 関する 관련되다, 관하다 ｜ 機関 기관 ｜ 税関 세관

훈 せき, かか(わる)　関所 관문 ｜ 関わる 관계되다, 관련되다

私は心理学に関心があります。
나는 심리학에 관심이 있습니다.

福祉に関わる仕事をしたいです。
복지에 관련된 일을 하고 싶습니다.

関 関 関 関 関 関 関 関 関 関 関 関 関 関

0467

観

볼 **관** (觀)
N2 총 18 획

음 かん　観客 관객 ｜ 観光 관광 ｜ 観察 관찰 ｜ 悲観 비관 ｜ 楽観 낙관

今日はソウル市内を観光します。
오늘은 서울 시내를 관광합니다.

彼はいつも悲観的に考えます。
그는 항상 비관적으로 생각합니다.

観 観 観 観 観 観 観 観 観 観 観 観 観 観 観
観 観 観

0468

求

구할 **구**
N2 총 7 획

음 きゅう　求職 구직 ｜ 求人 구인 ｜ 請求 청구 ｜ 追求 추구 ｜ 要求 요구

훈 もと(める)　求める 구하다, 요구하다

アルバイトの求人広告を見て、電話をしました。
아르바이트 구인 광고를 보고 전화했습니다.

病院で面会を求めました。 병원에서 면회를 요청했습니다.

求 求 求 求 求 求 求

0469

軍

군사 **군**
N3 총 9 획

음 **ぐん** 軍人 군인 | 軍隊 군대 | アメリカ軍 미군 | 空軍 공군

兄は今年、軍隊に入ります。
형은 올해 군대에 갑니다.

空軍に志願しました。 공군에 지원했습니다.

0470

郡

고을 **군**
N1 총 10 획

음 **ぐん** 郡 군, 고을, 행정 구획의 하나 | 郡内 군의 구역 내 | 郡部 군부, 군에 속하는 지역

日高郡は北海道にあります。
히다카군은 홋카이도에 있습니다.

郡内に新しい工場ができました。
군 내에 새로운 공장이 생겼습니다.

0471

群

무리 **군**
N2 총 13 획

음 **ぐん** 群衆 군중 | 群集 군집 | 群生 군생 | 大群 대군, 큰 무리 | 抜群 발군, 뛰어남, 출중함

훈 **む(れる), む(れ), むら** 群れる 떼를 짓다, 군집하다 | 群れ 떼, 무리, 동아리 | 群がる 떼 지어 모이다, 군집하다

橋本さんは運動神経が抜群です。
하시모토 씨는 운동 신경이 뛰어납니다.

カモの群れが泳いでいます。 오리 떼가 헤엄치고 있습니다.

0472

極

극진할 **극**
N2 총 12 획

음 きょく, ごく　極限 극한, 한계점 | 極東 극동 | 北極 북극 |

極秘 극비 | 至極 지극히, 아주

훈 きわ(める), きわ(まる), きわ(み)　極める 극하다, 더없이 ～하다 |

極めて 극히, 더할 나위 없이 |

極まる 극도에 이르다, ～하기 짝이 없다 | 極み 극한, 끝

いつか北極に行ってみたいです。
언젠간 북극에 가 보고 싶습니다.

手術の結果は極めて良好です。
수술의 결과는 더할 나위 없이 양호합니다.

極 極 極 極 極 極 極 極 極 極 極 極

0473

給

줄 **급**
N2 총 12 획

음 きゅう　給食 급식 | 給与 급여 | 給料 급료 | 供給 공급 |

支給 지급 | 時給 시급

給食時間は12時半からです。
급식 시간은 열두 시 반부터입니다.

このアルバイトの時給は八百円です。
이 아르바이트의 시급은 팔백 엔입니다.

給 給 給 給 給 給 給 給 給 給 給 給

0474

岐

갈림길 **기**
N1 총 7 획

음 き　岐路 기로, 갈림길 | 多岐 복잡 다단함 | 分岐 분기, 갈림 |

分岐点 분기점

この本は私が人生の岐路に立ったときに役に立
ちました。　이 책은 내가 인생의 기로에 섰을 때 도움이 되었습니다.

道が分岐しています。　길이 갈림으로 되어 있습니다.

岐 岐 岐 岐 岐 岐 岐

훈 さい 埼玉 さいたま 사이타마(지명) | 埼玉県 さいたまけん 사이타마현(지명)

埼玉県は東京の北側にあります。
사이타마현은 도쿄 북쪽에 있습니다.

埼

갑 **기**
N1 총 11획

埼 埼 埼 埼 埼 埼 埼 埼 埼 埼 埼

훈 さき 川崎市 かわさきし 가와사키시(지명) | 宮崎県 みやざきけん 미야자키현(지명) | 宮崎市 みやざきし 미야자키시(지명)

神奈川県の川崎市に住んでいます。
가나가와현의 가와사키시에 살고 있습니다.
宮崎県は暖かいところです。
미야자키현은 따뜻한 곳입니다.

崎

험할 **기**
N1 총 11획

崎 崎 崎 崎 崎 崎 崎 崎 崎 崎 崎

음 き 旗手 기수 | 校旗 교기 | 国旗 국기 | 星条旗 성조기
훈 はた 旗 기, 깃발 | 手旗信号 てばたしんごう 수기 신호

世界には色々な国旗があります。
세계에는 여러 가지 국기가 있습니다.
旗を持った人が横断歩道にいます。
깃발을 든 사람이 횡단보도에 있습니다.

旗

기 **기**
N1 총 14획

旗 旗 旗 旗 旗 旗 旗 旗 旗 旗 旗 旗 旗 旗

0478

器

그릇 기 (器)
N3 총 15 획

음 き 　器具 기구 ｜ 器用 솜씨가 좋음, 손재주가 있음 ｜
楽器 악기 ｜ 食器 식기

훈 うつわ 　器 그릇, 용기, 도구

何か楽器が弾けますか。 할 줄 아는 악기가 있습니까?

おかずを器に盛ります。 반찬을 그릇에 담습니다.

0479

機

베틀 기
N2 총 16 획

음 き 　機会 기회 ｜ 機関 기관 ｜ 危機 위기 ｜ 動機 동기 ｜
飛行機 비행기

훈 はた 　機 베틀 ｜ 機織り 길쌈, 베짜기

機会があったら、日本に行ってみたいです。
기회가 있다면 일본에 가 보고 싶습니다.

機織り機を使って、マフラーを編みました。
직조기를 사용해서 목도리를 짰습니다.

0480

奈

어찌 나
N1 총 8 획

음 な 　奈落 나락, (무대) 밑바닥 ｜ 奈良県 나라현(지명)

俳優が足を踏み外して奈落に落ちました。
배우가 발을 헛디뎌 무대 밑으로 떨어졌습니다.

夏休みに奈良を旅行しました。
여름 방학 때 나라를 여행했습니다.

0481

念

생각 **념**

N3 총 8획

음 ねん 念願 염원, 소원 | 念頭 염두 | 記念 기념 |
残念 유감스러움 | 信念 신념

念願の夢が叶いました。 염원하던 꿈이 이루어졌습니다.

日本で記念写真をたくさん撮りました。
일본에서 기념 사진을 많이 찍었습니다.

| ¹念 | ²念 | ³念 | ⁴念 | ⁵念 | ⁶念 | ⁷念 | ⁸念 | | | |

0482

努

힘쓸 **노**

N2 총 7획

음 ど 努力 노력, 힘씀

훈 つと(める) 努める 노력하다, 힘쓰다

試験のために、努力して勉強します。
시험을 위해 힘내서 공부합니다.

目標達成に努めてください。 목표 달성에 힘써 주세요.

| ¹努 | ²努 | ³努 | ⁴努 | ⁵努 | ⁶努 | ⁷努 | | | | |

0483

単

홑 **단** (單)

N3 총 9획

음 たん 単語 단어, 낱말 | 単純 단순함 | 単独 단독 |
簡単 간단함, 쉬움

単語の意味を辞書で調べます。
사전으로 단어 뜻을 조사합니다.

インスタントラーメンは簡単に作ることが
できます。 인스턴트 라면은 간단하게 만들 수 있습니다.

| ¹単 | ²単 | ³単 | ⁴単 | ⁵単 | ⁶単 | ⁷単 | ⁸単 | ⁹単 | | |

0484

達

통달할 **달** (達)
N2 총 12 획

음 **たつ** 　達人 달인 | 達成 달성 | 達筆 달필, 능필 |
速達 속달, 빠른 우편 | 配達 배달

예외 友達 친구

吉田さんは剣道の達人です。
요시다 씨는 검도의 달인입니다.

書類を速達で送りました。 서류를 빠른 우편으로 보냈습니다.

達 達 達 達 達 達 達 達 達 達 達 達

0485

帯

띠 **대** (帯)
N2 총 10 획

음 **たい** 　帯電 대전(전기를 띰) | 一帯 일대 | 携帯 휴대 |
地帯 지대 | 包帯 붕대

훈 **お(びる), おび** 　帯びる 띠다, 차다 |
帯 오비(기모노의 허리띠), 띠, 허리띠

最近は色々な携帯電話があります。
최근에는 다양한 휴대전화가 있습니다.

帯の結び方を知っていますか。 오비를 매는 방법을 압니까?

帯 帯 帯 帯 帯 帯 帯 帯 帯 帯

0486

隊

무리 **대** (隊)
N1 총 12 획

음 **たい** 　隊員 대원 | 隊列 대열 | 音楽隊 음악대 |
軍楽隊 군악대 | 軍隊 군대 | 除隊 제대 | 部隊 부대

韓国陸軍の軍楽隊の演奏を聞きました。
한국 육군의 군악대 연주를 들었습니다.

兄は去年、軍隊から除隊しました。
형은 작년에 군대에서 제대했습니다.

隊 隊 隊 隊 隊 隊 隊 隊 隊 隊 隊 隊

0487

徳

큰 덕 (德)
N1 총 14획

음 とく 　徳用 덕용, 쓰기 좋고 값이 쌈 ｜ 悪徳 악덕 ｜ 人徳 인덕 ｜
道徳 도덕

スーパーで徳用の洗剤を買いました。
슈퍼에서 싸고 좋은 세제를 샀습니다.

悪徳商法に気をつけてください。 악덕 상술에 주의하세요.

1	2	3	4	5	6	7	8	9	10	11	12	13	14
徳	徳	徳	徳	徳	徳	徳	徳	徳	徳	徳	徳	徳	徳

0488

徒

무리 도
N2 총 10획

음 と 　徒歩 도보 ｜ 徒労 도로, 헛수고 ｜ 信徒 신도 ｜
生徒 중·고등학생

駅まで徒歩五分です。 역까지 도보로 5분입니다.

吉田先生は生徒から人気があります。
요시다 선생님은 학생에게 인기가 있습니다.

1	2	3	4	5	6	7	8	9	10				
徒	徒	徒	徒	徒	徒	徒	徒	徒	徒				

0489

働

일할 동
N3 총 13획

음 どう 　稼働 가동, 기계를 움직임 ｜ 実働 실제로 노동함 ｜
労働 노동

훈 はたら(く) 　働く 일하다 ｜ 共働き 맞벌이

世界各地で五月一日は労働者の日です。
세계 각지에서 5월 1일은 근로자의 날입니다.

姉はデパートで働いています。
언니는 백화점에서 일합니다.

1	2	3	4	5	6	7	8	9	10	11	12	13	
働	働	働	働	働	働	働	働	働	働	働	働	働	

0490

灯

등불 **등** (燈)

N2 총6획

- 음 **とう** 灯台 _{とうだい} 등대 | 灯油 _{とうゆ} 등유 | 街灯 _{がいとう} 가로등 | 電灯 _{でんとう} 전등
- 훈 **ひ** 灯 _ひ 불빛, 등불

ストーブに灯油_{とうゆ}を入_いれます。
난로에 등유를 넣습니다.

夕方_{ゆうがた}になって家々_{いえいえ}に灯_ひがともりました。
저녁이 되자 집집마다 불이 켜졌습니다.

0491

冷

찰 **랭**

N3 총7획

- 음 **れい** 冷気 _{れいき} 냉기 | 冷静 _{れいせい} 냉정 | 冷蔵庫 _{れいぞうこ} 냉장고 | 冷凍 _{れいとう} 냉동 | 冷房 _{れいぼう} 냉방 | 寒冷 _{かんれい} 한랭
- 훈 **つめ(たい), ひ(える), ひ(や), ひ(やす), ひ(やかす), さ(める), さ(ます)**

冷_{つめ}たい 차갑다 | 冷_ひえる 식다, 차가워지다 | 冷_ひややっこ 차가운 두부 요리 | 冷_ひやす 식히다, 차게 하다 | 冷_ひやかす 놀리다, 희롱하다 | 冷_さめる 식다 | 冷_さます 식히다

冷静_{れいせい}に考_{かんが}えてください。
침착하게 생각해 주세요.

冷_ひえたビールがとてもおいしいです。
차가워진 맥주가 무척 맛있습니다.

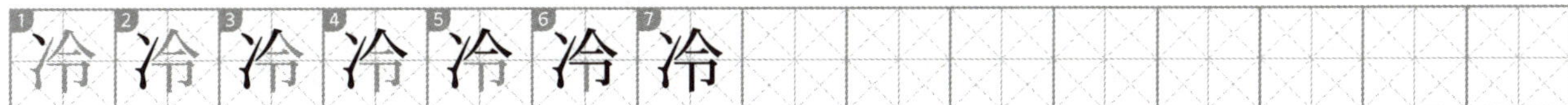

0492

良 어질 **량**
N3 총 7획

음 りょう 良好 양호 | 良心 양심 | 改良 개량 | 不良 불량 |
優良 우량

훈 よ(い) 良い 좋다

この製品は不良品です。
이 제품은 불량품입니다.
今日は天気が良くて、暖かいです。
오늘은 날씨가 좋고 따뜻합니다.

1	2	3	4	5	6	7
良	良	良	良	良	良	良

0493

量 헤아릴 **량**
N3 총 12획

음 りょう 量産 대량 생산, 양산 | 器量 기량 | 質量 질량 |
測量 측량 | 用量 용량, 복용량

훈 はか(る) 量る 재다, 달다

薬を飲むときは用量を守ってください。
약을 먹을 때에는 용량을 지켜 주세요.
体重を量ってみました。
체중을 재 보았습니다.

1	2	3	4	5	6	7	8	9	10	11	12
量	量	量	量	量	量	量	量	量	量	量	量

連

잇닿을 련 (連)
N3 총 10 획

음 れん　連休 연휴 | 連続 연속 | 連絡 연락 | 関連 관련 |
国連 국제 연합, UN

훈 つ(れる), つら(なる), つら(ねる)　連れる 데리고 가다, 동반하다 |
子供連れ 아이 동반 | 連なる 나란히 늘어서 있다 |
連ねる 줄지어 세우다, 늘어놓다

あしたから三連休です。
내일부터 3일간 연휴입니다.
犬を連れて買い物に行きました。
개를 데리고 쇼핑하러 갔습니다.

連 連 連 連 連 連 連 連 連 連

令

하여금 령
N3 총 5 획

음 れい　令嬢 따님 | 号令 호령 | 指令 지령 | 法令 법령 |
命令 명령

学生たちが号令で行進を始めました。
학생들이 호령에 맞추어 행진을 시작했습니다.
上司の命令に従わなければなりません。
상사의 명령에 따라야 합니다.

令 令 令 令 令

4 학년

例

법식 례
N3 총 8획

음 れい 　例外 예외 | 例示 예시 | 例年 예년 | 実例 실례 |
　　　　通例 통례, 관례 | 用例 용례
훈 たと(える)　例える 예를 들다, 비유하다 | 例えば 예를 들어

今年は例年より寒いです。 올해는 예년보다 춥습니다.
面接の準備は、例えば、どんなことをしますか。
예를 들어 면접 준비는 어떤 것을 합니까?

老

늙을 로
N3 총 6획

음 ろう　老後 노후 | 老人 노인 | 敬老 경로 | 長老 장로
훈 お(いる), ふ(ける)　老いる 늙다, 나이를 먹다 |
　　老ける 늙다, 나이를 먹다

九月の第三月曜日は敬老の日です。
9월의 셋째 주 월요일은 경로의 날입니다.
池田さんは年より老けて見えます。
이케다 씨는 나이보다 늙어 보입니다.

労

일할 로 (勞)
N3 총 7획

음 ろう　労働 노동 | 労力 노력 | 過労 과로 | 苦労 고생, 애씀 |
　　疲労 피로

過労で倒れてしまいました。
과로 때문에 쓰러지고 말았습니다.
疲労回復にはドリンクがいいです。
피로 회복에는 드링크가 좋아요.

0499

鹿

사슴 **록**

N1 총 11 획

음 ろく　馴鹿 순록
훈 しか, か　鹿 사슴 | 馬鹿 바보 | 鹿児島県 가고시마현(지명)

トナカイは漢語で「馴鹿」といいます。
토나카이(순록)는 한자어로 '순록(馴鹿)'이라고 합니다.

鹿が草を食べています。
사슴이 풀을 먹고 있습니다.

鹿 鹿 鹿 鹿 鹿 鹿 鹿 鹿 鹿 鹿 鹿

0500

録

기록할 **록** (錄)

N2 총 16 획

음 ろく　録音 녹음 | 録画 녹화 | 記録 기록 | 付録 부록 | 目録 목록

オリンピックの競技を録画します。
올림픽 경기를 녹화합니다.

会議の内容を記録します。
회의 내용을 기록합니다.

録 録 録 録 録 録 録 録 録 録 録 録 録 録 録
録

0501

料

헤아릴 **료**

N4 총 10 획

음 りょう　料金 요금 | 料理 요리 | 飲料 음료 | 材料 재료 | 食料 식량, 식료품 | 無料 무료

母は料理が上手です。 엄마는 요리를 잘합니다.

夕食の材料を買いに行きます。
저녁밥 재료를 사러 갑니다.

料 料 料 料 料 料 料 料 料 料

類

무리 류 (類)
N2 총 18 획

음 るい
るいけい **類型** 유형 | しゅるい **種類** 종류 | しょるい **書類** 서류 | じんるい **人類** 인류 |
ぶんるい **分類** 분류

훈 たぐい
たぐい **類** 같은 부류, 유례

たいせつ しょるい
大切な書類ですから、なくさないでください。
중요한 서류니까 잃어버리지 마세요.

ぶんるい す
ゴミは分類して捨てましょう。
쓰레기는 분류해서 버립시다.

陸

뭍 륙
N2 총 11 획

음 りく
りくじょう **陸上** 육상 | りくち **陸地** 육지 | たいりく **大陸** 대륙 | ちゃくりく **着陸** 착륙

がくせい りくじょうせんしゅ
学生のとき、陸上選手でした。
학생 때 육상 선수였습니다.

てつどう の たいりく おうだん
鉄道に乗って、大陸を横断してみたいです。
철도를 타고 대륙을 횡단해 보고 싶습니다.

0504

輪

바퀴 **륜**
N2 총 15 획

음 **りん** 　輪郭 윤곽 | 輪唱 돌림노래 | 競輪 경륜 |
車輪 차바퀴, 수레바퀴

훈 **わ** 　輪 원형, 고리, 차륜 | 輪切り 둥글게 자름 | 首輪 목걸이 |
指輪 반지

話の輪郭が見えてきました。
이야기의 윤곽이 보이기 시작했습니다.

玉ねぎを輪切りにします。 양파를 둥글게 썹니다.

輪 輪 輪 輪 輪 輪 輪 輪 輪 輪 輪 輪 輪 輪 輪

0505

利

이로울 **리**
N2 총 7 획

음 **り** 　利益 이익 | 利用 이용 | 権利 권리 | 勝利 승리 |
便利 편리함 | 有利 유리

훈 **き(く)** 　利く 효력이 있다, 듣다 | 左利き 왼손잡이 |
右利き 오른손잡이

地下鉄ができて便利になりました。
지하철이 생겨서 편리해졌습니다.

彼は融通が利きません。 그는 융통성이 없습니다.

利 利 利 利 利 利 利

0506

梨

배나무 **리**
N1 총 11 획

음 **り** 　梨園 가부키(歌舞伎)의 세계
훈 **なし** 　梨 배 | 山梨県 야마나시현(지명)

歌舞伎の世界を「梨園」といいます。
가부키의 세계를 '이원'이라고 합니다.

山梨県はぶどうが有名です。
야마나시현은 포도가 유명합니다.

梨 梨 梨 梨 梨 梨 梨 梨 梨 梨 梨

0507

満

찰 **만** (滿)
N2 총 12획

- **음** まん 　満員 만원 | 満足 만족 | 円満 원만 | 不満 불만 | 未満 미만
- **훈** み(ちる), み(たす) 　満ちる 차다, 가득하다 | 満ち潮 만조, 밀물 | 満たす 채우다, 만족시키다

不満があれば言ってください。 불만이 있으면 말해 주세요.

潮が満ちてきました。 밀물이 차 올랐습니다.

0508

末

끝 **말**
N3 총 5획

- **음** まつ, ばつ 　末日 말일 | 結末 결말 | 月末 월말 | 週末 주말
- **훈** すえ 　末 끝, 아래 | 末っ子 막내

週末は何をしますか。 주말에는 무엇을 합니까?

私は三人兄弟の末っ子です。 나는 삼형제 중 막내입니다.

0509

望

바랄 **망**
N2 총 11획

- **음** ぼう, もう 　望遠鏡 망원경 | 望郷 망향 | 希望 희망 | 展望 전망 | 本望 본래의 희망, 숙원
- **훈** のぞ(む) 　望む 바라다, 원하다, 바라보다 | 望み 소망, 소원, 전망

父が望遠鏡を買ってくれました。
아버지가 망원경을 사 주셨습니다.

いつか望みが叶えばいいと思います。
언젠가 소원이 이루어지면 좋겠다고 생각합니다.

☐ ☐

0510

梅

매화 매 (梅)
N1 총 10획

- 음 **ばい** 梅雨・梅雨 장마 | 梅林 매림, 매화나무 숲 |
  紅梅 홍매(붉은 빛깔의 매실), 자홍색 |
  松竹梅 송죽매(추위에 잘 견디는 소나무, 대나무, 매화나무를 일컬음)
- 훈 **うめ** 梅 매실 | 梅酒 매실주 | 梅干 매실 장아찌

梅雨が長くて困ります。 장마가 길어서 힘듭니다.

梅酒を作りました。 매실주를 담갔습니다.

1	2	3	4	5	6	7	8	9	10		
梅	梅	梅	梅	梅	梅	梅	梅	梅	梅		

☐ ☐

0511

牧

칠 목
N1 총 8획

- 음 **ぼく** 牧師 목사(개신교 성직자) | 牧場 목장 | 放牧 방목 |
  遊牧 유목
- 훈 **まき** 牧場 목장

モンゴルには遊牧民がいます。
몽골에는 유목민이 있습니다.

牧場で馬に乗りました。 목장에서 말을 탔습니다.

1	2	3	4	5	6	7	8				
牧	牧	牧	牧	牧	牧	牧	牧				

☐ ☐

0512

無

없을 무
N3 총 12획

- 음 **む, ぶ** 無理 무리 | 無料 무료 | 有無 유무 |
  皆無 전무, 전혀 없음 | 無事 무사함
- 훈 **な(い)** 無い 없다

小学生は無料です。 초등학생은 무료입니다.

免許が無いので、車の運転ができません。
면허가 없어서 차를 운전하지 못합니다.

1	2	3	4	5	6	7	8	9	10	11	12
無	無	無	無	無	無	無	無	無	無	無	無

0513

未

아닐 **미**
N3 총 5획

음 み 　未熟 미숙 | 未定 미정 | 未満 미만 | 未来 미래

休暇は、まだ未定です。 휴가는 아직 미정입니다.
19歳未満はお酒を飲んではいけません。
19세 미만은 술을 마시면 안 됩니다.

未 未 未 未 未

0514

民

백성 **민**
N3 총 5획

음 みん 　民主主義 민주주의 | 民族 민족 | 国民 국민 |
市民 시민 | 住民 주민 | 農民 농민
훈 たみ 　民 국민, 백성

相撲は日本国民に人気があります。
스모는 일본 국민에게 인기가 있습니다.
政治家は民の声を聞かなければなりません。
정치가는 국민의 목소리를 들어야만 합니다.

民 民 民 民 民

0515

博

넓을 **박** (博)
N1 총 12획

음 はく, ばく 　博識 박식 | 博物館 박물관 | 博覧会 박람회 |
博労 마소의 거간꾼
예외 博士・博士 박사

週末、博物館に行きました。
주말에 박물관에 갔습니다.
博士課程に進学することに決めました。
박사 과정에 진학하기로 결정했습니다.

博 博 博 博 博 博 博 博 博 博 博 博

0516

飯

밥 반 (飯)
N4 총 12 획

□ □

음 はん　飯盒 반합(군인이나 등산객이 사용하는 밥 그릇) | ご飯 밥 |
赤飯 팥밥 | 夕飯 저녁밥 | 残飯 잔반, 남은 밥
훈 めし　飯 밥 | 麦飯 보리밥 | 焼き飯 볶음밥

今日の夕飯はカレーです。
오늘 저녁은 카레입니다.
食堂で焼き飯を食べました。
식당에서 볶음밥을 먹었습니다.

1	2	3	4	5	6	7	8	9	10	11	12
飯	飯	飯	飯	飯	飯	飯	飯	飯	飯	飯	飯

0517

法

법 법
N3 총 8 획

□ □

음 ほう, はっ, ほっ　法則 법칙 | 法律 법률 | 文法 문법 |
方法 방법 | 法度 법도 | 法相宗 법상종(불교 종파)

大学で法律を勉強しています。
대학에서 법률을 공부하고 있습니다.
日本語の文法を教えてください。
일본어 문법을 가르쳐 주세요.

1	2	3	4	5	6	7	8
法	法	法	法	法	法	法	法

0518

辺

가 변 (邊)
N2 총 5 획

□ □

음 へん　辺境 변경 | 周辺 주변 | 身辺 신변 | 底辺 저변, 밑변
훈 あた(り), べ　辺り 근처, 주위 | 海辺 해변, 바닷가 | 窓辺 창가

家の周辺には畑があります。
집 주변에는 밭이 있습니다.
窓辺に花を飾りましょう。
창가에 꽃을 장식합시다.

1	2	3	4	5
辺	辺	辺	辺	辺

0519

変
변할 **변** (變)
N3 총 9획

음 **へん** 変化 변화 | 変更 변경 | 異変 이변 |
大変 큰일, 대단함, 중요함

훈 **か(わる), か(える)** 変わる 변하다, 바뀌다 |
変える 바꾸다, 변화시키다

大変、お世話になりました。 대단히 신세 많이 졌습니다.

あしたの予定が変わりました。
내일 예정이 바뀌었습니다.

変 変 変 変 変 変 変 変 変

0520

別
나눌 **별**
N4 총 7획

음 **べつ** 別紙 별지 | 別名 별명 | 区別 구별 | 差別 차별 |
送別 송별 | 特別 특별

훈 **わか(れる)** 別れる 헤어지다, 이별하다

詳しい内容は別紙を見てください。
자세한 내용은 별지를 봐 주세요.

去年、彼氏と別れました。
작년에 남자친구와 헤어졌습니다.

別 別 別 別 別 別 別

0521

兵

군사 **병**
N2 총 7획

음 **へい, ひょう** 兵役 병역 | 兵士 병사 | 核兵器 핵무기 |
歩兵 보병, 졸병 | 兵糧 병량, 군량

韓国には兵役の義務があります。
한국에는 병역의 의무가 있습니다.

核兵器がなくなればいいと思います。
핵무기가 없어지면 좋겠습니다.

兵 兵 兵 兵 兵 兵 兵

0522

夫

지아비 부
N3 총 4 획

음 ふ, ふう 夫妻 부부 | 夫人 부인(남의 아내에 대한 높임말) | 農夫 농부 | 夫婦 부부 | 工夫 궁리

훈 おっと 夫 남편

夫婦で旅行に行きました。 부부끼리 여행을 갔습니다.
夫は銀行で働いています。 남편은 은행에서 일합니다.

夫 夫 夫 夫

0523

付

줄 부
N3 총 5 획

음 ふ 付近 부근, 근처 | 付与 부여 | 寄付 기부 | 交付 교부 | 添付 첨부

훈 つ(く), つ(ける) 付く 붙다, 묻다 | 付ける 붙이다, 대다 | 受付 접수

この付近に郵便局はありませんか。
이 근처에 우체국은 없습니까?
店員が値札を付けています。
점원이 가격표를 붙이고 있습니다.

付 付 付 付 付

0524

府

마을 부
N2 총 8 획

음 ふ 府庁 부청 | 京都府 교토 부 | 政府 정부 | 内閣府 내각부 | 幕府 막부

政府が政策方針を発表しました。
정부가 정책 방침을 발표했습니다.
大阪と京都には府庁があります。
오사카와 교토에는 부청이 있습니다.

府 府 府 府 府 府 府 府

阜

언덕 **부**
N1 총 8획

음 ふ　岐阜県 기후현(지명) ｜ 岐阜市 기후시(지명)

岐阜県は海に面していません。
기후현은 바다에 면해 있지 않습니다.

副

버금 **부**
N2 총 11획

음 ふく　副会長 부회장 ｜ 副業 부업 ｜ 副作用 부작용 ｜
副詞 부사

新しい学生会の副会長が決まりました。
새로운 학생회의 부회장이 결정됐습니다.

薬の副作用に注意してください。
약의 부작용에 주의해 주세요.

富

부유할 **부**
N2 총 12획

음 ふ, ふう　富強 부강 ｜ 富豪 부호 ｜ 富裕 부유 ｜ 貧富 빈부 ｜
豊富 풍부 ｜ 富貴 부귀

훈 と(む), とみ　富む 넉넉해지다, 부자가 되다, 풍부하다 ｜
富 부, 재산, 자원

貧富の差が激しいです。 빈부 격차가 심합니다.

宮崎さんはいつもユーモアに富んだ話をします。
미야자키 씨는 늘 유머로 가득한 이야기를 합니다.

0528

음 ふ, ぶ　不安 불안 | 不幸 불행 | 不思議 불가사의함 |
不祥事 불상사 | 不正 부정 | 不足 부족 | 不当 부당 |
不動産 부동산 | 不良 불량 | 不用心 주의가 부족함

不
아닐 불(부)
N4 총 4획

将来のことが不安です。 장래가 불안합니다.

お金が不足しています。 돈이 부족합니다.

不 不 不 不 不

0529

음 ひ　飛行機 비행기 | 飛車 차(일본 장기) | 飛躍 비약 |
突飛 엉뚱함, 별남

훈 と(ぶ), と(ばす)　飛ぶ 날다 | 飛び魚 날치 | 飛ばす 날리다

飛
날 비
N2 총 9획

飛行機は午後一時に出発します。
비행기는 오후 한 시에 출발합니다.

ハチが飛んでいます。 벌이 날고 있습니다.

飛 飛 飛 飛 飛 飛 飛 飛 飛

0530

음 し　司会 사회 | 司法 사법 | 上司 상사

司
맡을 사
N1 총 5획

今日の司会は山本さんです。
오늘의 사회는 야마모토 씨입니다.

上司の許可を得ました。 상사의 허가를 받았습니다.

司 司 司 司 司

辞

말씀 사 (辭)
N2 총13획

음 じ 辞書 사전 | 辞職 사직 | 辞典 사전 | 辞令 사령 | 祝辞 축사

훈 や(める) 辞める 사직하다, 그만두다

試験で辞書を使ってもいいです。
시험에서 사전을 사용해도 좋습니다.

兄が会社を辞めてしまいました。
형이 회사를 그만두었습니다.

辞 辞 辞 辞 辞 辞 辞 辞 辞 辞 辞 辞 辞

産

낳을 산
N3 총11획

음 さん 産業 산업 | 産地 산지 | 出産 출산 | 生産 생산 | 倒産 도산

훈 う(む), う(まれる), うぶ 産む 낳다 | 産まれる 태어나다 | 産声 갓난아기의 첫 울음소리

예외 お土産 기념품, 여행 선물

この工場は車の部品を生産しています。
이 공장은 차의 부품을 생산하고 있습니다.

ニワトリが卵を産みました。
닭이 알을 낳았습니다.

産 産 産 産 産 産 産 産 産 産 産

0533

散

흘을 산
N2 총 12 획

음 **さん**　**散文** 산문 ｜ **散歩** 산책 ｜ **解散** 해산 ｜ **発散** 발산

훈 **ち(る), ち(らす), ち(らかす), ち(らかる)**　**散る** 흩어지다, 떨어지다 ｜ **散らす** 흩뜨리다, 분산시키다 ｜ **散らかす** 흩뜨리다, 어지르다 ｜ **散らかる** 흩어지다, 널브러지다

カラオケでストレスを発散しました。
노래방에서 스트레스를 발산했습니다.

桜が散ってしまいました。　벚꽃이 떨어지고 말았습니다.

散 散 散 散 散 散 散 散 散 散 散 散

0534

席

자리 석
N3 총 10 획

음 **せき**　**席次** 석차, 자리 순서, 성적 순위 ｜ **座席** 좌석 ｜ **主席** 주석 ｜ **出席** 출석 ｜ **着席** 착석

講座に毎日、出席します。　매일 강좌에 출석합니다.

式が始まりますので、着席してください。
식이 시작되므로 착석해 주세요.

席 席 席 席 席 席 席 席 席 席

0535

潟

개펄 석
N1 총 15 획

음 **かた**　**干潟** 갯벌 ｜ **新潟県** 니가타현(지명) ｜ **新潟市** 니가타시(지명)

干潟であさりをとりました。　갯벌에서 바지락을 캤습니다.

新潟県は米がおいしい所です。
니가타현은 쌀이 맛있는 곳입니다.

潟 潟 潟 潟 潟 潟 潟 潟 潟 潟 潟 潟 潟 潟 潟

選

가릴 선 (選)
N3 총 15획

음 せん　選挙 선거 | 選手 선수 | 選択 선택 | 当選 당선 | 予選 예선

훈 えら(ぶ)　選ぶ 선택하다, 고르다

あしたは予選試合があります。
내일은 예선 시합이 있습니다.

スタイルを選んでください。
스타일을 골라 주세요.

選選選選選選選選選選選選選選選

説

말씀 설/달랠 세 (説)
N3 총 14획

음 せつ, ぜい　説得 설득 | 説明 설명 | 演説 연설 | 解説 해설 | 小説 소설 | 遊説 유세

훈 と(く)　説く 설명하다, 설득하다 | 口説く 설득하다, 호소하다, 부탁하다

木村先生の説明はいつも分かりやすいです。
기무라 선생님의 설명은 언제나 이해하기 쉽습니다.

お坊さんが人の道理を説きました。
스님이 사람의 도리를 설명했습니다.

説説説説説説説説説説説説説説

成

0538

이룰 성
N3 총6획

- **음** せい, じょう　成功 성공 | 成績 성적 | 作成 작성 | 賛成 찬성 | 成就 성취
- **훈** な(る), な(す)　成る 이루어지다, 되다 | 成り行き 되어가는 과정, 경과 | 成す 이루다, 달성하다

今学期の成績はとてもよかったです。
이번 학기의 성적은 아주 좋았습니다.

今後の成り行きを見守ってください。
앞으로의 경과를 지켜봐 주세요.

成 成 成 成 成 成

省

0539

살필 성/덜 생
N2 총9획

- **음** せい, しょう　帰省 귀성, 귀향 | 反省 반성 | 省略 생략 | 法務省 법무성
- **훈** はぶ(く), かえり(みる)　省く 생략하다, 간단히 하다 | 省みる 돌이켜보다, 반성하다

細かい説明は省略します。　자세한 설명은 생략하겠습니다.

自分のしたことを省みてください。
자신이 한 일을 돌이켜보세요.

省 省 省 省 省 省 省 省 省

城

0540

성 성
N2 총9획

- **음** じょう　城郭 성곽 | 城壁 성벽 | 城門 성문 | 王城 왕성 | 宮城 궁궐 | 築城 축성
- **훈** しろ　城 성 | 城跡 성지, 성터

大きい城門があります。　큰 성문이 있습니다.

城を見物しました。　성을 구경했습니다.

城 城 城 城 城 城 城 城 城

[/ 20]

■ 밑줄 친 한자를 바르게 읽은 것을 고르시오.

1　デパートの地下には商店街があります。
① さんてんが　　② さんてんがい　　③ しょうてんが　　④ しょうてんがい

2　田村さんは知識が豊富です。
① ほんふ　　② ほんぷ　　③ ほうふ　　④ ほうぷ

3　来月、大統領選挙があります。
① せんきょ　　② せんこ　　③ そんきょ　　④ そんこ

4　辞書を使って意味を調べました。
① さしょ　　② さそ　　③ じしょ　　④ じそ

5　ここから見る景色はきれいです。
① けいしき　　② けしき　　③ けいしょく　　④ けしょく

6　小説を読むのが好きです。
① しょうせつ　　② そせつ　　③ しょうせい　　④ そせい

7　これは日本固有の植物です。
① こう　　② こうう　　③ こゆう　　④ こうゆう

8　薬を飲んだら副作用で眠くなりました。
① ふさよう　　② ふくさよう　　③ ふさくよう　　④ ふくさくよう

9　友達との約束を果たして、うれしいです。
① はたして　　② きたして　　③ いたして　　④ ひたして

10　韓国政府が日本に大使を送りました。
① じょうぶ　　② じょうふ　　③ せいぶ　　④ せいふ

11 <ruby>福祉<rt>ふくし</rt></ruby>に<ruby>関<rt>か</rt></ruby>わる<ruby>仕事<rt>しごと</rt></ruby>がしたいです。
① かかわる　　② こだわる　　③ たずさわる　　④ かんわる

12 これは<ruby>残飯<rt></rt></ruby>を<ruby>土<rt>つち</rt></ruby>にする<ruby>機械<rt>きかい</rt></ruby>です。
① さんぱん　　② さんはん　　③ ざんぱん　　④ ざんはん

13 このプロジェクトは<ruby>極秘<rt></rt></ruby>です。
① きょくひ　　② きょくぴ　　③ ごくひ　　④ ごくぴ

14 <ruby>無事<rt></rt></ruby>に<ruby>頂上<rt>ちょうじょう</rt></ruby>まで<ruby>登<rt>のぼ</rt></ruby>ることができました。
① むじ　　② ぶじ　　③ むさ　　④ ぶさ

15 <ruby>来年<rt>らいねん</rt></ruby>のことを<ruby>念頭<rt></rt></ruby>に<ruby>置<rt>お</rt></ruby>いて、<ruby>仕事<rt>しごと</rt></ruby>します。
① ねんず　　② ねんとう　　③ えんず　　④ えんとう

16 <ruby>望遠鏡<rt></rt></ruby>で<ruby>月<rt>つき</rt></ruby>を<ruby>観察<rt>かんさつ</rt></ruby>しました。
① まんおんきょう　　　　　② ぼうおんきょう
③ まんえんきょう　　　　　④ ぼうえんきょう

17 <ruby>帯<rt></rt></ruby>を<ruby>結<rt>むす</rt></ruby>ぶのは<ruby>難<rt>むずか</rt></ruby>しいです。
① そで　　② えり　　③ おび　　④ すそ

18 <ruby>潮<rt>しお</rt></ruby>が<ruby>満<rt>み</rt></ruby>ちてきました。
① みちて　　② おちて　　③ くちて　　④ まちて

19 <ruby>田中<rt>たなか</rt></ruby>さんの<ruby>説明<rt>せつめい</rt></ruby>に<ruby>納得<rt>なっとく</rt></ruby>がいきません。
① ぜちめい　　② ぜつめい　　③ せちめい　　④ せつめい

20 <ruby>敬老<rt></rt></ruby>の<ruby>日<rt>ひ</rt></ruby>に、<ruby>祖母<rt>そぼ</rt></ruby>に<ruby>会<rt>あ</rt></ruby>いに<ruby>行<rt>い</rt></ruby>きました。
① きょうろう　　② けいろう　　③ きょうろ　　④ けいろ

[　　/ 20]

■ 밑줄 친 히라가나를 한자로 바르게 적은 것을 고르시오.

1　去年のことをおぼえていますか。
　　① 党えて　　　② 覚えて　　　③ 冤えて　　　④ 冗えて

2　市内にはしろあとがあります。
　　① 域跳　　　② 城跳　　　③ 域跡　　　④ 城跡

3　毎日、けんこうのために運動をしています。
　　① 健康　　　② 健庚　　　③ 建康　　　④ 建庚

4　アイドルの前に人がむらがっています。
　　① 詳がって　　② 郵がって　　③ 群がって　　④ 郡がって

5　けいりんの選手がトレーニングをしています。
　　① 鏡論　　　② 鏡輪　　　③ 競論　　　④ 競輪

6　たくさんの韓国人が世界にひやくして、活動しています。
　　① 飛曜　　　② 飛躍　　　③ 舞曜　　　④ 舞躍

7　円のちょっけいは十センチです。
　　① 置経　　　② 置径　　　③ 直経　　　④ 直径

8　テストではふせいをしてはいけません。
　　① 不正　　　② 下正　　　③ 不止　　　④ 下止

9　トランペットはかんがっきです。
　　① 管楽機　　② 管楽器　　③ 官楽器　　④ 官楽機

10　たいへん、お世話になりました。
　　① 犬変　　　② 犬恋　　　③ 大変　　　④ 大恋

11 本を読んでどうとくを身につけます。
① 同徳　　② 同得　　③ 道徳　　④ 道得

12 今年三月にはかせ課程を修了しました。
① 専土　　② 専士　　③ 博土　　④ 博士

13 ひんぷの差が問題になっています。
① 貧富　　② 貧福　　③ 資富　　④ 資福

14 高速道路のぶんき点では注意してください。
① 分埼　　② 分岐　　③ 分崎　　④ 分奇

15 世界には色々なこっきがあります。
① 図施　　② 図旗　　③ 国施　　④ 国旗

16 宇宙船が月にちゃくりくしました。
① 看陸　　② 看睦　　③ 着陸　　④ 着睦

17 今年12月に弟がじょたいします。
① 除隊　　② 徐隊　　③ 除豚　　④ 徐豚

18 かろうで倒れてしまいました。
① 過労　　② 過栄　　③ 週労　　④ 週栄

19 夜道にでんとうがともりました。
① 雷炒　　② 電炒　　③ 雷灯　　④ 電灯

20 工場では車の部品をりょうさんしています。
① 量産　　② 良産　　③ 量生　　④ 良生

4
초등학교
학년 한자 ②

笑	巣	焼	束	続	孫	松	刷	順	縄
웃을 소	새집 소	사를 소	묶을 속	이을 속	손자 손	소나무 송	인쇄할 쇄	순할 순	노끈 승
試	臣	信	失	氏	児	芽	案	愛	約
시험할 시	신하 신	믿을 신	잃을 실	성씨 씨	아이 아	싹 아	책상 안	사랑 애	맺을 약
養	漁	億	然	熱	塩	英	栄	芸	完
기를 양	고기 잡을 어	억 억	그럴 연	더울 열	소금 염	꽃부리 영	영화 영	재주 예	완전할 완
要	浴	勇	熊	媛	願	位	泣	衣	議
요긴할 요	목욕할 욕	날랠 용	곰 웅	미인 원	원할 원	자리 위	울 읍	옷 의	의논할 의
以	印	茨	滋	昨	残	材	争	低	底
써 이	도장 인	가시나무 자	불을 자	어제 작	남을 잔	재목 재	다툴 쟁	낮을 저	밑 저
的	積	伝	典	戦	折	節	井	静	兆
과녁 적	쌓을 적	전할 전	법 전	싸움 전	꺾을 절	마디 절	우물 정	고요할 정	조 조
照	卒	種	佐	周	仲	差	借	札	察
비칠 조	마칠 졸	씨 종	도울 좌	두루 주	버금 중	다를 차	빌릴 차	편지 찰	살필 찰
参	倉	唱	菜	浅	清	初	最	祝	沖
참여할 참	곳집 창	부를 창	나물 채	얕을 천	맑을 청	처음 초	가장 최	빌 축	화할 충
側	治	置	特	阪	敗	便	包	票	標
곁 측	다스릴 치	둘 치	특별할 특	언덕 판	패할 패	편할 편	쌀 포	표 표	표할 표
必	賀	害	香	験	協	好	貨	栃	候
반드시 필	하례할 하	해할 해	향기 향	시험 험	화합할 협	좋을 호	재물 화	상수리나무 회	기후 후
訓	希								
가르칠 훈	바랄 희								

笑

웃을 **소**
N3 총 10 획

음 しょう　苦笑 고소, 쓴웃음 ｜ 談笑 담소 ｜ 微笑 미소 ｜ 冷笑 냉소

훈 わら(う), え(む)　笑う 웃다 ｜ 笑む 미소짓다, 생긋이 웃다 ｜
笑顔 웃는 얼굴 ｜ 微笑み 미소

会談は談笑で始まりました。
회담은 담소로 시작되었습니다.

赤ちゃんが笑っています。
아기가 웃고 있습니다.

1	2	3	4	5	6	7	8	9	10
笑	笑	笑	笑	笑	笑	笑	笑	笑	笑

巣

새집 **소** (巣)
N1 총 11 획

음 そう　巣窟 소굴 ｜ 病巣 병소, 병원균이 있는 곳 ｜ 卵巣 난소

훈 す　巣 집, 둥지, 소굴 ｜ 巣立つ 보금자리를 떠나다, 자립하다 ｜
巣箱 사람이 만들어서 달아두는 상자, 둥우리 상자 ｜
空き巣 빈 둥지, 빈집

卵巣癌の検診を受けました。
난소암 검진을 받았습니다.

木の上に鳥の巣があります。
나무 위에 새 둥지가 있습니다.

1	2	3	4	5	6	7	8	9	10	11
巣	巣	巣	巣	巣	巣	巣	巣	巣	巣	巣

0543

焼

사를 소 (燒)
N2 총 12 획

- **음** しょう　焼却 소각 | 焼酎 소주 | 全焼 전소 | 燃焼 연소
- **훈** や(く), や(ける)　焼く 태우다, 굽다 | 焼ける 타다, 구워지다 |
日焼け 햇볕에 그을림 |
お好み焼き 오코노미야키(밀가루에 기호에 따라 고기, 야채 등을
넣고 지진 요리)

韓国人は焼酎をよく飲みます。
한국인은 소주를 즐겨 마십니다.

夕食は魚を焼いて食べました。
저녁밥으로는 생선을 구워 먹었습니다.

焼	焼	焼	焼	焼	焼	焼	焼	焼	焼	焼	焼			

0544

束

묶을 속
N2 총 7 획

- **음** そく　束縛 속박 | 結束 결속 | 拘束 구속, 얽맴 | 約束 약속
- **훈** たば　束 다발, 묶음 | 札束 지폐 다발, 돈뭉치 | 花束 꽃다발

三時に約束があります。
세 시에 약속이 있습니다.

卒業生に花束を贈りました。
졸업생에게 꽃다발을 주었습니다.

束	束	束	束	束	束	束								

続

이을 속 (續)
N2 총 13획

음 ぞく 続出 속출 | 続行 속행 | 継続 계속 | 持続 지속 | 接続 접속 | 連続 연속

훈 つづ(く), つづ(ける) 続く 계속되다, 잇따르다 | 手続き 절차, 수속 | 続ける 계속하다, 잇다

インターネットの接続ができません。
인터넷 접속이 되지 않습니다.

雨が降っても、マラソン大会は続きました。
비가 내려도 마라톤 대회는 계속되었습니다.

1	2	3	4	5	6	7	8	9	10	11	12	13
続	続	続	続	続	続	続	続	続	続	続	続	続

孫

손자 손
N3 총 10획

음 そん 外孫 외손 | 皇孫 황손 | 子孫 자손 | 曾孫 증손

훈 まご 孫 손자, 손주 | 孫の手 등긁이, 효자손

中村家は子孫が多いです。
나카무라 집안은 자손이 많습니다.

両親に初めての孫ができました。
부모님께 첫 손주가 생겼습니다.

1	2	3	4	5	6	7	8	9	10
孫	孫	孫	孫	孫	孫	孫	孫	孫	孫

0547

松

소나무 송
N1 총8획

음 しょう 松竹梅 송죽매(추위에 잘 견디는 소나무, 대나무, 매화나무)

훈 まつ 松 소나무 | 松茸 송이버섯 | 松葉杖 목발 |
門松 가도마쓰(새해에 문 앞에 장식하는 소나무)

箱に松竹梅の飾りがついています。
상자에 송죽매 장식이 붙어 있습니다.

日本では松茸がとても人気があります。
일본에서는 송이버섯이 매우 인기가 있습니다.

1	2	3	4	5	6	7	8
松	松	松	松	松	松	松	松

0548

刷

인쇄할 쇄
N2 총8획

음 さつ 刷新 쇄신 | 印刷 인쇄 | 縮刷 축쇄 | 増刷 증쇄

훈 す(る) 刷る 인쇄하다, 박다

この紙に印刷してください。
이 종이에 인쇄해 주세요.

チラシを千枚刷りました。
광고지를 천 장 인쇄했습니다.

1	2	3	4	5	6	7	8
刷	刷	刷	刷	刷	刷	刷	刷

0549

順

순할 순
N3 총12획

음 じゅん 順位 순위 | 順調 순조로움 | 順番 순서 | 語順 어순

日本チームの順位は三位でした。
일본 팀의 순위는 3위였습니다.

順番を守ってください。 순서를 지켜 주세요.

1	2	3	4	5	6	7	8	9	10	11	12
順	順	順	順	順	順	順	順	順	順	順	順

4 학년

縄

노끈 승
N1 총 15 획

- **음** じょう 縄文時代 조몬시대(일본의 신석기 시대) | 自縄自縛 자승자박(자기가 한 말과 행동에 자기자신이 곤란해지는 일)
- **훈** なわ 縄 새끼줄, 밧줄 | 縄跳び 줄넘기 | 沖縄県 오키나와현(지명)

縄文時代は約一万年続きました。
조몬시대는 약 만 년 계속되었습니다.

健康のために毎朝、縄跳びをします。
건강을 위해서 매일 아침 줄넘기를 합니다.

1	2	3	4	5	6	7	8	9	10	11	12	13	14	15
縄	縄	縄	縄	縄	縄	縄	縄	縄	縄	縄	縄	縄	縄	縄

試

시험할 시
N4 총 13 획

- **음** し 試合 시합 | 試験 시험 | 試着 시착, 옷이 몸에 맞는지 입어 봄 | 試練 시련 | 入試 입시
- **훈** ため(す), こころ(みる) 試す 시험하다 | 試みる 시도하다, 시험하다

あしたは英語の試験があります。
내일은 영어 시험이 있습니다.

この薬を試してみてください。 이 약을 시험해 보세요.

1	2	3	4	5	6	7	8	9	10	11	12	13
試	試	試	試	試	試	試	試	試	試	試	試	試

臣

신하 신
N3 총 7 획

- **음** しん, じん 臣下 신하 | 君臣 군신 | 忠臣 충신 | 大臣 대신, 장관

王様のそばに臣下がいます。 임금님 곁에 신하가 있습니다.

日本の外務大臣が韓国へ来ました。
일본의 외무부 장관이 한국에 왔습니다.

1	2	3	4	5	6	7
臣	臣	臣	臣	臣	臣	臣

0553

민을 **신**
N3 총 9 획

- 음 **しん** 信仰 신앙 | 信号 신호 | 信じる 믿다 | 信頼 신뢰 | 自信 자신 | 通信 통신

信号をよく見て、運転してください。
신호를 잘 보고 운전해 주세요.

そのニュースは信じられません。
그 뉴스는 믿을 수 없습니다.

信 信 信 信 信 信 信 信 信

0554

失

잃을 **실**
N3 총 5 획

- 음 **しつ** 失敗 실패 | 失恋 실연 | 過失 과실 | 消失 소실 | 損失 손실
- 훈 **うしな(う)** 失う 잃다, 상실하다 | 見失う 보고 있던 것을 놓치다, 잃다

友達が失恋しました。 친구가 실연했습니다.

父が気を失って、倒れました。
아버지가 정신을 잃고 쓰러졌습니다.

失 失 失 失 失

0555

氏

성씨 **씨**
N1 총 4 획

- 음 **し** 氏族 씨족 | 氏名 씨명, 성명 | 彼氏 남자친구
- 훈 **うじ** 氏 씨, 성, 씨족 | 氏神 씨족 신, 그 고장의 수호신 | 氏子 같은 수호신을 받드는 사람들

私の彼氏はアメリカ人です。 내 남자친구는 미국인입니다.

田舎の町では氏神を祭っています。
시골 마을에서는 그 고장의 수호신을 신으로 받들어 모십니다.

氏 氏 氏 氏

0556

児

아이 **아** (児)
N3 총 7획

음 じ, に　児童 아동 | 育児 육아 | 幼児 유아, 어린이 |
小児科 소아과

育児に積極的な男性が増えました。
육아에 적극적인 남성이 늘었습니다.

子どもを小児科に連れて行きました。
아이를 소아과에 데리고 갔습니다.

児児児児児児児

0557

芽

싹 **아**
N1 총 8획

음 が　麦芽 맥아, 엿기름 | 発芽 발아 | 萌芽 새싹, 싹이 틈
훈 め　芽 싹 | 芽生える 싹트다, 움트다 | 新芽 새싹, 새순

発芽の様子を観察します。
발아되는 모습을 관찰합니다.

ひまわりが芽を出しました。
해바라기가 싹을 냈습니다.

芽芽芽芽芽芽芽芽

0558

案

책상 **안**
N1 총 10획

음 あん　案外 예상 외, 의외 | 案じる 염려하다, 걱정하다 |
案内 안내 | 提案 제안 | 答案 답안

案内所で道を聞きました。
안내소에서 길을 물었습니다.

答案用紙はここに出してください。
답안 용지는 여기에 내 주세요.

案案案案案案案案案案

0559

愛
사랑 애
N3 총 13 획

음 **あい** 愛する 사랑하다 | 愛情 애정 | 愛想 붙임성 | 愛着 애착 | 親愛 친애 | 恋愛 연애

金先生は愛情あふれる先生です。
김 선생님은 애정이 넘치는 선생님입니다.

私は加藤さんを愛しています。 나는 가토 씨를 사랑합니다.

0560

約
맺을 약
N3 총 9 획

음 **やく** 約束 약속 | 契約 계약 | 公約 공약 | 節約 절약 | 要約 요약 | 予約 예약

会社と契約書を交わしました。
회사와 계약서를 교환했습니다.

レストランを予約しておきましょう。
레스토랑을 예약해 둡시다.

0561

養
기를 양
N1 총 15 획

음 **よう** 養育 양육 | 養殖 양식 | 養成 양성 | 栄養 영양 | 教養 교양

훈 **やしな(う)** 養う 양육하다, 기르다

目にいい栄養の食べ物は何ですか。
눈에 좋은 영양이 든 음식은 무엇입니까?

牧場でブタを養っています。
목장에서 돼지를 기르고 있습니다.

0562

漁

고기 잡을 **어**
N2 총 14획

음 **ぎょ, りょう**　漁業 어업 | 漁場 어장 | 漁船 어선 | 漁師 어부

港に漁船がとまっています。
항구에 어선이 서 있습니다.

父は漁師です。　아빠는 어부입니다.

漁 漁 漁 漁 漁 漁 漁 漁 漁 漁 漁 漁 漁 漁

0563

億

억 **억**
N2 총 15획

음 **おく**　億万長者 억만장자 | 一億 1억 | 数億 수억

日本には約一億三千万人の人が住んでいます。
일본에는 약 1억 3천만 명의 사람이 살고 있습니다.

都心で家を建てるには数億円かかります。
도심에서 집을 지으려면 수억 엔이 듭니다.

億 億 億 億 億 億 億 億 億 億 億 億 億 億 億

0564

然

그럴 **연**
N2 총 12획

음 **ぜん, ねん**　自然 자연 | 全然 전혀, 조금도 | 当然 당연 |
突然 돌연, 갑자기 | 天然 천연

大切な自然を守りましょう。
소중한 자연을 지킵시다.

ツルは天然記念物です。
학은 천연기념물입니다.

然 然 然 然 然 然 然 然 然 然 然 然

0565

熱

더울 열
N3 총 15획

음 ねつ　熱心 열심 ｜ 熱湯 열탕 ｜ 加熱 가열 ｜ 解熱 해열 ｜
情熱 정열

훈 あつ(い)　熱い 뜨겁다

解熱剤をください。 해열제를 주세요.

熱いので、気をつけてください。
뜨거우니까 조심하세요.

1	2	3	4	5	6	7	8	9	10	11	12	13	14	15
熱	熱	熱	熱	熱	熱	熱	熱	熱	熱	熱	熱	熱	熱	熱

0566

塩

소금 염
N2 총 13획

음 えん　塩田 염전 ｜ 塩分 염분 ｜ 岩塩 돌소금 ｜ 食塩 식염

훈 しお　塩 소금 ｜ 塩辛 젓갈 ｜ 塩辛い 짜다

塩分の取りすぎはよくありません。
염분을 너무 많이 섭취하는 것은 좋지 않습니다.

おじいさんは塩辛が大好きです。
할아버지는 젓갈을 무척 좋아합니다.

1	2	3	4	5	6	7	8	9	10	11	12	13
塩	塩	塩	塩	塩	塩	塩	塩	塩	塩	塩	塩	塩

0567

英

꽃부리 영
N4 총 8획

음 えい　英会話 영어 회화 ｜ 英国 영국 ｜ 英語 영어 ｜ 英才 영재 ｜
英雄 영웅

英語の勉強は大切です。 영어 공부는 중요합니다.

ナポレオンはフランスの英雄です。
나폴레옹은 프랑스의 영웅입니다.

1	2	3	4	5	6	7	8					
英	英	英	英	英	英	英	英					

0568

□ □

栄

영화 영 (榮)
N2 총 9 획

- 음 えい — 栄光 영광 ｜ 栄誉 영예 ｜ 栄養 영양 ｜ 光栄 영광 ｜ 繁栄 번영
- 훈 さか(える), は(え), は(える) — 栄える 번영하다, 번창하다 ｜ 栄える 두드러지다 ｜ 見栄え 볼품이 좋음, 돋보임

お会いできて、とても光栄です。
만나 뵙게 되어 매우 영광입니다.

ローマ文化が栄えた時代はいつですか。
로마 문화가 번창한 시대는 언제입니까?

1	2	3	4	5	6	7	8	9					
栄	栄	栄	栄	栄	栄	栄	栄	栄					

0569

□ □

芸

재주 예 (藝)
N3 총 7 획

- 음 げい — 芸術 예술 ｜ 芸能 예능 ｜ 演芸 연예 ｜ 園芸 원예 ｜ 工芸 공예 ｜ 文芸 문예

芸能人が公演をしています。 예능인이 공연을 하고 있습니다.

工芸品の展示会を見に行きました。
공예품 전시회를 보러 갔습니다.

1	2	3	4	5	6	7							
芸	芸	芸	芸	芸	芸	芸							

0570

□ □

完

완전할 완
N3 총 7 획

- 음 かん — 完成 완성 ｜ 完全 완전 ｜ 完璧 완벽 ｜ 補完 보완 ｜ 未完 미완

作品が完成しました。 작품이 완성됐습니다.

完璧な人間はいません。 완벽한 인간은 없습니다.

1	2	3	4	5	6	7							
完	完	完	完	完	完	完							

0571

要

요긴할 **요**
N3 총 9 획

음 **よう** 　要因 요인 | 要求 요구 | 要点 요점 | 概要 개요 |
重要 중요함 | 必要 필요함

훈 **かなめ, い(る)** 　要 가장 중요한 점이나 부분 | 要る 필요하다

今から概要を説明します。
지금부터 개요를 설명하겠습니다.
要らない物は捨ててください。
필요 없는 물건은 버려 주세요.

| 要 | 要 | 要 | 要 | 要 | 要 | 要 | 要 | 要 | | | | |

0572

浴

목욕할 **욕**
N2 총 10 획

음 **よく** 　浴室 욕실 | 浴槽 욕조, 목욕통 | 海水浴 해수욕 |
入浴 입욕

훈 **あ(びる), あ(びせる)** 　浴びる 끼얹다 |
水浴び 물을 끼얹음, 수영 | 浴びせる 끼얹다

예외 浴衣 유카타, 두루마기 모양의 긴 무명 홑옷(목욕 후 또는 여름철
에 평상복으로 입음)

夏休みに海水浴に行きます。
여름 방학에 해수욕하러 갑니다.
汗をかいたので、シャワーを浴びます。
땀을 흘렸기 때문에 샤워를 합니다.

| 浴 | 浴 | 浴 | 浴 | 浴 | 浴 | 浴 | 浴 | 浴 | 浴 | | | | |

4 학년

0573

- 음 ゆう　勇敢 용감함 | 勇気 용기 | 勇姿 씩씩한 모습 | 勇者 용사
- 훈 いさ(む)　勇む 용기가 솟아나다 | 勇ましい 용감하다, 씩씩하다

プロポーズする勇気がありません。
프러포즈할 용기가 없습니다.

軍隊に行って勇ましくなりました。
군대에 가서 씩씩해졌습니다.

날랠 **용**
N2 총 9 획

| 勇 | 勇 | 勇 | 勇 | 勇 | 勇 | 勇 | 勇 | 勇 |

0574

- 훈 くま　熊 곰 | 熊手 갈퀴 | 熊本県 구마모토현(지명)

この山には熊が出ます。 이 산에는 곰이 나옵니다.

熊本県は忠清南道と交流があります。
구마모토현은 충청남도와 교류가 있습니다.

곰 **웅**
N1 총 14 획

| 熊 | 熊 | 熊 | 熊 | 熊 | 熊 | 熊 | 熊 | 熊 | 熊 | 熊 | 熊 | 熊 | 熊 |

0575

- 음 えん　才媛 재원
- 훈 ひめ　愛媛県 에히메현(지명)

彼女は5ヶ国語が話せる才媛です。
그녀는 5개 국어를 말할 수 있는 재원입니다.

愛媛県はみかんの産地です。 에히메현은 귤 산지입니다.

미인 **원**
N1 총 12 획

| 媛 | 媛 | 媛 | 媛 | 媛 | 媛 | 媛 | 媛 | 媛 | 媛 | 媛 | 媛 |

0576

願

원할 원
N2 총 19 획

- 음 **がん** 願書 원서 │ 願望 원하고 바람, 소원 │ 祈願 기원 │ 出願 출원 │ 請願 청원
- 훈 **ねが(う)** 願う 바라다, 기원하다 │ お願い 바람, 부탁

願書を提出しました。 원서를 제출했습니다.
実はお願いがあります。 실은 부탁이 있습니다.

1	2	3	4	5	6	7	8	9	10	11	12	13	14	15
願	願	願	願	願	願	願	願	願	願	願	願	願	願	願

16	17	18	19
願	願	願	願

0577

位

자리 위
N3 총 7 획

- 음 **い** 位置 위치 │ 学位 학위 │ 順位 순위 │ 単位 단위
- 훈 **くらい** 位 국왕의 지위, 지위, 계급, 자릿수

行き先の位置をカーナビで確かめました。
행선지의 위치를 내비게이션으로 확인했습니다.
位を間違えて計算しました。
자릿수를 잘못 계산했습니다.

1	2	3	4	5	6	7
位	位	位	位	位	位	位

0578

泣

울 읍
N3 총 8 획

- 음 **きゅう** 感泣 감읍, 감격하여 욺 │ 号泣 호읍, 통곡
- 훈 **な(く)** 泣く 울다 │ 泣き声 우는 소리 │ 泣き虫 울보

父が死んで、号泣しました。
아버지가 돌아가셔서 통곡했습니다.
映画を見て、泣いてしまいました。
영화를 보고 울고 말았습니다.

1	2	3	4	5	6	7	8
泣	泣	泣	泣	泣	泣	泣	泣

衣

옷 의
N2 총 6획

음 い　衣装 의상 | 衣服 의복 | 衣類 의류 |
更衣 옷을 갈아입음, 탈의 | 白衣 백의

훈 ころも　衣 옷 | 衣替え 갈아입음, 새단장

예외 浴衣 유카타, 두루마기 모양의 긴 무명 홑옷(목욕 후 또는 여름철
에 평상복으로 입음)

女性の更衣室はあちらです。
여성 탈의실은 저쪽입니다.

夏服に衣替えしました。
여름옷으로 갈아입었습니다.

議

의논할 의
N2 총 20획

음 ぎ　議員 의원 | 議論 의논 | 会議 회의 | 協議 협의 |
抗議 항의 | 審議 심의

来週、国会議員の選挙があります。
다음 주에 국회의원 선거가 있습니다.

十時から会議があります。
열 시부터 회의가 있습니다.

0581

以

써 이
N4 총 5획

음 い 以外 이외, 그 밖 | 以後 이후 | 以上 이상 | 以前 이전 | 以来 이래, 이후

これ以外の商品はありませんか。
이외의 상품은 없습니까?

以上で発表を終わります。
이상으로 발표를 마치겠습니다.

0582

印

도장 인
N2 총 6획

음 いん 印鑑 인감 | 印刷 인쇄 | 印象 인상 | 押印 날인, 도장을 찍음
훈 しるし 印 표, 기호, 상징 | 目印 표시, 표적 | 矢印 화살표

ここに押印してください。
여기에 도장을 찍어 주세요.

訪問の印に判子を押します。
방문 표시로 도장을 찍습니다.

0583

茨

가시나무 자
N1 총 9획

음 いばら 茨 가시나무 | 茨城県 이바라키현(지명)

人生は茨の道と同じです。
인생은 가시밭길과 같습니다.

茨城県は納豆が有名です。
이바라키현은 낫토가 유명합니다.

0584

□ □

滋

불을 **자**

N1 총 12획

- 음 **じ** 滋養 자양 |
  滋養強壮 자양강장(몸의 영양을 좋게 하고 혈기를 왕성하게 함)
- 예외 滋賀県 시가현(지명)

日本では夏、滋養強壮のためにうなぎを食べます。
일본에서는 여름에 자양강장을 위해 장어를 먹습니다.

滋賀県には琵琶湖があります。
시가현에는 비와호가 있습니다.

0585

□ □

昨

어제 **작**

N3 총 9획

- 음 **さく** 昨日・昨日 어제 | 昨年 작년 | 昨夜 어젯밤 |
  昨今 요즘, 근래

昨年、兄は引越しました。 작년에 형은 이사를 했습니다.
昨夜からずっと雨が降っています。
어젯밤부터 계속 비가 내리고 있습니다.

0586

□ □

残

남을 **잔** (殘)

N3 총 10획

- 음 **ざん** 残酷 잔혹 | 残業 잔업, 야근 | 残高 잔액 |
  残念 유감스러움, 아쉬움
- 훈 **のこ(る), のこ(す)** 残る 남다 | 心残り 미련, 유감 |
  残す 남기다
- 예외 名残 여운, 흔적, 추억

毎日、残業で大変です。 매일 야근하느라 힘듭니다.
ご飯を残してはいけません。 밥을 남기면 안 됩니다.

□ □

0587

材

재목 재
N3 총 7획

음 ざい 　材質 재질 | 材料 재료 | 取材 취재 | 人材 인재 |
素材 소재 | 木材 목재

夕飯の材料がありません。 저녁밥 재료가 없습니다.
取材の記者がたくさん集まっています。
취재 기자가 많이 모여 있습니다.

□ □

0588

争

다툴 쟁 (爭)
N3 총 6획

음 そう 　争奪 쟁탈 | 争点 쟁점 | 競争 경쟁 | 戦争 전쟁 |
紛争 분쟁

훈 あらそ(う) 　争う 다투다, 경쟁하다

1945年に戦争が終わりました。
1945년에 전쟁이 끝났습니다.
私と吉田さんは成績の一位を争っています。
나와 요시다 씨는 1위 성적을 두고 경쟁합니다.

□ □

0589

低

낮을 저
N3 총 7획

음 てい 　低音 저음 | 低下 저하 | 高低 고저 | 最低 최저

훈 ひく(い), ひく(める), ひく(まる) 　低い 낮다 |
低める 낮추다, 낮게 하다 | 低まる 낮아지다

学生の就職率が低下しています。
학생의 취업률이 떨어지고 있습니다.
私は彼より背が低いです。 나는 그보다 키가 작습니다.

0590

底

밑 저
N2 총8획

음 てい 底辺 저변, 밑변 | 海底 해저 | 根底 근저, 근본 |
徹底 철저

훈 そこ 底 바닥, 끝 | 川底 강바닥, 냇바닥 | 谷底 골짜기의 밑바닥

海底から昔の船が出ました。
해저에서 옛날 배가 나왔습니다.

川底にいる魚が見えます。
강바닥에 있는 물고기가 보입니다.

底 底 底 底 底 底 底 底

0591

的

과녁 적
N3 총8획

음 てき 的確 적확함, 정확함 | 的中 적중 | 具体的 구체적 |
目的 목적

훈 まと 的 과녁, 표적

木村さんはいつも的確なアドバイスをします。
기무라 씨는 언제나 정확한 충고를 합니다.

危ないので、的の前に立たないでください。
위험하니까 과녁 앞에 서지 마세요.

的 的 的 的 的 的 的 的

積

쌓을 **적**
N2 총 16 획

음 せき 　積載 적재 | 積雪 적설 | 積極的 적극적 |
体積 체적, 부피 | 面積 면적

훈 つ(む), つ(もる)　積む 쌓다, 거듭하다 | 積もる 쌓이다 |
見積書 견적서

この土地の面積を測ります。
이 토지의 면적을 측정합니다.

東北地方はたくさんの雪が積もります。
도호쿠 지방에는 눈이 많이 쌓입니다.

伝

전할 **전** (傳)
N3 총 6 획

음 でん　伝言 전언, 전갈 | 伝説 전설 | 伝達 전달 | 伝統 전통 |
遺伝 유전 | 宣伝 선전

훈 つた(わる), つた(える), つた(う)　伝わる 전해지다, 전승되다 |
伝える 전하다, 알리다 |
伝う 어떤 것을 따라서 옮겨 가다, 타고 가다

中田さんからの伝言があります。
나카타 씨에게서 전갈이 있습니다.

漢字は中国から伝わりました。
한자는 중국에서 전해졌습니다.

典

법 전
N1 총 8획

음 てん　典型 전형｜古典 고전｜辞典 사전｜特典 특전

彼は典型的な日本人です。 그는 전형적인 일본인입니다.

日本の古典を勉強してみたいです。
일본의 고전을 공부해 보고 싶습니다.

1	2	3	4	5	6	7	8
典	典	典	典	典	典	典	典

戦

싸움 전 (戰)
N2 총 13획

음 せん　戦争 전쟁｜戦闘 전투｜苦戦 고전｜作戦 작전｜
挑戦 도전

훈 いくさ, たたか(う)　戦 전쟁, 싸움, 전투｜戦う 싸우다, 전쟁하다

選手たちは作戦を練りました。 선수들은 작전을 짰습니다.

昔、日本はアメリカと戦いました。
옛날에 일본은 미국과 전쟁을 했습니다.

1	2	3	4	5	6	7	8	9	10	11	12	13
戦	戦	戦	戦	戦	戦	戦	戦	戦	戦	戦	戦	戦

折

꺾을 절
N2 총 7획

음 せつ　折衷 절충｜折半 절반｜屈折 굴절｜骨折 골절｜
挫折 좌절

훈 お(る), お(れる), おり　折る 접다, 굽히다｜折り紙 종이접기｜
折れる 접히다, 꺾이다, 부러지다｜折 시기, 기회

転んで腕を骨折しました。
넘어져서 팔뼈가 부러졌습니다.

台風で枝が折れました。
태풍 때문에 가지가 부러졌습니다.

1	2	3	4	5	6	7
折	折	折	折	折	折	折

0597

節

마디 절 (節)
N1 총 13 획

음 せつ, せち　節電 절전 | 節約 절약 | 関節 관절 | 調節 조절 | お節料理 명절 때 먹는 조림 요리

훈 ふし　節 마디, 관절 | 節穴 옹이구멍 | 節々 마디마디

節電を心がけましょう。 절전에 유의합시다.

風邪を引いて、体の節々が痛いです。
감기에 걸려서 몸 마디마디가 아픕니다.

1	2	3	4	5	6	7	8	9	10	11	12	13
節	節	節	節	節	節	節	節	節	節	節	節	節

0598

井

우물 정
N1 총 4 획

음 せい, しょう　市井 시정, 거리 | 油井 유정(지하의 천연 석유를 퍼 올리기 위해 판 우물) | 天井 천장

훈 い　井戸 우물

彼は背が高いので、天井まで手が届きます。
그는 키가 크기 때문에 천장까지 손이 닿습니다.

昔、家の前には井戸がありました。
옛날 집 앞에는 우물이 있었습니다.

1	2	3	4
井	井	井	井

0599

静

고요할 정 (靜)
N2 총 14 획

음 せい, じょう　静止 정지 | 静粛 정숙 | 安静 안정 | 冷静 냉정 | 静脈 정맥

훈 しず, しず(か), しず(まる), しず(める)　静か 고요함 | 静まる 조용해지다 | 静める 가라앉히다, 진정시키다

手術の後は安静が必要です。 수술 후에는 안정이 필요합니다.

ちょっと静かにしてください。 좀 조용히 해 주세요.

1	2	3	4	5	6	7	8	9	10	11	12	13	14
静	静	静	静	静	静	静	静	静	静	静	静	静	静

0600

兆

조 조
N2 총 6획

음 **ちょう** 兆候 ^{ちょうこう} 조후, 징조, 징후 │ 一兆 ^{いっちょう} 1조 │ 吉兆 ^{きっちょう} 길조 │
前兆 ^{ぜんちょう} 전조, 징조, 조짐

훈 **きざ(す), きざ(し)** 兆す ^{きざ} 움트다, 싹트다, 징조가 보이다 │
兆し ^{きざ} 조짐, 징조, 전조

地震は何の前兆もなく起きます。
지진은 아무 전조도 없이 일어납니다.
病気が治る兆しが見えません。
병이 나을 조짐이 보이지 않습니다.

1	2	3	4	5	6
兆	兆	兆	兆	兆	兆

0601

照

비칠 조
N2 총 13획

음 **しょう** 照会 ^{しょうかい} 조회 │ 照明 ^{しょうめい} 조명 │ 参照 ^{さんしょう} 참조 │ 対照 ^{たいしょう} 대조

훈 **て(る), て(らす), て(れる)** 照る ^て 밝게 빛나다, 비치다 │
日照り ^{ひで} 가뭄 │ 照らす ^て 비추다 │
照れる ^て 쑥스러워하다, 수줍어하다 │ 照れ屋 ^{て や} 수줍음을 잘 타는 사람

良子さんと京子さんは対照的な性格です。
요시코 씨와 교코 씨는 대조적인 성격입니다.
暗いので、ちょっと手もとを照らしてください。
어두우니까 잠깐 주위를 비춰 주세요.

1	2	3	4	5	6	7	8	9	10	11	12	13
照	照	照	照	照	照	照	照	照	照	照	照	照

0602 卒

□ □

음 そつ　卒業 졸업 | 新卒 그 해에 학교를 졸업함, 졸업자 | 大卒 대학 졸업, 대졸 | 脳卒中 뇌졸중

あしたは卒業式です。 내일은 졸업식입니다.

新卒の新入社員が入りました。
갓 졸업한 신입 사원이 들어왔습니다.

마칠 졸
N2 총 8 획

1	2	3	4	5	6	7	8		
卒	卒	卒	卒	卒	卒	卒	卒		

0603 種

□ □

음 しゅ　種子 종자 | 種目 종목 | 種類 종류 | 人種 인종 | 品種 품종
훈 たね　種 종자, 씨 | 種まき 파종, 씨뿌리기

お米の品種を改良しました。
쌀의 품종을 개량했습니다.

春になって種まきの季節になりました。
봄이 되어 씨 뿌리는 계절이 되었습니다.

씨 종
N2 총 14 획

1	2	3	4	5	6	7	8	9	10	11	12	13	14
種	種	種	種	種	種	種	種	種	種	種	種	種	種

0604 佐

□ □

음 さ　佐賀県 사가현(지명) | 少佐 소좌, 소령 | 大佐 대좌, 대령 | 中佐 중좌, 중령

少佐に昇給しました。 소령으로 진급했습니다.

大佐は中佐より上位の階級です。
대령은 중령보다 상위 계급입니다.

도울 좌
N1 총 7 획

1	2	3	4	5	6	7			
佐	佐	佐	佐	佐	佐	佐			

☐ ☐

0605 周

두루 주
N3 총 8 획

음 **しゅう** 周囲 주위 │ 周期 주기 │ 周知 주지 │ 周辺 주변 │
一周 일주
훈 **まわ(り)** 周り 주위, 주변

大学の周囲には薬局がありません。
대학 주위에는 약국이 없습니다.
池の周りにきれいな花が咲いています。
연못 주변에 예쁜 꽃이 피어 있습니다.

周 周 周 周 周 周 周 周

☐ ☐

0606 仲

버금 중
N3 총 6 획

음 **ちゅう** 仲介 중개 │ 仲裁 중재 │ 仲秋 중추, 추석 │ 伯仲 백중
훈 **なか** 仲 사이, 관계 │ 仲間 동료, 한패 │ 仲良し 사이가 좋음, 단짝
예외 仲人 중매인

田中さんがけんかの仲裁をしました。
다나카 씨가 싸움을 중재했습니다.
二人はとても仲がいいです。 둘은 매우 사이가 좋습니다.

仲 仲 仲 仲 仲 仲

☐ ☐

0607 差

다를 차
N3 총 10 획

음 **さ** 差額 차액 │ 差別 차별 │ 格差 격차 │ 誤差 오차 │
時差 시차
훈 **さ(す)** 差す 비치다, 나타내다, 꽂다, 쓰다

東京とニューヨークは14時間の時差があります。
도쿄와 뉴욕은 열네 시간의 시차가 있습니다.
雨が降ってきたので傘を差しました。
비가 내리기 시작해서 우산을 썼습니다.

差 差 差 差 差 差 差 差 差 差

0608

借

빌릴 **차**
N4 총 10획

- 음 **しゃく** 借用 차용 | 借金 차금, 빚 | 貸借 대차 | 賃借 임차 | 拝借 빌려 씀(겸사말)
- 훈 **か(りる)** 借りる 빌리다

借金を全部、返すことができました。
빚을 전부 갚을 수 있었습니다.

図書館で本を借ります。 도서관에서 책을 빌립니다.

借 借 借 借 借 借 借 借 借 借

0609

札

편지 **찰**
N3 총 5획

- 음 **さつ** 札束 지폐 다발, 돈뭉치 | 改札 개찰 | 入札 입찰 | 落札 낙찰
- 훈 **ふだ** 札 표, 팻말 | 名札 명찰, 명패 | 花札 화투

改札口が混んでいます。 개찰구가 붐빕니다.

名札を付けてください。 명찰을 달아 주세요.

札 札 札 札 札

0610

察

살필 **찰**
N2 총 14획

- 음 **さつ** 察知 살펴서 앎, 헤아려 앎 | 観察 관찰 | 警察 경찰 | 検察 검찰 | 診察 진찰

駅の近くに検察庁があります。
역 근처에 검찰청이 있습니다.

診察時間は午後二時からです。
진찰 시간은 오후 두 시부터입니다.

察 察 察 察 察 察 察 察 察 察 察 察 察 察

参

참여할 참 (参)

N3 총 8획

음 さん 参加 참가 | 参考 참고 | 降参 항복, 굴복 | 持参 지참

훈 まい(る) 参る 가다, 오다(겸사말)

図書館で参考文献を探しました。
도서관에서 참고 문헌을 찾았습니다.

一時に先生のお宅へ参ります。
한 시에 선생님 댁으로 가겠습니다.

参 参 参 参 参 参 参 参

倉

곳집 창

N1 총 10획

음 そう 倉庫 창고 | 穀倉 곡창, 곡식 저장 창고 | 船倉 선창, 배 안에 짐을 싣는 곳

훈 くら 倉 곳간, 창고 | 胸倉 멱살

道具を倉庫にしまいます。 도구를 창고에 넣습니다.

倉の中はとても暗いです。 창고 안은 몹시 어둡습니다.

倉 倉 倉 倉 倉 倉 倉 倉 倉 倉

唱

부를 창

N1 총 11획

음 しょう 暗唱 암송 | 合唱 합창 | 提唱 제창 | 独唱 독창

훈 とな(える) 唱える 외다, 외치다, 주장하다

合唱団で歌を歌いました。
합창단에서 노래를 불렀습니다.

木村さんは会議で異議を唱えました。
기무라 씨는 회의에서 이의를 주장했습니다.

唱 唱 唱 唱 唱 唱 唱 唱 唱 唱 唱

0614

菜

나물 채 (菜)
N2 총 11획

음 さい　菜食 채식 ｜ 菜箸 긴 젓가락(요리를 만들거나 반찬을 각자의 접시에 덜 때 씀) ｜ 白菜 배추 ｜ 野菜 채소

훈 な　菜の花 유채꽃 ｜ 菜種油 유채 기름 ｜ 青菜 푸른 채소

今年も白菜がたくさん取れました。
올해도 배추가 많이 수확되었습니다.

菜の花がとてもきれいです。
유채꽃이 아주 예쁩니다.

1	2	3	4	5	6	7	8	9	10	11
菜	菜	菜	菜	菜	菜	菜	菜	菜	菜	菜

0615

浅

얕을 천 (淺)
N2 총 9획

음 せん　浅海 얕은 바다 ｜ 浅学 학식이 얕음 ｜ 浅薄 천박함 ｜ 浅慮 얕은 생각

훈 あさ(い)　浅い 얕다 ｜ 遠浅 물가에서 멀리까지 물이 얕음

浅学な私には分かりません。
학식이 얕은 저는 모르겠습니다.

浅いところで泳ぎましょう。
얕은 곳에서 헤엄칩시다.

1	2	3	4	5	6	7	8	9
浅	浅	浅	浅	浅	浅	浅	浅	浅

4 학년

清

맑을 청 (清)
N2 총 11 획

음 せい, しょう　清潔 청결 | 清酒 청주 | 清掃 청소 |
清流 청류, 맑게 흐르는 물 | 六根清浄 육근 청정(진리를 깨달아 욕심과 집착이 없어지고 육근이 깨끗해짐)

훈 きよ(い), きよ(まる), きよ(める)
清い 깨끗하다, 맑다 | 清らか 맑음, 깨끗함 |
清まる 맑아지다, 깨끗해지다 | 清める 깨끗이 하다, 맑게 하다

いつも体を清潔にしましょう。
항상 몸을 청결히 합시다.
山には清らかな川が流れています。
산에는 맑은 냇물이 흐릅니다.

清 清 清 清 清 清 清 清 清 清 清

初

처음 초
N3 총 7 획

음 しょ　初級 초급 | 初日 첫날 | 最初 최초, 맨 처음 |
当初 당초, 최초

훈 はじ(め), はじ(めて), はつ, うい, そ(める)　初め 처음, 시초 |
初めて 최초로, 처음으로 | 初恋 첫사랑 | 初雪 첫눈 |
書初め 신춘 휘호

初級クラスで韓国語を勉強します。
초급반에서 한국어를 공부합니다.
大阪に初めて行きました。
오사카에 처음 갔습니다.

初 初 初 初 初 初 初

0618

最

가장 **최**
N3 총 12 획

음 **さい** 　最近 최근 | 最高 최고 | 最後 마지막, 최후 | 最新 최신 |
最大 최대

훈 **もっと(も)** 　最も 가장, 제일

最新モデルの携帯がほしいです。
최신 모델의 휴대전화를 갖고 싶습니다.

富士山は日本で最も高い山です。
후지산은 일본에서 가장 높은 산입니다.

| 1 最 | 2 最 | 3 最 | 4 最 | 5 最 | 6 最 | 7 最 | 8 最 | 9 最 | 10 最 | 11 最 | 12 最 |

0619

祝

빌 **축** (祝)
N4 총 9 획

음 **しゅく, しゅう** 　祝辞 축사 | 祝日 축일, 국경일 | 祝電 축전 |
祝福 축복 | 祝言 축사, 혼례

훈 **いわ(う)** 　祝う 축하하다

五月五日の子どもの日は祝日です。
5월 5일 어린이날은 경축일입니다.

先輩の入社を祝いました。　선배의 입사를 축하했습니다.

| 1 祝 | 2 祝 | 3 祝 | 4 祝 | 5 祝 | 6 祝 | 7 祝 | 8 祝 | 9 祝 |

0620

沖

화할 **충**
N1 총 7 획

음 **ちゅう** 　沖積平野 충적평야(하천 주변에 모래·자갈 따위가 쌓여
생긴 평야)

훈 **おき** 　沖 앞바다 | 沖合い 앞바다 부근 |
沖釣り 앞바다에서 하는 낚시 | 沖縄県 오키나와현(지명)

東京は沖積平野にある都市です。
도쿄는 충적평야에 있는 도시입니다.

いるかの群れが沖で泳いでいます。
돌고래 떼가 앞바다에서 헤엄치고 있습니다.

| 1 沖 | 2 沖 | 3 沖 | 4 沖 | 5 沖 | 6 沖 | 7 沖 |

0621

곁 측
N2 총 11획

음 そく 側室 측실 | 側面 측면 | 側近 측근
훈 がわ 片側 한쪽 | 左側 왼쪽 | 右側 오른쪽 | 両側 양측, 양쪽

佐藤さんの意外な側面を知りました。
사토 씨의 의외의 측면을 알았습니다.

右側を歩いてください。 오른쪽으로 걸어 주세요.

側 側 側 側 側 側 側 側 側 側 側

0622

治

다스릴 치
N3 총 8획

음 じ, ち 政治 정치 | 治安 치안 | 治療 치료 | 自治 자치 | 統治 통치
훈 おさ(める), おさ(まる), なお(る), なお(す)

治める 진정시키다, 다스리다 | 治まる 진정되다, 다스려지다 | 治る 낫다 | 治す 고치다

政治について考えましょう。 정치에 대해서 생각합시다.
薬を飲んで風邪を治しました。
약을 먹어서 감기가 나았습니다.

治 治 治 治 治 治 治 治

0623

置

둘 치
N3 총 13획

음 ち 置換 치환 | 位置 위치 | 処置 처치 | 設置 설치 | 配置 배치 | 放置 방치
훈 お(く) 置く 두다, 놓다 | 物置 광, 곳간

けがの処置をしました。 부상의 처치를 했습니다.
ここに物を置かないでください。
여기에 물건을 놓지 마세요.

置 置 置 置 置 置 置 置 置 置 置 置 置

음 とく　特色 특색 | 特徴 특징 | 特別 특별 | 特許 특허 |
特急 특급 | 独特 독특

日本語の特徴は何ですか。 일본어의 특징은 무엇입니까?
由美さんは私にとって特別な存在です。
유미 씨는 내게 특별한 존재입니다.

特別할 **특**
N4 총 10 획

特 特 特 特 特 特 特 特 特 特

음 はん　阪神 오사카와 고베(지명) | 京阪神 교토, 오사카, 고베(지명)
훈 さか　大阪 오사카(지명)

友達と阪神地方を旅行しました。
친구와 한신 지방을 여행했습니다.
大阪は日本第二の都市です。
오사카는 일본 제2의 도시입니다.

언덕 **판**
N1 총 7 획

阪 阪 阪 阪 阪 阪 阪

음 はい　敗因 패인 | 敗戦 패전 | 失敗 실패 | 勝敗 승패 |
腐敗 부패
훈 やぶ(れる)　敗れる 패하다, 지다

今日の試合の敗因を考えました。
오늘 시합의 패인을 생각했습니다.
日本チームはアメリカチームに敗れてしまいま
した。 일본 팀은 미국 팀에게 지고 말았습니다.

패할 **패**
N3 총 11 획

敗 敗 敗 敗 敗 敗 敗 敗 敗 敗 敗

□ □

0627

便

편할 **편**
N3 총 9 획

- 음 **べん, びん** 便宜 편의 | 便利 편리 | 不便 불편 | 便乗 편승 | 船便 배편 | 郵便 우편
- 훈 **たよ(り)** 便り 소식, 편지

この町は交通が不便です。
이 마을은 교통이 불편합니다.

外国にいる友達から便りがありました。
외국에 있는 친구에게 소식이 있었습니다.

便 便 便 便 便 便 便 便 便

□ □

0628

包

쌀 **포** (包)
N3 총 5 획

- 음 **ほう** 包囲 포위 | 包装 포장 | 包丁 요리사, 식칼 | 内包 내포
- 훈 **つつ(む)** 包む 싸다, 두르다, 에워싸다 | 包み紙 포장지 | 小包 소포

かわいい包装紙を買いました。
귀여운 포장지를 샀습니다.

プレゼントをきれいな紙で包みます。
선물을 예쁜 종이로 포장합니다.

包 包 包 包 包

□ □

0629

票

표 **표**
N1 총 11 획

- 음 **ひょう** 票決 표결 | 開票 개표 | 投票 투표 | 得票 득표 | 伝票 전표

開票の結果が出ました。 개표 결과가 나왔습니다.

伝票の整理をします。 전표 정리를 합니다.

票 票 票 票 票 票 票 票 票 票 票

0630

標

표할 **표**
N2 총 15획

- **음** **ひょう** **標識** 표지 | **標的** 표적, 과녁 | **商標** 상표 | **目標** 목표

どう ろ ひょうしき
道路標識をよく見てください。
도로 표지를 잘 보세요.

こんげつ もくひょう き
今月の目標を決めましょう。
이번 달의 목표를 정합시다.

1	2	3	4	5	6	7	8	9	10	11	12	13	14	15
標	標	標	標	標	標	標	標	標	標	標	標	標	標	標

0631

必

반드시 **필**
N3 총 5획

- **음** **ひつ** **必死** 필사 | **必修** 필수 | **必需品** 필수품 | **必然** 필연 | **必読** 필독 | **必要** 필요
- **훈** **かなら(ず)** **必ず** 반드시, 꼭

がいこく い ひつよう
外国に行くときはパスポートが必要です。
외국에 갈 때는 여권이 필요합니다.

やくそく かなら まも
約束は必ず守ってください。
약속은 반드시 지켜 주세요.

1	2	3	4	5
必	必	必	必	必

0632

賀

하례할 **하**
N1 총 12획

- **음** **が** **賀正** 새해를 축하함 | **謹賀** 근하, 삼가 축하함 | **祝賀** 축하 | **年賀状** 연하장

し あ ねん がじょう か
知り合いに年賀状を書きました。
지인에게 연하장을 썼습니다.

ゆうしょう しゅく が ひら
優勝チームの祝賀パーティーが開かれました。
우승 팀의 축하 파티가 열렸습니다.

1	2	3	4	5	6	7	8	9	10	11	12
賀	賀	賀	賀	賀	賀	賀	賀	賀	賀	賀	賀

0633

害

해할 **해**
N2 총 10획

음 **がい**　害虫 해충 | 災害 재해 | 障害 장애 | 被害 피해 |
　　　妨害 방해

みんなで災害対策を考えました。
다 같이 재해 대책을 생각했습니다.
地震で大きな被害が出ました。
지진 때문에 큰 피해가 났습니다.

害 害 害 害 害 害 害 害 害 害

0634

香

향기 **향**
N2 총 9획

음 **こう**　香辛料 향신료 | 香水 향수 | 蚊取り線香 모기향 |
　　　芳香 방향
훈 **か, かお(り), かお(る)**　移り香 어떤 물건에 옮아서 남아 있는 향기 |
　香り 향기 | 香る 향기나다

友達にプレゼントで香水をあげました。
친구에게 선물로 향수를 주었습니다.

このせっけんはバラの香りがします。
이 비누는 장미향이 납니다.

香 香 香 香 香 香 香 香 香

0635

験

시험 험 (験)
N4 총 18 획

음 けん, げん
経験 경험 | 試験 시험 | 実験 실험 | 受験 수험 |
霊験 영험, 영검

経験のある人を探しています。
경험이 있는 사람을 찾고 있습니다.

あしたは運転免許の試験があります。
내일은 운전 면허 시험이 있습니다.

0636

協

화합할 협
N2 총 8 획

음 きょう
協議 협의 | 協定 협정 | 協力 협력 | 妥協 타협

友達と協力して作品を作りました。
친구와 협력해서 작품을 만들었습니다.

彼は妥協ができない性格です。
그는 타협을 못하는 성격입니다.

0637

好

좋을 호
N3 총 6 획

음 こう
好意 호의 | 好感 호감 | 好調 호조 | 愛好 애호, 좋아함 |
友好 우호

훈 この(む), す(く)
好む 좋아하다, 즐기다 | 好み 좋아함, 기호 |
好きだ 좋아하다

父は音楽を愛好しています。 아빠는 음악을 좋아합니다.

好みのタイプはどんな人ですか。
좋아하는 타입은 어떤 사람입니까?

音 か　貨幣 화폐, 돈 ｜ 貨物 화물 ｜ 金貨 금화 ｜ 通貨 통화 ｜
百貨店 백화점

貨物列車が走っています。
화물 열차가 달리고 있습니다.

記念金貨を買いました。 기념 금화를 샀습니다.

재물 화
N2 총 11 획

貨 貨 貨 貨 貨 貨 貨 貨 貨 貨 貨

訓 とち　栃木県 도치기현(지명) ｜ 栃の木 상수리나무

栃木県は東京から約100km離れています。
도치기현은 도쿄에서 100km 떨어져 있습니다.

상수리나무 회
N1 총 9 획

栃 栃 栃 栃 栃 栃 栃 栃 栃

音 こう　気候 기후 ｜ 症候 징후, 증상 ｜ 兆候 징후, 징조 ｜
天候 기후 ｜ 立候補 입후보
訓 そうろう　居候 식객, 더부살이

選挙に立候補しました。 선거에 입후보했습니다.

学生のとき、親戚の家に居候しました。
학생 때 친척집에서 더부살이했습니다.

기후 후
N2 총 10 획

候 候 候 候 候 候 候 候 候 候

0641

訓

가르칠 훈
N2 총 10 획

음 くん　訓読・訓読み 훈독 | 訓練 훈련 | 家訓 가훈 | 教訓 교훈

この漢字の訓読は何ですか。
이 한자의 훈독은 무엇입니까?

軍隊の訓練は厳しいです。
군대 훈련은 혹독합니다.

0642

希

바랄 희
N2 총 7 획

음 き　希求 희구, 강하게 바라고 구함 | 希少 희소, 드묾 | 希薄 희박 | 希望 희망

これはとても希少な植物です。
이것은 매우 희소한 식물입니다.

どんなことがあっても希望を捨てないでください。
어떤 일이 있어도 희망을 버리지 마세요.

4 학년

[/ 20]

■ 밑줄 친 한자를 바르게 읽은 것을 고르시오.

1　子どもに希望を与える人になりたいです。
　　① ひぼう　　　　② ひまん　　　　③ きぼう　　　　④ きまん

2　この薬を試してみてください。
　　① ふくして　　　② もどして　　　③ かえして　　　④ ためして

3　父は音楽を愛好しています。
　　① あいこ　　　　② あいこう　　　③ えいこ　　　　④ えいこう

4　吉田さんは笑顔がすてきです。
　　① しょうがお　　② しょうがん　　③ えがお　　　　④ えがん

5　この授業は必修科目です。
　　① ひしゅ　　　　② ひっしゅ　　　③ ひしゅう　　　④ ひっしゅう

6　国際結婚の手続きをします。
　　① てつずき　　　② てつづき　　　③ しゅつずき　　④ しゅつづき

7　船便は時間がかかります。
　　① ふなびん　　　② ふねびん　　　③ ふなべん　　　④ ふねべん

8　外務大臣が国会に到着しました。
　　① たいじん　　　② たいしん　　　③ だいじん　　　④ だいしん

9　この電車は特急なので、次の駅には止まりません。
　　① とっきゅ　　　② とくきゅ　　　③ とっきゅう　　④ とくきゅう

10　子どもを小児科につれて行きました。
　　① そじか　　　　② そにか　　　　③ しょうじか　　④ しょうにか

11 酒屋で清酒を買いました。
① ちょうじゅ　　② ちょうしゅ　　③ せいじゅ　　④ せいしゅ

12 漁師は朝早くから働きます。
① りょうし　　② ぎょうし　　③ りょうじ　　④ ぎょうじ

13 一時に先生のお宅へ参ります。
① まいり　　② かえり　　③ より　　④ もどり

14 サークルの仲間とカラオケに行きました。
① なかかん　　② なかま　　③ ちゅうかん　　④ ちゅうま

15 勇気を出して彼女にプロポーズしました。
① ゆんけ　　② ゆうけ　　③ ゆんき　　④ ゆうき

16 地震は何の前兆もなく起きました。
① せんちょう　　② せんちょ　　③ ぜんちょう　　④ ぜんちょ

17 20世紀には大きな戦争がありました。
① ぜんしょう　　② ぜんそう　　③ せんしょう　　④ せんそう

18 試合の作戦を立てました。
① さっせん　　② さくせん　　③ さっせい　　④ さくせい

19 先生に年賀状を書きます。
① ねんはじょう　　② ねんがじょう　　③ れんはじょう　　④ れんがじょう

20 海底にあるサンゴがとてもきれいです。
① かいてい　　② かいでい　　③ がいてい　　④ がいでい

[/ 20]

■ 밑줄 친 히라가나를 한자로 바르게 적은 것을 고르시오.

1 祖母にはまごが五人います。
① 孩　　② 孤　　③ 孔　　④ 孫

2 韓国と日本のきこうは似ています。
① 気候　　② 汽候　　③ 気喉　　④ 汽喉

3 つうしん技術がとても発達しました。
① 通便　　② 通信　　③ 道便　　④ 道信

4 頑張って、じゅけん勉強をします。
① 受騒　　② 愛騒　　③ 受験　　④ 愛験

5 しつれんして、とても悲しいです。
① 失恋　　② 矢恋　　③ 失変　　④ 矢変

6 今月のもくひょうを決めましょう。
① 貝票　　② 貝標　　③ 目票　　④ 目標

7 テストは、あんがい、簡単でした。
① 安外　　② 安朴　　③ 案外　　④ 案朴

8 選手がスタートのいちにつきました。
① 位直　　② 位置　　③ 仕直　　④ 仕置

9 午後からきょうよう科目の授業があります。
① 教養　　② 数養　　③ 教義　　④ 数義

10 新しい道路がかんせいしました。
① 宗成　　② 宗或　　③ 完或　　④ 完成

11 神社へ合格を<u>きがん</u>しに行きました。

① 折願　　　　② 祈願　　　　③ 折顧　　　　④ 祈顧

12 これは<u>さいしん</u>モデルのパソコンです。

① 撮新　　　　② 撮親　　　　③ 最新　　　　④ 最親

13 おなかがいっぱいで、これ<u>いじょう</u>は食べられません。

① 以上　　　　② 以状　　　　③ 異上　　　　④ 異状

14 <u>きのう</u>は何時に家に帰りましたか。

① 作旦　　　　② 昨旦　　　　③ 作日　　　　④ 昨日

15 <u>あさい</u>ところで泳ぎましょう。

① 銭い　　　　② 賎い　　　　③ 残い　　　　④ 浅い

16 畑の<u>めんせき</u>を測りました。

① 面積　　　　② 面績　　　　③ 而積　　　　④ 而績

17 実は三百万円の<u>しゃっきん</u>があります。

① 債金　　　　② 債全　　　　③ 借金　　　　④ 借全

18 アメリカ人の友達に<u>おりがみ</u>を教えました。

① 折り紙　　　　② 祈り紙　　　　③ 折り紐　　　　④ 祈り紐

19 この運動場は<u>いっしゅう</u>が４００メートルあります。

① 一週　　　　② 一周　　　　③ 一彫　　　　④ 一調

20 お金がないので<u>せつやく</u>します。

① 筋紅　　　　② 筋約　　　　③ 節紅　　　　④ 節約

5
초등학교
학년 한자 ①

可	仮	価	刊	幹	減	講	個	居	件
옳을 가	거짓 가	값 가	새길 간	줄기 간	덜 감	외울 강	낱 개	살 거	물건 건
検	格	潔	耕	経	境	告	故	過	慣
검사할 검	격식 격	깨끗할 결	밭 갈 경	지날 경	지경 경	고할 고	연고 고	지날 과	익숙할 관
鉱	久	句	旧	救	構	規	均	禁	技
쇳돌 광	오랠 구	글귀 구	옛 구	구원할 구	얽을 구	법 규	고를 균	금할 금	재주 기
紀	寄	基	能	団	断	堂	貸	導	毒
벼리 기	부칠 기	터 기	능할 능	둥글 단	끊을 단	집 당	빌릴 대	인도할 도	독 독
独	銅	得	略	歴	領	留	脈	綿	夢
홀로 독	구리 동	얻을 득	간략할 략	지낼 력	거느릴 령	머무를 류	줄기 맥	솜 면	꿈 몽
墓	武	務	貿	迷	防	犯	弁	保	報
무덤 묘	호반 무	힘쓸 무	무역할 무	미혹할 미	막을 방	범할 범	고깔/말씀 변	지킬 보	갚을 보
復	複	婦	粉	仏	比	非	肥	備	費
회복할 복	겹칠 복	며느리 부	가루 분	부처 불	견줄 비	아닐 비	살찔 비	갖출 비	쓸 비
貧	士	史	似	舎	査	師	飼	謝	酸
가난할 빈	선비 사	사기 사	닮을 사	집 사	조사할 사	스승 사	기를 사	사례할 사	실 산
殺	状	常	象	像	賞	序	設	性	税
죽일 살/빠를 쇄	형상 상	항상 상	코끼리 상	모양 상	상줄 상	차례 서	베풀 설	성품 성	세금 세
勢	素	属	損	率	修	授	輸	述	術
형세 세	본디 소	무리 속	덜 손	거느릴 솔/비율 률	닦을 수	줄 수	보낼 수	펼 술	재주 술

0643

可

옳을 **가**

N3 총 5획

음 **か**　可決 가결 | 可能 가능 | 許可 허가 | 不可 불가

手話が可能な人はいますか。
수화가 가능한 사람은 있습니까?

この部屋を使うには許可が必要です。
이 방을 사용하려면 허가가 필요합니다.

0644

仮

거짓 **가** (假)

N1 총 6획

음 **か, け**　仮説 가설 | 仮想 가상 | 仮定 가정 | 仮面 가면 |
仮病 꾀병

훈 **かり**　仮契約 가계약 | 仮払い 가불

仮説を立てて、考察します。
가설을 세워서 고찰합니다.

出張旅費を仮払いしました。
출장비를 가불했습니다.

0645

価

값 **가** (價)

N1 총 8획

음 **か**　価格 가격 | 価値 가치 | 株価 주가 | 定価 정가 |
評価 평가 | 物価 물가

훈 **あたい**　価 값, 가격, 가치

ガソリンの価格が上がりました。 기름값이 올랐습니다.

その映画は一見に価します。
그 영화는 한번 볼 가치가 있습니다.

0646

刊

새길 **간**
N3 총 5획

- 음 **かん** 刊行 간행 | 週刊誌 주간지 | 新刊 신간 | 朝刊 조간 | 発刊 발간

売店で週刊誌を買いました。
매점에서 주간지를 샀습니다.

毎朝、六時に朝刊が届きます。
매일 아침 여섯 시에 조간이 도착합니다.

1	2	3	4	5
刊	刊	刊	刊	刊

0647

幹

줄기 **간**
N1 총 13획

- 음 **かん** 幹事 간사 | 幹線 간선 | 幹部 간부 | 語幹 어간 | 根幹 근간, 근본
- 훈 **みき** 幹 나무 줄기, 사물의 주요 부분

午後に幹部会議があります。
오후에 간부 회의가 있습니다.

木の幹にセミがいます。 나무 줄기에 매미가 있습니다.

1	2	3	4	5	6	7	8	9	10	11	12	13
幹	幹	幹	幹	幹	幹	幹	幹	幹	幹	幹	幹	幹

0648

減

덜 **감**
N2 총 12획

- 음 **げん** 減額 감액 | 減少 감소 | 削減 삭감, 감축 | 増減 증감
- 훈 **へ(る), へ(らす)** 減る 줄다 | 減らす 줄이다

子どもの人口がだんだん減少しています。
아동 인구가 점점 감소하고 있습니다.

ダイエットしているので、ご飯の量を減らしました。 다이어트 중이라 밥량을 줄였습니다.

1	2	3	4	5	6	7	8	9	10	11	12
減	減	減	減	減	減	減	減	減	減	減	減

講

외울 **강**
N2 총 17획

음 こう 講演 강연 | 講義 강의 | 講師 강사 | 開講 개강 |
休講 휴강

社会学の講義はおもしろいです。
사회학 강의는 재미있습니다.

台風で休講になりました。
태풍 때문에 휴강입니다.

個

낱 **개**
N3 총 10획

음 こ 個人 개인 | 個性 개성 | 個体 개체 | 個別 개별 |
別個 별개

個人展を開きました。 개인전을 열었습니다.

山崎さんのファッションは個性的です。
야마자키 씨의 패션은 개성적입니다.

居

살 **거**
N3 총 8획

음 きょ 居住 거주 | 転居 이사, 이전 | 同居 동거 | 別居 별거 |
훈 い(る) 居る 있다, 앉다 | 居酒屋 선술집 | 居眠り 앉아서 졺 |
居間 거실 | 芝居 연극

市役所に転居届けを出しました。
시청에 전입 신고를 했습니다.

帰りに居酒屋に寄りました。
집에 가는 길에 선술집에 들렀습니다.

0652

件

물건 건
N3 총 6획

음 けん　事件 사건 | 条件 조건 | 物件 물건 | 用件 용건

その事件は昨夜、起こりました。
그 사건은 어젯밤 일어났습니다.

条件がいいアルバイトを見つけました。
조건이 좋은 아르바이트를 발견했습니다.

件 件 件 件 件 件

0653

検

검사할 검
N2 총 12획

음 けん　検査 검사 | 検察 검찰 | 検討 검토 | 検問 검문 |
点検 점검

病院で検査を受けました。
병원에서 검사를 받았습니다.

15日は定期点検の日です。
15일은 정기 점검을 하는 날입니다.

検 検 検 検 検 検 検 検 検 検 検 検

0654

格

격식 격
N3 총 10획

음 かく, こう　格差 격차 | 格好 모양, 모습 | 規格 규격 |
合格 합격 | 性格 성격 | 格子 격자

試験に合格して、うれしいです。
시험에 합격해서 기쁩니다.

田中さんは性格がいいです。
다나카 씨는 성격이 좋습니다.

格 格 格 格 格 格 格 格 格 格

0655 潔

깨끗할 **결**
N1 총 15 획

음 けつ 潔白 결백 | 潔癖 결벽 | 簡潔 간결함 | 清潔 청결

훈 いさぎよ(い) 潔い 맑고 깨끗하다, 결백하다

犯人は潔白を主張しました。
범인은 결백을 주장했습니다.

大臣は潔く辞めました。
장관은 미련없이 그만두었습니다.

潔 潔 潔 潔 潔 潔 潔 潔 潔 潔 潔 潔 潔 潔 潔

0656 耕

밭 갈 **경**
N2 총 10 획

음 こう 耕運機 경운기 | 耕作 경작 | 耕地 경지 | 農耕 농경

훈 たがや(す) 耕す 갈다, 일구다, 경작하다

この村は耕作地がありません。
이 마을은 경작지가 없습니다.

畑を耕して暮らしました。
밭을 일구며 살았습니다.

耕 耕 耕 耕 耕 耕 耕 耕 耕 耕

0657 経

지날 **경** (經)
N2 총 11 획

음 けい, きょう 経営 경영 | 経済 경제 | 経歴 경력 | 神経 신경 | 経典 경전 | 読経 독경(불교)

훈 へ(る) 経る 흐르다, 경과하다, 지나다, 거치다

父は会社を経営しています。
아빠는 회사를 경영하고 있습니다.

東京を経て、シドニーに行きました。
도쿄를 거쳐 시드니에 갔습니다.

経 経 経 経 経 経 経 経 経 経 経

0658

境

지경 **경**
N2 총 14획

- 음 **きょう, けい** 境界 경계 | 境地 경지 | 環境 환경 | 国境 국경 | 境内 경내, 신사·사찰의 구내
- 훈 **さかい** 境 경계, 갈림길, 기로 | 県境 현과 현의 경계

環境問題について考えましょう。
환경문제에 대해서 생각합시다.

この川は広島県と山口県の県境です。
이 강은 히로시마현과 야마구치현의 경계입니다.

境境境境境境境境境境境境境境

0659

告

고할 **고**
N2 총 7획

- 음 **こく** 告知 고지, 통지 | 告白 고백 | 勧告 권고 | 広告 광고 | 報告 보고
- 훈 **つ(げる)** 告げる 고하다, 알리다

スーパーの広告を見て、買い物に行きました。
슈퍼 광고를 보고 쇼핑하러 갔습니다.

彼は別れを告げて、去って行きました。
그는 이별을 고하고 떠나갔습니다.

告告告告告告告

0660

故

연고 **고**
N1 총 9획

- 음 **こ** 故郷 고향 | 故障 고장 | 故人 고인, 죽은 사람 | 事故 사고
- 훈 **ゆえ** 故 까닭, 이유 | 故に 그러므로, 따라서

コピー機が故障して使えません。
복사기가 고장나서 사용할 수 없습니다.

愛煙家故にタバコが止められません。
애연가여서 담배를 끊지 못합니다.

故故故故故故故故故

□ □

0661

過

지날 과 (過)

N2 총 12 획

음 か　過去 과거 | 過激 과격 | 過程 과정 | 過労 과로 |
経過 경과 | 通過 통과

훈 す(ぎる), す(ごす), あやま(つ), あやま(ち)　過ぎる 지나가다 |
過ごす 보내다, 지내다 | 過つ 잘못하다, 실수하다 |
過ち 실수, 잘못, 실패

次の電車はこの駅を通過するので、乗れません。
다음 열차는 이 역을 통과하므로 탈 수 없습니다.

休日は映画を見て過ごしました。
휴일은 영화를 보면서 지냈습니다.

¹過	²過	³過	⁴過	⁵過	⁶過	⁷過	⁸過	⁹過	¹⁰過	¹¹過	¹²過

□ □

0662

慣

익숙할 관

N2 총 14 획

음 かん　慣行 관행 | 慣習 관습 | 慣用句 관용구 | 慣例 관례 |
習慣 습관

훈 な(れる), な(らす)　慣れる 습관이 되다, 익숙해지다 |
慣らす 길들이다, 익숙하도록 하다

日本語の慣用句を覚えます。
일본어의 관용구를 외웁니다.

新しい仕事になかなか慣れません。
새로운 일에 좀처럼 익숙해지지 않습니다.

¹慣	²慣	³慣	⁴慣	⁵慣	⁶慣	⁷慣	⁸慣	⁹慣	¹⁰慣	¹¹慣	¹²慣	¹³慣	¹⁴慣

0663

□ □

音 **こう** 　鉱山 광산 ｜ 鉱物 광물 ｜ 鉱脈 광맥 ｜ 炭鉱 탄광 ｜
鉄鉱 철광

この町は炭鉱があります。 이 마을에는 탄광이 있습니다.

ここでは鉄鉱石がとれます。
여기에서는 철광석을 캘 수 있습니다.

쇳돌 **광** (鑛)
N2 총 13 획

| ¹鉱 | ²鉱 | ³鉱 | ⁴鉱 | ⁵鉱 | ⁶鉱 | ⁷鉱 | ⁸鉱 | ⁹鉱 | ¹⁰鉱 | ¹¹鉱 | ¹²鉱 | ¹³鉱 |

0664

□ □

音 **きゅう, く** 　永久 영구, 영원 ｜ 恒久 항구, 영구 ｜
持久 지구, 오래 견딤 ｜ 耐久 내구, 오래 버팀 ｜ 久遠 구원, 영원

訓 **ひさ(しい)** 　久しい 오래되다, 오랜만이다 ｜
久しぶり 오래간만 ｜ 久々 오래간만, 모처럼

オラ솔은... マラソンは持久力が必要です。
마라톤은 지구력이 필요합니다.

久しぶりに友達とお酒を飲みました。
오래간만에 친구와 술을 마셨습니다.

오랠 **구**
N3 총 3 획

| ¹久 | ²久 | ³久 |

0665

□ □

音 **く** 　句点 구점, 마침표, 종지부 ｜ 句読 구두, 구두점 ｜ 語句 어구 ｜
俳句 하이쿠(5・7・5의 3구 17자로 이루어진 일본 고유의 단시) ｜
文句 불평, 문구

祖父は俳句が好きです。 할아버지는 하이쿠를 좋아합니다.

文句を言わないでください。 불평하지 마세요.

글귀 **구**
N1 총 5 획

| ¹句 | ²句 | ³句 | ⁴句 | ⁵句 |

0666

旧

옛 **구** (舊)

N3 총 5획

음 きゅう　旧式 구식 ｜ 旧暦 음력 ｜ 新旧 신구, 새것과 헌것 ｜ 復旧 복구

旧暦の八月十五日は韓国の秋夕です。
음력 8월 15일은 추석입니다.

電車が復旧するまで時間がかかります。
전철이 복구되기까지 시간이 걸립니다.

1	2	3	4	5
旧	旧	旧	旧	旧

0667

救

구원할 **구**

N2 총 11획

음 きゅう　救援 구원 ｜ 救急車 구급차 ｜ 救出 구출 ｜ 救助 구조

훈 すく(う)　救う 구하다

早く救急車を呼んでください。 빨리 구급차를 불러 주세요.

消防士が子どもを救いました。
소방관이 아이를 구했습니다.

1	2	3	4	5	6	7	8	9	10	11
救	救	救	救	救	救	救	救	救	救	救

0668

構

얽을 **구**

N2 총 14획

음 こう　構成 구성 ｜ 構造 구조 ｜ 機構 기구 ｜
結構 짜임새, 훌륭함, 좋음

훈 かま(える), かま(う)　構える 차리다, 꾸미다, 자세를 취하다 ｜
心構え 마음의 준비, 각오 ｜ 構う 상관하다, 마음 쓰다

論文の構成を考えます。 논문의 구성을 생각합니다.

面接の心構えを習いました。
면접에 대한 마음가짐을 익혔습니다.

1	2	3	4	5	6	7	8	9	10	11	12	13	14
構	構	構	構	構	構	構	構	構	構	構	構	構	構

0669

規

법 규
N2 총 11획

음 き 規格 규격 | 規則 규칙 | 規定 규정 | 正規 정규 | 定規 정규, 자

規則を守ってください。 규칙을 지켜 주세요.

定規で線を引きます。 자로 선을 긋습니다.

1	2	3	4	5	6	7	8	9	10	11
規	規	規	規	規	規	規	規	規	規	規

0670

均

고를 균
N2 총 7획

음 きん 均一 균일 | 均衡 균형 | 均等 균등 | 平均 평균

ここは百円均一のお店です。
여기는 100엔 균일 가격의 가게입니다.

テストの平均点は85点です。
시험의 평균점은 85점입니다.

1	2	3	4	5	6	7
均	均	均	均	均	均	均

0671

禁

금할 금
N2 총 13획

음 きん 禁煙 금연 | 禁止 금지 | 禁じる 금하다 | 解禁 해금, 금지령을 해제함 | 厳禁 엄금

会議室は禁煙です。 회의실은 금연입니다.

ここは駐車禁止です。 여기는 주차금지입니다.

1	2	3	4	5	6	7	8	9	10	11	12	13
禁	禁	禁	禁	禁	禁	禁	禁	禁	禁	禁	禁	禁

技

재주 기
N2 총 7획

음 ぎ　技術 기술 | 技能 기능 | 演技 연기 | 球技 구기 | 競技 경기
훈 わざ　技 기술

木村さんの演技はすばらしいです。
기무라 씨의 연기는 훌륭합니다.

柔道にはたくさんの技があります。
유도에는 많은 기술이 있습니다.

紀

벼리 기
N1 총 9획

음 き　紀元 기원 | 紀行 기행 | 世紀 세기 | 風紀 풍기

今年は紀元2012年です。
올해는 기원 2012년입니다.

紀行文を読むのが好きです。
기행문 읽는 것을 좋아합니다.

0674

寄

부칠 기
N2 총 11획

음 き 寄宿 기숙 | 寄生 기생 | 寄贈·寄贈 기증, 증정 | 寄付 기부 | 寄与 기여

훈 よ(る), よ(せる) 寄る 다가가다, 모이다, 들르다 | 寄り道 가는 길에 들름 | 最寄り 가장 가까움, 근처 | 寄せる 밀려오다, 접근하다, 다가오다

図書館に本を寄贈します。
도서관에 책을 기증합니다.

スーパーに寄って、買い物して帰りました。
슈퍼에 들러 물건을 사고 집에 왔습니다.

寄 寄 寄 寄 寄 寄 寄 寄 寄 寄 寄

0675

基

터 기
N1 총 11획

음 き 基準 기준 | 基礎 기초 | 基地 기지 | 基本 기본

훈 もと, もとい 基 처음, 시작, 기원, 원인 | 基づく 의거하다, 바탕을 두다, 근거하다 | 基 건물의 토대, 기초, 사물의 근본

フランス語を基礎から勉強します。
프랑스어를 기초부터 공부합니다.

これは事実に基づいたドラマです。
이것은 사실을 바탕으로 한 드라마입니다.

基 基 基 基 基 基 基 基 基 基 基

能

능할 **능**
N3 총 10획

음 **のう** 能率 능률 | 能力 능력 | 可能 가능 | 芸能 예능 | 才能 재능 | 有能 유능함

吉田さんは語学の才能があります。
요시다 씨는 어학에 재능이 있습니다.
金田さんは有能な社員です。
가네다 씨는 유능한 사원입니다.

能 能 能 能 能 能 能 能 能 能

団

둥글 **단** (團)
N3 총 6획

음 **だん, とん** 団結 단결 | 団体 단체 | 劇団 극단 | 財団 재단 | 集団 집단 | 布団 이불

ここは団体席の部屋です。
여기는 단체석을 위한 방입니다.
妹は劇団に所属しています。
여동생은 극단에 소속해 있습니다.

団 団 団 団 団 団

断

끊을 **단** (斷)
N2 총 11획

음 **だん** 断絶 단절 | 断定 단정 | 横断 횡단 | 遮断 차단 | 中断 중단 | 判断 판단

훈 **た(つ), ことわ(る)** 断つ 끊다, 절단하다, 자르다 | 断る 거절하다, 사절하다 | 断り 거절, 사절

雨で試合が中断しました。
비가 와서 시합이 중단되었습니다.
私は吉田さんのプロポーズを断りました。
나는 요시다 씨의 프러포즈를 거절했습니다.

断 断 断 断 断 断 断 断 断 断 断

0679

堂

집 **당**

N4 총 11 획

- 음 **どう** 堂々 _{どうどう} 당당 | 講堂 _{こうどう} 강당 | 食堂 _{しょくどう} 식당 | 聖堂 _{せいどう} 성당

彼はいつも堂々としています。
그는 항상 당당합니다.

学生が講堂に集まりました。
학생이 강당에 모였습니다.

堂 堂 堂 堂 堂 堂 堂 堂 堂 堂 堂

0680

貸

빌릴 **대**

N4 총 12 획

- 음 **たい** 貸借 _{たいしゃく} 대차 | 貸与 _{たいよ} 대여 | 賃貸 _{ちんたい} 임대, 세줌
- 훈 **か(す)** 貸す _か 빌려주다 | 貸家 _{かしや} 셋집

賃貸マンションに住んでいます。
임대 아파트에 삽니다.

友達にマンガを貸しました。
친구에게 만화를 빌려주었습니다.

貸 貸 貸 貸 貸 貸 貸 貸 貸 貸 貸 貸

0681

導

인도할 **도**

N2 총 15 획

- 음 **どう** 導入 _{どうにゅう} 도입 | 指導 _{しどう} 지도 | 半導体 _{はんどうたい} 반도체 | 誘導 _{ゆうどう} 유도
- 훈 **みちび(く)** 導く _{みちび} 안내하다, 인도하다

木村先生の指導を受けました。
기무라 선생님의 지도를 받았습니다.

先生が私を正しい道に導いてくれました。
선생님이 나를 바른 길로 인도해 주었습니다.

導 導 導 導 導 導 導 導 導 導 導 導 導 導 導

毒

독 독
N2 총 8획

음 どく　毒薬 독약 ｜ 解毒 해독 ｜ 解毒剤 해독제 ｜ 消毒 소독 ｜ 中毒 중독

けがをした部分を消毒します。　다친 부분을 소독합니다.

夏は食中毒に気をつけましょう。
여름에는 식중독을 조심합시다.

毒 毒 毒 毒 毒 毒 毒 毒

独

홀로 독 (獨)
N2 총 9획

음 どく　独身 독신 ｜ 独占 독점 ｜ 独特 독특 ｜ 独立 독립 ｜ 孤独 고독 ｜ 単独 단독

훈 ひと(り)　独り 한 명, 혼자 ｜ 独り言 혼잣말

예외 独楽 팽이

孤独な時間はいつですか。　고독한 시간은 언제입니까?

独りで旅行に行きました。　혼자서 여행을 갔습니다.

独 独 独 独 独 独 独 独 独

銅

구리 동
N2 총 14획

음 どう　銅貨 동화, 동전 ｜ 銅像 동상 ｜ 銅メダル 동메달 ｜ 青銅 청동

設立者の銅像ができました。
설립자의 동상이 완성되었습니다.

日本の選手が銅メダルをとりました。
일본 선수가 동메달을 땄습니다.

銅 銅 銅 銅 銅 銅 銅 銅 銅 銅 銅 銅 銅 銅

0685

得

얻을 득
N2 총 11 획

음 とく　得意 잘함, 자신 있음 | 得点 득점 | 取得 취득 | 所得 소득 | 説得 설득 | 納得 납득

훈 え(る), う(る)　得る 얻다, 획득하다 | 得る 얻다

田中さんの説明に納得がいきません。
다나카 씨의 설명에 납득이 가지 않습니다.

先生の許可を得て、実験室を使います。
선생님의 허가를 얻어서 실험실을 사용합니다.

得 得 得 得 得 得 得 得 得 得 得

0686

略

간략할 략
N2 총 11 획

음 りゃく　略図 약도 | 略歴 약력 | 計略 계략 | 省略 생략 | 侵略 침략 | 戦略 전략

お店まで略図を書いてくれますか。
가게까지 약도를 그려 주시겠습니까?

難しい説明は省略してください。
어려운 설명은 생략해 주세요.

略 略 略 略 略 略 略 略 略 略 略

0687

歴

지낼 력 (歷)
N2 총 14 획

음 れき　歴史 역사 | 歴代 역대 | 学歴 학력 | 経歴 경력 | 履歴 이력

この学校には深い歴史があります。
이 학교에는 깊은 역사가 있습니다.

履歴書を持って、面接に行きます。
이력서를 가지고 면접에 갑니다.

歴 歴 歴 歴 歴 歴 歴 歴 歴 歴 歴 歴 歴 歴

0688

領

거느릴 **령**
N2 총 14 획

음 りょう 　領収書 영수증 ｜ 領土 영토 ｜ 占領 점령 ｜
大統領 대통령 ｜ 要領 요령

領収書は必要ですか。 영수증은 필요합니까?
来月、大統領選挙があります。
다음 달에 대통령 선거가 있습니다.

1	2	3	4	5	6	7	8	9	10	11	12	13	14
領	領	領	領	領	領	領	領	領	領	領	領	領	領

0689

留

머무를 **류**
N2 총 10 획

음 りゅう, る 　留意 유의 ｜ 留学 유학 ｜ 残留 잔류 ｜ 保留 보류 ｜
留守 부재중

훈 と(める), と(まる) 　留める 만류하다, (마음에) 두다, 새기다 ｜
書留 등기 우편 ｜ 留まる 머물다, 고정되다

留学を準備しています。 유학을 준비하고 있습니다.
返事がないから留守のようです。
대답이 없으니 부재중인 듯합니다.

1	2	3	4	5	6	7	8	9	10
留	留	留	留	留	留	留	留	留	留

0690

脈

줄기 **맥** (脈)
N1 총 10 획

음 みゃく 　脈拍 맥박 ｜ 脈絡 맥락 ｜ 山脈 산맥 ｜ 動脈 동맥 ｜
文脈 문맥

運動すると脈拍が速くなります。
운동을 하면 맥박이 빨라집니다.
この部分の文脈が分かりません。
이 부분의 문맥을 모르겠습니다.

1	2	3	4	5	6	7	8	9	10
脈	脈	脈	脈	脈	脈	脈	脈	脈	脈

0691

綿

솜 **면**
N2 총 14획

- 음 **めん** 綿花 면화, 목화 | 綿密 면밀 | 脱脂綿 탈지면, 약솜 | 木綿 목면, 솜
- 훈 **わた** 綿 목화, 솜 | 真綿 풀솜, 설면자 | 綿菓子 솜사탕

綿密に話し合って計画を立てます。
면밀히 의논하고 계획을 세웁니다.

綿菓子を買って、食べました。 솜사탕을 사 먹었습니다.

0692

夢

꿈 **몽**
N2 총 13획

- 음 **む** 夢想 몽상, 공상 | 夢中 열중함, 몰두함 | 夢遊病 몽유병 | 悪夢 악몽, 흉몽
- 훈 **ゆめ** 夢 꿈 | 初夢 첫 꿈, 정월 초하루나 초이틀에 꾸는 꿈 | 正夢 꿈이 현실과 들어맞음

テレビドラマに夢中です。 텔레비전 드라마에 빠졌습니다.

変な夢を見ました。 이상한 꿈을 꿨습니다.

0693

墓

무덤 **묘**
N1 총 13획

- 음 **ぼ** 墓前 무덤 앞 | 墓地 묘지 | 墓碑 묘비 | 墳墓 분묘, 무덤
- 훈 **はか** 墓 묘, 무덤, 묘비 | 墓参り 성묘

父の墓前に花を供えました。
아버지의 무덤 앞에 꽃을 올렸습니다.

田舎へ墓参りに行きます。 시골에 성묘하러 갑니다.

0694

武

호반 **무**
N2 총 8획

음 ぶ, む 武士 무사 | 武装 무장 | 武力 무력 | 文武 문무 | 武者 무사

兵士たちが武装しています。 병사들이 무장하고 있습니다.

武力では何も解決しません。
무력으로는 아무것도 해결할 수 없습니다.

¹武 ²武 ³武 ⁴武 ⁵武 ⁶武 ⁷武 ⁸武

0695

務

힘쓸 **무**
N2 총 11획

음 む 義務 의무 | 業務 업무 | 勤務 근무 | 事務 사무 | 職務 직무

훈 つと(める), つと(まる) 務める 소임을 맡다, 역할을 하다 | 務まる 임무를 다하다

会社の業務は九時から五時までです。
회사 업무는 아홉 시부터 다섯 시까지입니다.

会議の司会を野田さんが務めます。
회의의 사회를 노다 씨가 맡습니다.

¹務 ²務 ³務 ⁴務 ⁵務 ⁶務 ⁷務 ⁸務 ⁹務 ¹⁰務 ¹¹務

0696

貿

무역할 **무**
N2 총 12획

음 ぼう 貿易 무역 | 貿易会社 무역회사 | 貿易商 무역상 | 貿易風 무역풍, 열대 동풍

貿易会社に勤めたいです。 무역회사에 근무하고 싶습니다.

横浜には大きな貿易港があります。
요코하마에는 큰 무역항이 있습니다.

¹貿 ²貿 ³貿 ⁴貿 ⁵貿 ⁶貿 ⁷貿 ⁸貿 ⁹貿 ¹⁰貿 ¹¹貿 ¹²貿

0697

迷

미혹할 **미** (迷)
N2 총 9 획

- **음** めい　迷路 미로 ｜ 迷惑 폐, 귀찮음, 성가심 ｜ 混迷 혼미 ｜ 低迷 침체
- **훈** まよ(う)　迷う 길을 잃다, 헤매다
- **예외** 迷子 미아

迷惑をかけて、すみません。 폐를 끼쳐서 죄송합니다.

道に迷ってしまいました。 길을 잃고 말았습니다.

迷	迷	迷	迷	迷	迷	迷	迷	迷

0698

防

막을 **방**
N2 총 7 획

- **음** ぼう　防疫 방역 ｜ 防災 방재 ｜ 防止 방지 ｜ 国防 국방 ｜ 堤防 제방 ｜ 予防 예방
- **훈** ふせ(ぐ)　防ぐ 막다, 방지하다

歯を磨いて虫歯を予防しましょう。
이를 닦아서 충치를 예방합시다.

これは汗の臭いを防ぐものです。
이것은 땀 냄새를 방지하는 것입니다.

防	防	防	防	防	防	防

0699

犯

범할 **범**
N2 총 5 획

- **음** はん　犯罪 범죄 ｜ 犯人 범인 ｜ 共犯 공범 ｜ 侵犯 침범
- **훈** おか(す)　犯す 어기다, 범하다

外国人の犯罪が増えています。
외국인 범죄가 늘고 있습니다.

犯した罪を反省します。 저지른 죄를 반성합니다.

犯	犯	犯	犯	犯

0700

弁

고깔/말씀 변 (辯)
N1 총 5획

음 べん 弁護 변호 | 弁済 변제 | 弁論 변론 | 関西弁 간사이 사투리 | 代弁 대변, 대리

その事件を弁護士に頼みました。
그 사건을 변호사에게 의뢰했습니다.

友達は関西弁を話します。
친구는 간사이 사투리로 말합니다.

0701

保

지킬 보
N1 총 9획

음 ほ 保育 보육 | 保健 보건 | 保険 보험 | 保存 보존 | 確保 확보 | 担保 담보

훈 たも(つ) 保つ 유지되다, 유지하다

海外旅行保険に入りました。
해외 여행 보험에 들었습니다.

若さを保つ方法は何ですか。
젊음을 유지하는 방법은 무엇입니까?

0702

報

갚을 보
N2 총 12획

음 ほう 報告 보고 | 報道 보도 | 情報 정보 | 予報 예보

훈 むく(いる) 報いる 보답하다, 갚다, 보복하다

毎朝、天気予報を見ます。 매일 아침 일기 예보를 봅니다.

先生の恩に報いることができました。
선생님의 은혜에 보답할 수 있었습니다.

0703

復

회복할 **복**
N2 총 12 획

음 ふく 復学 복학 | 復習 복습 | 往復 왕복 | 快復 쾌복, 쾌차

外国語の勉強は復習が大切です。
외국어 공부는 복습이 중요합니다.

飛行機の往復チケットを予約しました。
비행기 왕복 티켓을 예약했습니다.

復 復 復 復 復 復 復 復 復 復 復 復

0704

複

겹칠 **복**
N2 총 14 획

음 ふく 複合 복합 | 複雑 복잡함 | 複数 복수 | 複製 복제 |
重複・重複 중복

説明書が複雑で分かりません。
설명서가 복잡해서 이해가 안 됩니다.

この絵は複製品です。 이 그림은 복제품입니다.

複 複 複 複 複 複 複 複 複 複 複 複 複 複

0705

婦

며느리 **부**
N2 총 11 획

음 ふ 婦人 부인 | 主婦 주부 | 新婦 신부 | 妊婦 임부, 임산부 |
夫婦 부부

婦人服売り場で働いています。
여성복 매장에서 일하고 있습니다.

妊婦に席を譲りました。 임산부에게 자리를 양보했습니다.

婦 婦 婦 婦 婦 婦 婦 婦 婦 婦 婦

粉

가루 **분**
N2 총 10 획

음 ふん 粉砕 분쇄 | 粉末 분말, 가루 | 花粉 꽃가루 |
澱粉 전분, 녹말

훈 こ, こな 小麦粉 밀가루 | そば粉 메밀가루 | 粉 가루, 분말 |
粉雪 가루눈

花粉症の人が増えています。
꽃가루 알레르기가 있는 사람이 늘고 있습니다.

小麦粉に卵と牛乳を入れてください。
밀가루에 달걀과 우유를 넣어 주세요.

1	2	3	4	5	6	7	8	9	10
粉	粉	粉	粉	粉	粉	粉	粉	粉	粉

仏

부처 **불** (佛)
N3 총 4 획

음 ぶつ 仏像 불상 | 仏教 불교 | 石仏 석불, 돌부처 |
大仏 대불, 큰 부처

훈 ほとけ 仏 부처, 석가 | 仏心 불심, 부처의 자비심 | 仏様 부처님

奈良には有名な大仏があります。
나라에는 유명한 대불이 있습니다.

仏様に祈ります。 부처님에게 빕니다.

1	2	3	4
仏	仏	仏	仏

0708

比

견줄 비
N3 총 4획

- 음 ひ 比較 비교 | 比重 비중 | 比率 비율 | 比例 비례 | 対比 대비, 대조
- 훈 くら(べる) 比べる 비교하다, 견주다, 겨루다, 경쟁하다

文系は男性より女性の比率が高いです。
문과는 남성보다 여성의 비율이 높습니다.

兄と弟が背を比べています。
오빠와 남동생이 키를 비교하고 있습니다.

比 比 比 比

0709

非

아닐 비
N3 총 8획

- 음 ひ 非常 비상, 대단함 | 非常識 비상식 | 非難 비난 | 非売品 비매품 | 是非 시비, 제발, 꼭

非常口はどこですか。 비상구는 어디입니까?

非売品なので買うことができません。
비매품이기 때문에 살 수 없습니다.

非 非 非 非 非 非 非 非

0710

肥

살찔 비
N1 총 8획

- 음 ひ 肥大 비대 | 肥満 비만 | 肥沃 비옥 | 肥料 비료
- 훈 こ(える), こえ, こ(やす), こ(やし) 肥える 살찌다, 비옥해지다 | 肥 거름, 비료 | 肥やす 살찌우다 | 肥やし 거름, 비료

運動して肥満を予防します。
운동을 해서 비만을 예방합니다.

土地が肥えているので、作物がよく育ちます。
토지가 비옥해서 작물이 잘 자랍니다.

肥 肥 肥 肥 肥 肥 肥 肥

備

갖출 비
N2 총 12 획

음 び 備考 비고 | 備品 비품 | 軍備 군비 | 準備 준비 | 整備 정비 | 設備 설비

훈 そな(える), そな(わる) 備える 갖추다, 구비하다, 대비하다 | 備わる 갖추어지다, 구비되다

プレゼンの準備で忙しいです。
프리젠테이션 준비로 바쁩니다.

地震に備えて、非常食を買っておきます。
지진에 대비해서 비상 식량을 사 둡니다.

1	2	3	4	5	6	7	8	9	10	11	12		
備	備	備	備	備	備	備	備	備	備	備	備		

費

쓸 비
N2 총 12 획

음 ひ 費用 비용 | 会費 회비 | 経費 경비 | 実費 실비 | 消費 소비 | 食費 식비

훈 つい(やす), つい(える) 費やす 쓰다, 소비하다 | 費える 줄다, 적어지다

百万円の費用がかかります。
백만 엔의 비용이 듭니다.

つまらないことで時間を費やしました。
별거 아닌 일로 시간을 낭비했습니다.

1	2	3	4	5	6	7	8	9	10	11	12		
費	費	費	費	費	費	費	費	費	費	費	費		

0713

貧

가난할 **빈**
N2 총 11 획

- 음 **ひん, びん**　貧血 빈혈 | 貧困 빈곤 | 極貧 극빈 | 清貧 청빈 | 貧乏 가난함
- 훈 **まず(しい)**　貧しい 가난하다, 빈약하다

貧血で倒れました。 빈혈로 쓰러졌습니다.
私は貧しい家庭で育ちました。
나는 가난한 가정에서 자랐습니다.

| ¹貧 | ²貧 | ³貧 | ⁴貧 | ⁵貧 | ⁶貧 | ⁷貧 | ⁸貧 | ⁹貧 | ¹⁰貧 | ¹¹貧 |

0714

士

선비 **사**
N1 총 3 획

- 음 **し**　士官 사관 | 消防士 소방관 | 紳士 신사 | 弁護士 변호사 | 武士 무사

弟は消防士を目指しています。
남동생은 소방관을 목표로 하고 있습니다.
田中さんの紳士的な態度が好きです。
다나카 씨의 신사적인 태도를 좋아합니다.

| ¹士 | ²士 | ³士 |

0715

史

사기 **사**
N3 총 5 획

- 음 **し**　史学 사학, 역사학 | 史料 사료 | 国史 국사 | 世界史 세계사 | 歴史 역사

私は大学の史学科で勉強しています。
저는 대학의 사학과에서 공부하고 있습니다.
世界史が一番おもしろいです。
세계사가 가장 재미있습니다.

| ¹史 | ²史 | ³史 | ⁴史 | ⁵史 |

117

0716

似

닮을 **사**
N2 총 7획

음 じ　疑似 ぎじ 유사 | 近似 きんじ 근사, 유사 | 酷似 こくじ 흡사 | 類似 るいじ 유사, 닮음

훈 に(る)　似る に 닮다, 비슷하다 | 似合う にあ 어울리다, 잘 맞다 | 似顔絵 にがおえ 초상화

韓国語と日本語は類似点がたくさんあります。
かんこくご　にほんご　るいじてん
한국어와 일본어는 비슷한 점이 많습니다.

妹は父に似ています。
いもうと　ちち　に
여동생은 아버지를 닮았습니다.

0717

舍

집 **사** (舍)
N1 총 8획

음 しゃ　駅舎 えきしゃ 역사 | 校舎 こうしゃ 교사, 학교 건물 | 牛舎 ぎゅうしゃ 외양간

예외 田舎 いなか 시골, 고향

大学は新しい校舎を建てました。
だいがく　あたら　こうしゃ　た
대학은 새로운 건물을 지었습니다.

牛が牛舎に戻って行きます。
うし　ぎゅうしゃ　もど　い
소가 외양간으로 돌아갑니다.

0718

査

조사할 **사**
N2 총 9획

음 さ　査察 ささつ 사찰 | 査証 さしょう 사증, 조사하여 증명함, 비자 | 監査 かんさ 감사 | 検査 けんさ 검사 | 調査 ちょうさ 조사

空港で荷物の検査を受けました。
くうこう　にもつ　けんさ　う
공항에서 짐 검사를 받았습니다.

道路の交通量を調査します。
どうろ　こうつうりょう　ちょうさ
도로의 교통량을 조사합니다.

0719 師

음 し 師匠 스승, 선생 | 師弟 사제, 스승과 제자 | 恩師 은사, 스승 | 教師 교사 | 漁師 어부

스승 사
N2 총 10 획

教師になるための勉強をしています。
교사가 되기 위한 공부를 하고 있습니다.

中学生のときの恩師に花束を贈りました。
중학생 때의 은사에게 꽃다발을 보냈습니다.

師師師師師師師師師師

0720 飼

음 し 飼育 사육 | 飼料 사료

훈 か(う) 飼う 기르다, 사육하다

기를 사 (飼)
N1 총 13 획

兄は動物園の飼育員です。
형은 동물원의 사육사입니다.

うちでは犬を飼っています。
우리집에서는 개를 기릅니다.

飼飼飼飼飼飼飼飼飼飼飼飼飼

0721 謝

음 しゃ 謝罪 사죄 | 謝絶 사절 | 謝礼 사례 | 感謝 감사 | 陳謝 까닭을 말하여 사과함

훈 あやま(る) 謝る 용서를 빌다, 사과하다

사례할 사
N1 총 17 획

これは、ほんの感謝の気持ちです。
이것은 보잘것없는 감사의 마음입니다.

子どもは母親に謝りました。
아이는 엄마에게 용서를 빌었습니다.

謝謝謝謝謝謝謝謝謝謝謝謝謝謝謝
謝謝

0722

□ □

酸

실 **산**

N1 총 14획

- 음 **さん** | 酸性 산성 | 酸素 산소 | 酸味 산미, 신맛 | 塩酸 염산 | 炭酸 탄산
- 훈 **す(い)** | 酸い 시다 | 酸っぱい 시다, 시큼하다

このりんごは酸味が強いです。 이 사과는 신맛이 강합니다.

彼は人生の酸いも甘いも知っています。
그는 인생의 쓴맛도 단맛도 다 압니다.

1	2	3	4	5	6	7	8	9	10	11	12	13	14
酸	酸	酸	酸	酸	酸	酸	酸	酸	酸	酸	酸	酸	酸

0723

□ □

殺

죽일 **살**/빠를 **쇄**

N2 총 10획

- 음 **さつ, さい, せつ** | 殺害 살해 | 殺人 살인 | 暗殺 암살 | 自殺 자살 | 相殺 상쇄 | 殺生 살생
- 훈 **ころ(す)** | 殺す 죽이다

殺人犯が捕まりました。 살인범이 잡혔습니다.

生き物を殺してはいけません。
살아 있는 것을 죽이면 안 됩니다.

1	2	3	4	5	6	7	8	9	10
殺	殺	殺	殺	殺	殺	殺	殺	殺	殺

0724

□ □

状

형상 **상** (狀)

N2 총 7획

- 음 **じょう** | 状況 상황 | 状態 상태 | 現状 현상, 현재 상황 | 実状 실상 | 症状 증상

現状を上司に報告します。
현재 상황을 상사에게 보고하겠습니다.

風邪の症状が現れました。 감기 증상이 나타났습니다.

1	2	3	4	5	6	7				
状	状	状	状	状	状	状				

0725

常

항상 **상**
N2 총 11 획

음 じょう　常温 상온 | 常識 상식 | 通常 통상, 보통 |
日常 일상, 평소 | 非常 비상, 대단함
훈 つね, とこ　常に 늘, 항상, 평소에 | 常夏 상하, 늘 여름임

常温で保管してください。　상온에서 보관해 주세요.
常に身分証を持っていてください。
항상 신분증을 가지고 있으세요.

常 常 常 常 常 常 常 常 常 常 常

0726

象

코끼리 **상**
N2 총 12 획

음 しょう, ぞう　象徴 상징 | 印象 인상 | 現象 현상 | 対象 대상 |
抽象 추상 | 象牙 상아

それはとても印象的な絵です。
그것은 매우 인상적인 그림입니다.
主婦を対象にしたアンケートです。
주부를 대상으로 한 설문 조사입니다.

象 象 象 象 象 象 象 象 象 象 象 象

0727

像

모양 **상**
N2 총 14 획

음 ぞう　映像 영상 | 画像 화상 | 肖像 초상 | 想像 상상 |
仏像 불상

これは父の肖像画です。
이것은 아버지의 초상화입니다.
未来のことを想像してみます。
미래의 일을 상상해 봅니다.

像 像 像 像 像 像 像 像 像 像 像 像 像 像

賞

상줄 **상**
N2 총 15획

- 음 **しょう** 賞状 상장 | 賞品 상품 | 皆勤賞 개근상 | 鑑賞 감상

小学生のとき、皆勤賞をもらいました。
초등학생 때 개근상을 탔습니다.

音楽鑑賞が趣味です。 음악 감상이 취미입니다.

1	2	3	4	5	6	7	8	9	10	11	12	13	14	15
賞	賞	賞	賞	賞	賞	賞	賞	賞	賞	賞	賞	賞	賞	賞

序

차례 **서**
N1 총 7획

- 음 **じょ** 序章 서장 | 序文 서문 | 序論 서론 | 順序 순서 | 秩序 질서

序論から論文を書き始めます。
서론부터 논문을 쓰기 시작합니다.

秩序がある社会を築きましょう。
질서가 있는 사회를 구축합시다.

1	2	3	4	5	6	7								
序	序	序	序	序	序	序								

設

베풀 **설**
N2 총 11획

- 음 **せつ** 設計 설계 | 設備 설비 | 設立 설립 | 開設 개설 | 建設 건설 | 施設 시설
- 훈 **もう(ける)** 設ける 마련하다, 준비하다, 설치하다

来月、事務所を開設します。
다음 달에 사무소를 개설합니다.

市役所は法律相談コーナーを設けました。
시청은 법률 상담 창구를 마련했습니다.

1	2	3	4	5	6	7	8	9	10	11				
設	設	設	設	設	設	設	設	設	設	設				

0731

性

성품 성

N3 총 8 획

음 せい, しょう

性格 성격 | 性別 성별 | 異性 이성 | 個性 개성 | 女性 여성 | 男性 남성 | 野性 야성 | 性分 성분 | 相性 궁합이 맞음, 성격이 서로 맞음

私は短気な性格です。
나는 성미가 급한 성격입니다.

彼と私は相性がいいです。
그와 나는 성격이 잘 맞습니다.

性 性 性 性 性 性 性 性

0732

税

세금 세 (稅)

N2 총 12 획

음 ぜい

税関 세관 | 税金 세금 | 税務 세무 | 消費税 소비세 | 租税 조세 | 納税 납세

カードで税金を納めます。 카드로 세금을 납부합니다.

日本は消費税を出します。 일본은 소비세를 냅니다.

税 税 税 税 税 税 税 税 税 税 税 税

0733

勢

형세 세

N2 총 13 획

음 せい

勢力 세력 | 運勢 운세 | 姿勢 자세 | 情勢 정세, 형세

훈 いきお(い)

勢い 기세, 기운

運勢を占います。 운세를 점칩니다.

水が勢いよく流れています。
물이 기세 좋게 흐르고 있습니다.

勢 勢 勢 勢 勢 勢 勢 勢 勢 勢 勢 勢 勢

素

본디 소
N1 총 10 획

[음] そ, す | 素朴 ^{そぼく} 소박함 | 元素 ^{げんそ} 원소 | 酸素 ^{さんそ} 산소 | 素足 ^{すあし} 맨발 | 素顔 ^{すがお} 민낯 | 素肌 ^{すはだ} 맨살

[예외] 素人 ^{しろうと} 생무지, 풋내기, 아마추어

酸素 はとても 大切です。 산소는 매우 소중합니다.

川村さんは 素肌 がきれいです。
가와무라 씨는 피부가 곱습니다.

|素|素|素|素|素|素|素|素|素|素|

属

무리 속 (屬)
N1 총 12 획

[음] ぞく | 属性 ^{ぞくせい} 속성, 특성 | 金属 ^{きんぞく} 금속 | 従属 ^{じゅうぞく} 종속 | 所属 ^{しょぞく} 소속 | 附属 ^{ふぞく} 부속

所属 と 名前を 言ってください。
소속과 이름을 말해 주세요.

大学の 附属 学校を 卒業しました。
대학의 부속 학교를 졸업했습니다.

|属|属|属|属|属|属|属|属|属|属|属|属|

損

덜 손
N2 총 13 획

[음] そん | 損害 ^{そんがい} 손해 | 損失 ^{そんしつ} 손실 | 欠損 ^{けっそん} 결손 | 破損 ^{はそん} 파손

[훈] そこ(なう), そこ(ねる) | 損なう ^{そこ} 파손하다, 부수다, 상하게 하다 | 損ねる ^{そこ} 상하게 하다, 해치다

台風で 大きい 損害 が 出ました。
태풍 때문에 큰 손해가 났습니다.

私は 田中さんの 機嫌を 損ねました。
나는 다나카 씨의 기분을 상하게 했습니다.

|損|損|損|損|損|損|損|損|損|損|損|損|損|

率

거느릴 **솔**/비율 **률**
N2 총 11 획

음 りつ, そつ 　確率 확률 | 倍率 배율 | 比率 비율 | 率先 솔선 |
率直 솔직함 | 軽率 경솔함

훈 ひき(いる) 　率いる 거느리다, 인솔하다, 통솔하다

率直に言って、この料理はおいしくないです。
솔직히 말해서 이 요리는 맛이 없습니다.

子どもたちを率いて、遠足に行きました。
아이들을 인솔하여 소풍을 갔습니다.

1	2	3	4	5	6	7	8	9	10	11			
率	率	率	率	率	率	率	率	率	率	率			

修

닦을 **수**
N1 총 10 획

음 しゅう, しゅ 　修正 수정 | 修理 수리 | 修了 수료 |
改修 개수, 수리 | 必修 필수 |
修業 수업, 학술이나 기예 등을 배우고 익힘

훈 おさ(める), おさ(まる) 　修める 닦다, 수양하다, 익히다 |
修まる 닦아지다, 좋아지다

今年、博士課程を修了しました。
올해 박사 과정을 수료했습니다.

大学で医学を修めました。
대학에서 의학을 수학했습니다.

1	2	3	4	5	6	7	8	9	10				
修	修	修	修	修	修	修	修	修	修				

0739

授

줄 **수**

N1 총 11획

음 じゅ 授業 수업 | 授乳 수유 | 授与 수여 | 教授 교수 |
伝授 전수

훈 さず(ける), さず(かる) 授ける 내리다, 하사하다, 전수하다 |
授かる 내려주시다

授業は三時からです。
수업은 세 시부터입니다.

妹が赤ちゃんを授かりました。
여동생이 아기를 가졌습니다.

授 授 授 授 授 授 授 授 授 授 授

0740

輸

보낼 **수** (輸)

N2 총 16획

음 ゆ 輸出 수출 | 輸入 수입 | 運輸 운수, 수송 | 空輸 공수

日本はたくさんの石油を輸入しています。
일본은 많은 석유를 수입하고 있습니다.

物資を空輸しました。
물자를 공수했습니다.

輸 輸 輸 輸 輸 輸 輸 輸 輸 輸 輸 輸 輸 輸 輸
輸

□ □

0741

述

펼 술 (述)

N2 총 8획

음 **じゅつ** 述語 술어 | 記述 기술 | 口述 구술 | 詳述 상술 | 陳述 진술

훈 **の(べる)** 述べる 말하다, 진술하다, 기술하다

週刊誌にその事件の詳しい記述があります。
주간지에 그 사건에 대한 상세한 기술이 있습니다.

意見を自由に述べてください。
의견을 자유롭게 말해 주세요.

| 1 述 | 2 述 | 3 述 | 4 述 | 5 述 | 6 述 | 7 述 | 8 述 |

□ □

0742

術

재주 술

N2 총 11획

음 **じゅつ** 術後 수술 후 | 学術 학술 | 技術 기술 | 芸術 예술 | 手術 수술 | 美術 미술

秋は芸術の季節です。
가을은 예술의 계절입니다.

手術は四時間かかりました。
수술은 네 시간 걸렸습니다.

| 1 術 | 2 術 | 3 術 | 4 術 | 5 術 | 6 術 | 7 術 | 8 術 | 9 術 | 10 術 | 11 術 |

[　／20]

■ 밑줄 친 한자를 바르게 읽은 것을 고르시오.

1 新聞社ごとに記事の記述は違います。
　① ぎじゅち　　②きじゅち　　③ぎじゅつ　　④きじゅつ

2 仮病を使って、学校を休みました。
　① かびょう　　②けびょう　　③かやまい　　④けやまい

3 レントゲンを撮るときは、金属類を外してください。
　① きんぞく　　②きんそく　　③こんぞく　　④こんそく

4 犯人は潔白を主張しました。
　① けんぺき　　②けんぱく　　③けっぺき　　④けっぱく

5 市役所は相談窓口を設けました。
　① あけ　　　　②もうけ　　　③ひらけ　　　④つけ

6 医師の許可をもらって外出しました。
　① きょうか　　②きょうが　　③きょか　　　④きょが

7 最近、肥満の子どもが増えています。
　① びまん　　　②ひまん　　　③びばん　　　④ひばん

8 畑を耕して、種をまきました。
　① たがやして　②おこして　　③さらして　　④かきまわして

9 年をとったら田舎で暮らしたいです。
　① とうげ　　　②いなか　　　③ふもと　　　④とかい

10 家族の問題を弁護士に相談しました。
　① へんごし　　②へんごうし　③べんごし　　④べんごうし

11 犯人はナイフで男性を殺害しました。

① せつがい　　　② せつかい　　　③ さつがい　　　④ さつかい

12 会議で今までの調査結果を報告します。

① ほこく　　　② ほうこく　　　③ ほごく　　　④ ほうごく

13 貿易会社に勤めたいです。

① もうえい　　　② もうえき　　　③ ぼうえい　　　④ ぼうえき

14 布団を敷いて寝ました。

① ふとん　　　② ふだん　　　③ ぷとん　　　④ ぷだん

15 工場に新しい機械を導入しました。

① どにゅ　　　② どうにゅ　　　③ どにゅう　　　④ どうにゅう

16 ラジオで交通情報を聞きます。

① じょほう　　　② じょほ　　　③ じょうほう　　　④ じょうほ

17 綿菓子を買って食べました。

① めんかし　　　② めんがし　　　③ わたかし　　　④ わたがし

18 政治家が領土問題を話し合いました。

① りょうど　　　② りょうと　　　③ りょど　　　④ りょと

19 お坊さんが読経しています。

① どきょう　　　② どくきょう　　　③ どきょ　　　④ どっきょ

20 返事がないから留守のようです。

① るしゅ　　　② るす　　　③ りゅしゅ　　　④ りゅす

[　　 / 20]

■ 밑줄 친 히라가나를 한자로 바르게 적은 것을 고르시오.

1 母は大学きょうじゅです。

① 数授　　② 数受　　③ 教授　　④ 教受

2 健康のために塩分の量をへらします。

① 減らし　　② 滅らし　　③ 派らし　　④ 浅らし

3 台風で大きいそんがいが出ました。

① 捐宣　　② 捐害　　③ 損宣　　④ 損害

4 けんもんじょで車を止めます。

① 倹門所　　② 倹問所　　③ 検門所　　④ 検問所

5 宇宙はどんな所かそうぞうしてみてください。

① 想象　　② 想像　　③ 相象　　④ 相像

6 これぐらいの事はじょうしきです。

① 常識　　② 常職　　③ 営識　　④ 営職

7 この服はとても工藤さんににあっています。

① 似会って　　② 似合って　　③ 以会って　　④ 以合って

8 消防士が火事の家から子どもをきゅうじょしました。

① 救肋　　② 救助　　③ 求肋　　④ 求助

9 仕事の帰りに薬局によって、薬を買いました。

① 埼って　　② 崎って　　③ 奇って　　④ 寄って

10 学生は先生にあやまりました。

① 謝り　　② 譲り　　③ 誤り　　④ 語り

11 <u>じょうぎ</u>で長さを測ります。
① 正規　　② 定規　　③ 正視　　④ 定視

12 子どもの頃は、<u>まずしかった</u>けど、楽しかったです。
① 貪しかった　② 賀しかった　③ 貧しかった　④ 貸しかった

13 医者になって、人を<u>すくい</u>たいです。
① 球い　　② 赦い　　③ 教い　　④ 救い

14 どっちが安いか、よく<u>くらべて</u>買います。
① 此べて　② 比べて　③ 北べて　④ 化べて

15 普通の人にプロレスの<u>わざ</u>をしてはいけません。
① 株　　② 抜　　③ 枝　　④ 技

16 <u>海外旅行ほけん</u>に入りました。
① 侶倹　② 侶険　③ 保倹　④ 保険

17 木村さんは<u>こどく</u>な人です。
① 孤狆　② 孤独　③ 孫狆　④ 孫独

18 <u>まいご</u>が母親をさがしています。
① 送子　② 逃子　③ 迷子　④ 逆子

19 <u>かきとめ</u>の郵便が届きました。
① 書留　② 書貿　③ 署留　④ 署貿

20 この<u>はか</u>には父が眠っています。
① 幕　　② 墓　　③ 暮　　④ 慕

5
초등학교
학년 한자 ②

示	識	眼	圧	液	額	桜	余	易	逆
보일 시	알 식	눈 안	누를 압	진 액	이마 액	앵두 앵	남을 여	바꿀 역/쉬울 이	거스릴 역
演	燃	永	営	往	容	囲	衛	応	義
펼 연	탈 연	길 영	경영할 영	갈 왕	얼굴 용	에워쌀 위	지킬 위	응할 응	옳을 의
移	益	因	任	資	雑	張	再	在	災
옮길 이	더할 익	인할 인	맡길 임	재물 자	섞일 잡	베풀 장	두 재	있을 재	재앙 재
財	貯	適	績	絶	接	政	情	停	程
재물 재	쌓을 저	맞을 적	길쌈할 적	끊을 절	이을 접	정사 정	뜻 정	머무를 정	한도 정
精	制	提	製	際	条	祖	造	罪	準
정할 정	절제할 제	끌 제	지을 제	즈음 제	가지 조	할아버지 조	지을 조	허물 죄	준할 준
証	増	支	志	枝	職	織	質	賛	採
증거 증	더할 증	지탱할 지	뜻 지	가지 지	직분 직	짤 직	바탕 질	도울 찬	캘 채
責	妻	招	総	築	測	則	快	態	統
꾸짖을 책	아내 처	부를 초	다 총	쌓을 축	헤아릴 측	법칙 칙	쾌할 쾌	모습 태	거느릴 통
破	判	版	編	評	布	暴	豊	河	限
깨뜨릴 파	판단할 판	판목 판	엮을 편	평할 평	베/펼 포	사나울 폭	풍년 풍	물 하	한할 한
航	解	許	険	現	型	護	混	確	効
배 항	풀 해	허락할 허	험할 험	나타날 현	모형 형	도울 호	섞을 혼	굳을 확	본받을 효
厚	興	喜							
두터울 후	일 흥	기쁠 희							

0743

示

보일 **시**
N3 총 5획

음 **じ, し** 　示威 시위 ｜ 示談 시담, 당사자끼리의 화해, 합의 ｜
掲示板 게시판 ｜ 指示 지시 ｜ 展示 전시 ｜ 表示 표시 ｜
示唆 시사, 암시

훈 **しめ(す)** 　示す 보이다, 가리키다

上司の指示に従って、働きます。
상사의 지시에 따라 일합니다.

反対の意思を示しました。
반대 의사를 나타냈습니다.

1	2	3	4	5
示	示	示	示	示

0744

識

알 **식**
N2 총 19획

음 **しき** 　識者 지식인 ｜ 識別 식별 ｜ 意識 의식 ｜ 常識 상식 ｜
知識 지식

意識を失って、倒れました。
의식을 잃고 쓰러졌습니다.

法律については知識がありません。
법률에 대해서는 지식이 없습니다.

1	2	3	4	5	6	7	8	9	10	11	12	13	14	15
識	識	識	識	識	識	識	識	識	識	識	識	識	識	識

16	17	18	19
識	識	識	識

0745

眼

눈 **안**
N1 총 11 획

- 음 **がん, げん** 眼科 안과 | 眼球 안구 | 近眼 근시 | 老眼 노안 |
  開眼 개안, 보이지 않던 눈이 보이게 됨
- 훈 **まなこ** 眼 눈, 눈동자 | 血眼 혈안, 핏발 선 눈
- 예외 眼鏡 안경

目がとても痒いので眼科に行きました。
눈이 너무 가려워서 안과에 갔습니다.

警察は血眼になって犯人をさがしています。
경찰은 혈안이 되어 범인을 찾고 있습니다.

眼 眼 眼 眼 眼 眼 眼 眼 眼 眼 眼

0746

圧

누를 **압** (壓)
N3 총 5 획

- 음 **あつ** 圧縮 압축 | 圧迫 압박 | 圧力 압력 | 血圧 혈압 |
  高気圧 고기압 | 抑圧 억압

圧力鍋でジャガイモを蒸しました。
압력솥으로 감자를 쪘습니다.

血圧を測りました。
혈압을 쟀습니다.

圧 圧 圧 圧 圧

0747

液

진 **액**
N2 총 11 획

- 음 **えき** 液状 액상, 액체 상태 | 液体 액체 | 血液 혈액 |
  粘液 점액 | 溶液 용액

液体は飛行機に持ち込めません。
액체는 비행기에 반입할 수 없습니다.

血液型は何型ですか。
혈액형은 무슨 형입니까?

液 液 液 液 液 液 液 液 液 液 液

額

이마 액
N2 총 18 획

음 がく　額縁 액자 | 額面 액면 | 金額 금액 | 差額 차액 |
残額 잔액

훈 ひたい　額 이마

賞状を額縁に入れて、飾りました。
상장을 액자에 넣어 걸었습니다.

運動をして額から汗が流れてきました。
운동을 해서 이마에서 땀이 흘러내렸습니다.

桜

앵두 앵 (櫻)
N1 총 10 획

음 おう　桜花 벚꽃 | 桜桃 버찌, 앵두

훈 さくら　桜 벚나무, 벚꽃 | 桜色 연분홍색

「さくらんぼ」を漢語で「桜桃」と言います。
'버찌'를 한자어로 '앵두'라고 합니다.

桜が満開になりました。
벚꽃이 만개했습니다.

0750

余

남을 **여** (餘)

N3 총 7획

음 よ　余暇 여가 | 余白 여백 | 余命 여명, 여생 | 余裕 여유 |
残余 잔여, 나머지

훈 あま(る), あま(す)　余る 남다, 넘다, 이상이다 |
余す 남기다, 남겨 두다

時間の余裕がありません。
시간의 여유가 없습니다.
余ったお金は貯金しました。
남은 돈은 저금했습니다.

1	2	3	4	5	6	7					
余	余	余	余	余	余	余					

0751

易

바꿀 **역**/쉬울 **이**

N3 총 8획

음 えき, い　易者 점쟁이 | 交易 교역, 무역 | 貿易 무역 |
難易 난이, 어려움과 쉬움 | 容易 용이, 손쉬움

훈 やさ(しい)　易しい 쉽다, 용이하다

教師になるのは容易ではありません。
교사가 되는 것은 쉽지 않습니다.
試験問題はとても易しかったです。
시험 문제는 매우 쉬웠습니다.

1	2	3	4	5	6	7	8				
易	易	易	易	易	易	易	易				

5 학년

0752

逆

거스릴 역 (逆)
N2 총 9획

음 ぎゃく　逆効果 역효과 | 逆転 역전 | 逆転勝ち 역전승 | 逆流 역류 | 反逆 반역

훈 さか, さか（らう）　逆立ち 물구나무서기 | 逆らう 거역하다, 거스르다, 반항하다

試合で逆転勝ちしました。
시합에서 역전승했습니다.

上司に逆らうことができません。
상사를 거역할 수가 없습니다.

逆 逆 逆 逆 逆 逆 逆 逆 逆

0753

演

펼 연
N2 총 14획

음 えん　演技 연기 | 演じる 연기하다 | 演説 연설 | 演奏 연주 | 講演 강연 | 公演 공연

悪役を演じるのは難しいです。
악역을 연기하는 것은 어렵습니다.

公演は午後七時からです。
공연은 오후 일곱 시부터입니다.

演 演 演 演 演 演 演 演 演 演 演 演 演 演

0754

燃

탈 **연**
N2 총 16획

음 ねん 　燃焼 연소 ｜ 燃料 연료 ｜ 可燃性 가연성 ｜ 不燃 타지 않음

훈 も(える), も(やす), も(す) 　燃える 타다, 피어오르다 ｜ 燃やす 불태우다, 연소시키다 ｜ 燃す 태우다, 타게 하다

残りの燃料があまりありません。
남은 연료가 별로 없습니다.

燃えないゴミはここに捨ててください。
타지 않는 쓰레기는 여기에 버려 주세요.

0755

永

길 **영**
N3 총 5획

음 えい 　永遠 영원 ｜ 永久 영구, 영원 ｜ 永住 영주 ｜ 永眠 영면, 죽음

훈 なが(い) 　永い 영원하다, (세월·시간이) 아주 오래다

日本での思い出は永遠に忘れることができません。
일본에서의 추억은 영원히 잊을 수 없습니다.

この学校は永い歴史があります。
이 학교에는 아주 오랜 역사가 있습니다.

0756

営

경영할 **영** (營)
N3 총 12획

음 えい 　営業 영업 ｜ 営利 영리 ｜ 運営 운영 ｜ 経営 경영 ｜ 自営 자영

훈 いとな(む) 　営む 일하다, 경영하다

学生会の運営は大変です。 학생회 운영은 힘듭니다.

父はパン屋を営んでいます。 아버지는 빵집을 운영합니다.

0757

往

갈 **왕**

N1 총 8 획

음 おう　往診 왕진 | 往復 왕복 | 右往左往 우왕좌왕 |
既往 기왕, 지나간 일

往復で何時間かかりますか。왕복으로 몇 시간 걸립니까?

どうすればいいか分からなくて、右往左往しました。어떻게 해야 좋을지 몰라서 우왕좌왕했습니다.

往	往	往	往	往	往	往	往

0758

容

얼굴 **용**

N3 총 10 획

음 よう　容器 용기, 그릇 | 容積 용적, 용량 | 容認 용인 |
形容 형용 | 内容 내용 | 美容 미용

卵を容器に割っておきます。달걀을 그릇에 깨 놓습니다.

野菜は美容にいいです。채소는 미용에 좋습니다.

容	容	容	容	容	容	容	容	容	容

0759

囲

에워쌀 **위** (圍)

N2 총 7 획

음 い　囲碁 바둑 | 周囲 주위 | 範囲 범위 | 雰囲気 분위기 |
包囲 포위

훈 かこ(む), かこ(う)　囲む 둘러싸다, 에워싸다 |
囲う 둘러싸다, 에워싸다, 감춰두다

囲碁大会が開かれました。바둑 대회가 열렸습니다.

その公園はビルに囲まれています。
그 공원은 빌딩에 둘러싸여 있습니다.

囲	囲	囲	囲	囲	囲	囲

0760

□ □

衛

지킬 **위** (衞)
N1 총 16 획

음 えい　衛生 위생 | 衛星 위성 | 護衛 호위 | 守衛 수위 |
防衛 방위, 방어

衛星放送で海外のドラマを見ます。
위성 방송으로 해외 드라마를 봅니다.

タイトルを防衛しました。 타이틀을 방어했습니다.

0761

□ □

応

응할 **응** (應)
N1 총 7 획

음 おう　応援 응원 | 応じる 응하다 | 応答 응답 | 応用 응용 |
呼応 호응 | 反応 반응

훈 こた(える)　応える 대답하다, 응답하다

韓国チームを応援しました。 한국 팀을 응원했습니다.
お客さまの要望に応えなければなりません。
손님의 요구에 응해야 합니다.

0762

□ □

義

옳을 **의**
N1 총 13 획

음 ぎ　義務 의무 | 義理 의리 | 意義 의의 | 講義 강의 |
主義 주의 | 正義 정의

中学まで義務教育です。 중학교까지 의무 교육입니다.
日本も韓国も民主主義の国です。
한국도 일본도 민주주의 국가입니다.

移

옮길 **이**
N2 총 11획

음 い 移住 이주 | 移転 이전 | 移動 이동 | 移民 이민 | 推移 추이 | 転移 전이

훈 うつ(る), うつ(す) 移る 바뀌다, 옮기다, 이동하다 | 移す 옮기다

ブラジルには日本人の移住民が多いです。
브라질에는 일본인 이주민이 많습니다.

季節が夏から秋へ移りました。
계절이 여름에서 가을로 바뀌었습니다.

移 移 移 移 移 移 移 移 移 移 移

益

더할 **익** (益)
N1 총 10획

음 えき, やく 益鳥 익조 | 収益 수익 | 有益 유익 | 利益 이익 | 御利益 덕택, 혜택, 은혜

有益な忠告を聞きました。
유익한 충고를 들었습니다.

今期はたくさんの利益を上げました。
이번 시즌은 많은 이익을 올렸습니다.

益 益 益 益 益 益 益 益 益 益

因

인할 **인**
N3 총 6획

음 いん 因果 인과, 원인과 결과 | 因縁 인연 | 起因 기인 | 原因 원인 | 要因 요인

훈 よ(る) 因る 의거하다, 준하다, 따르다

この病気の原因はまだ分かりません。
이 병의 원인은 아직 모릅니다.

飲酒運転に因る事故が増えています。
음주운전으로 인한 사고가 늘고 있습니다.

因 因 因 因 因 因

0766 任

맡길 임
N3 총 6획

- 음 にん 　任務 임무 | 任命 임명 | 委任 위임 | 兼任 겸임 | 責任 책임 | 赴任 부임
- 훈 まか(せる), まか(す)　任せる 맡기다 | 任す 맡기다

彼は責任感が強い人です。
그는 책임감이 강한 사람입니다.

部下に仕事を任せました。
부하에게 일을 맡겼습니다.

任 任 任 任 任 任

0767 資

재물 자
N2 총 13획

- 음 し　資格 자격 | 資金 자금 | 資源 자원 | 資料 자료 | 投資 투자 | 融資 융자

お店を開く資金が足りません。
가게를 열 자금이 부족합니다.

資料をコピーしておきます。
자료를 복사해 둡니다.

資 資 資 資 資 資 資 資 資 資 資 資 資

0768 雜

섞일 잡 (雑)
N2 총 14획

- 음 ざつ, ぞう　雑誌 잡지 | 雑草 잡초 | 混雑 혼잡 | 複雑 복잡 | 雑巾 걸레 | 雑煮 신년 축하 요리의 하나, 떡국

本屋で雑誌を買いました。
서점에서 잡지를 샀습니다.

庭の雑草をとりました。
정원에 난 잡초를 뽑았습니다.

雜 雜 雜 雜 雜 雜 雜 雜 雜 雜 雜 雜 雜 雜

張

베풀 **장**
N1 총 11 획

음 ちょう　張本人 장본인 | 拡張 확장 | 緊張 긴장 | 誇張 과장 | 主張 주장 | 膨張 팽창

훈 は(る)　張る 덮이다, 뻗다, 펼치다 | 張り紙 붙인 종이, 벽보 | 欲張り 욕심쟁이

あしたは面接試験があるので緊張します。
내일은 면접 시험이 있어서 긴장됩니다.

テントを張って、キャンプをしました。
텐트를 치고 캠프를 했습니다.

張 張 張 張 張 張 張 張 張 張 張

再

두 **재**
N3 총 6 획

음 さい, さ　再会 재회 | 再現 재현 | 再婚 재혼 | 再生 재생 | 再選 재선 | 再来年 내후년

훈 ふたた(び)　再び 두 번, 다시, 재차

十年ぶりに友達に再会しました。
10년만에 친구와 재회했습니다.

円安だったのに、再び円高になりました。
엔화가 약세였다가 다시 강세가 되었습니다.

再 再 再 再 再 再

0771

在

있을 **재**
N3 총 6획

음 **ざい** 在学 재학 | 在職 재직 | 現在 현재 | 所在 소재 | 存在 존재

훈 **あ(る)** 在る 있다, 사물이 존재하다

彼は私にとって大切な存在です。
그는 내게 소중한 존재입니다.

シドニーに在るオペラハウスに行きました。
시드니에 있는 오페라 하우스에 갔습니다.

在 在 在 在 在 在

0772

災

재앙 **재**
N1 총 7획

음 **さい** 災害 재해 | 災難 재난 | 火災 화재 | 震災 지진으로 인한 재해 | 防災 방재

훈 **わざわ(い)** 災い 화, 불행, 재난

工場で火災が発生しました。
공장에서 화재가 발생했습니다.

災いが起きないことを祈りました。
재난이 일어나지 않기를 빌었습니다.

災 災 災 災 災 災 災

0773

財

재물 **재**
N3 총 10획

음 **ざい, さい** 財産 재산 | 財政 재정 | 私財 사재, 개인 재산 | 文化財 문화재 | 財布 지갑

私には何の財産もありません。
내게는 아무 재산도 없습니다.

財布をなくしてしまいました。
지갑을 잃어버렸습니다.

財 財 財 財 財 財 財 財 財 財

貯

쌓을 저
N2 총 12획

음 ちょ　貯金 저금 ｜ 貯水池 저수지 ｜ 貯蔵 저장 ｜ 貯蓄 저축

百万円を貯金します。 백만 엔을 저금합니다.

貯水池で釣りをしてはいけません。
저수지에서 낚시를 하면 안 됩니다.

適

맞을 적 (適)
N2 총 14획

음 てき　適応 적응 ｜ 適切 적절함 ｜ 適当 적당함 ｜ 快適 쾌적함 ｜ 最適 최적

飛行機のビジネスクラスは広くて快適です。
비행기의 비즈니스석은 넓고 쾌적합니다.

これは私に最適な仕事ではありません。
이것은 내게 최적의 일이 아닙니다.

績

길쌈할 적
N2 총 17획

음 せき　業績 업적, 실적 ｜ 功績 공적 ｜ 実績 실적 ｜ 成績 성적 ｜ 紡績 방적

会社の業績が上がりました。 회사 실적이 올랐습니다.

今学期は成績がよかったです。
이번 학기는 성적이 좋았습니다.

0777

絶

끊을 절
N2 총 12획

음 ぜつ　絶対 절대 | 絶滅 멸종, 근절 | 気絶 기절 | 拒絶 거절 | 謝絶 사절 | 壮絶 장절, 장렬

훈 た(える), た(やす), た(つ)　絶える 끊어지다, 없어지다 | 絶やす 끊어지게 하다, 없애다, 끊다 | 絶つ 끊다, 자르다, 절단하다

約束を絶対に忘れないでください。
약속을 절대로 잊지 마세요.

外国にいる友達の消息が絶えました。
외국에 있는 친구의 소식이 끊겼습니다.

0778

接

이을 접
N2 총 11획

음 せつ　接近 접근 | 接触 접촉 | 接続 접속 | 接待 접대 | 直接 직접 | 面接 면접

훈 つ(ぐ)　接ぐ 잇다 | 接ぎ木 접목

面接のためのスーツを買いました。
면접을 위한 정장을 샀습니다.

ギブスをして骨を接ぎました。
깁스를 해서 뼈를 붙였습니다.

0779 政

정사 정
N3 총 9획

- **음** せい, しょう　政策 정책 | 政治 정치 | 政党 정당 | 国政 국정 | 行政 행정 | 摂政 섭정
- **훈** まつりごと　政 정사, 영토와 국민을 다스림

毎朝、テレビで政治のニュースを見ます。
매일 아침 텔레비전으로 정치 뉴스를 봅니다.

世界史の本に昔のローマの 政 が書いてあります。
세계사 책에 옛날 로마의 정치가 적혀 있습니다.

1	2	3	4	5	6	7	8	9			
政	政	政	政	政	政	政	政	政			

0780 情

뜻 정 (情)
N3 총 11획

- **음** じょう, せい　情勢 정세 | 情緒 정서, 정조, 정취 | 愛情 애정 | 感情 감정 | 風情 운치, 정취
- **훈** なさ(け)　情け 정, 인정, 동정

愛情あふれる料理です。　애정이 넘치는 요리입니다.

吉田さんはとても情け深い人です。
요시다 씨는 정이 넘치는 사람입니다.

1	2	3	4	5	6	7	8	9	10	11	
情	情	情	情	情	情	情	情	情	情	情	

0781 停

머무를 정
N2 총 11획

- **음** てい　停止 정지 | 停戦 정전(전투를 중단함) | 停電 정전 | 停留所 정류소 | 調停 조정

雷が落ちて停電しました。　천둥이 쳐서 정전되었습니다.

市民センターは次の停留所で降りてください。
시민 센터는 다음 정류소에서 내리세요.

1	2	3	4	5	6	7	8	9	10	11	
停	停	停	停	停	停	停	停	停	停	停	

0782

程

한도 정
N2 총 12 획

- 음 **てい** 程度 정도 | 過程 과정 | 課程 과정 | 日程 일정 | 旅程 여정
- 훈 **ほど** 程 사물, 동작, 상태의 정도나 한도, 알맞은 정도 | 程々 적당, 알맞은 정도 | 身の程 분수

来年、修士課程に進学します。
내년에 석사 과정에 진학합니다.

お酒も程々に飲みましょう。 술도 적당히 마십시다.

1	2	3	4	5	6	7	8	9	10	11	12		
程	程	程	程	程	程	程	程	程	程	程	程		

0783

精

정할 정 (精)
N2 총 14 획

- 음 **せい, しょう** 精巧 정교함 | 精神 정신 | 精密 정밀 | 丹精 정성을 들임 | 妖精 요정 | 精進 정진 | 不精 게을러서 하기 귀찮아함, 싫어함

これは精密機械ですから、壊れやすいです。
이것은 정밀 기계라서 망가지기 쉽습니다.

出不精なので、休日は家にずっといます。
외출하기 귀찮아서 휴일엔 줄곧 집에 있습니다.

1	2	3	4	5	6	7	8	9	10	11	12	13	14
精	精	精	精	精	精	精	精	精	精	精	精	精	精

0784

制

절제할 제
N3 총 8 획

- 음 **せい** 制御 제어 | 制限 제한 | 制度 제도 | 官制 관제 | 規制 규제 | 統制 통제

年齢制限があって、映画が見られません。
연령 제한이 있어서 영화를 볼 수 없습니다.

今の年金制度には問題があります。
지금의 연금 제도에는 문제가 있습니다.

1	2	3	4	5	6	7	8						
制	制	制	制	制	制	制	制						

0785

提

끌 제
N1 총 12 획

음 てい　提案 제안 | 提供 제공 | 提携 제휴 | 提出 제출 |
提示 제시 | 前提 전제

훈 さ(げる)　提げる 들다

宿題を提出してください。 숙제를 제출해 주세요.

女の子がかばんを提げています。
여자아이가 가방을 들고 있습니다.

提 提 提 提 提 提 提 提 提 提 提 提

0786

製

지을 제
N2 총 14 획

음 せい　製作 제작 | 製造 제조 | 製品 제품 | 製本 제본 |
製薬 제약 | 外国製 외제, 외국산 | 日本製 일제, 일본산 |
木製 목제

兄は製薬会社の研究員です。
형은 제약 회사의 연구원입니다.

外国製の品物は高いです。
외제 물건은 비쌉니다.

製 製 製 製 製 製 製 製 製 製 製 製 製 製

0787

際

즈음 제
N2 총 14 획

음 さい　際限 제한 | 交際 교제 | 国際 국제 | 実際 실제
훈 きわ　際 가장자리, 옆, 때, 경우 | 窓際 창가

空港に新しい国際ターミナルができました。
공항에 새로운 국제 터미널이 생겼습니다.

木村さんが窓際に座っています。
기무라 씨가 창가에 앉아 있습니다.

際 際 際 際 際 際 際 際 際 際 際 際 際 際

0788

条

가지 조 (條)

N1 총 7획

🔊 **じょう** 条件 조건 | 条約 조약 | 条例 조례 | 信条 신조

入学する条件が難しいです。
입학하는 조건이 까다롭습니다.

外国と条約を結びました。
외국과 조약을 맺었습니다.

条 条 条 条 条 条 条

0789

祖

할아버지 조 (祖)

N3 총 9획

🔊 **そ** 祖国 조국 | 祖父 할아버지 | 祖母 할머니 | 開祖 개조 |
教祖 교조, 교주 | 先祖 선조

祖父は今年、90歳になります。
할아버지는 올해 아흔 살입니다.

祖国を離れて、外国に行きます。
조국을 떠나 외국에 갑니다.

祖 祖 祖 祖 祖 祖 祖 祖 祖

0790

造

지을 조 (造)

N3 총 10획

🔊 **ぞう** 造形 조형 | 造船 조선 | 改造 개조 | 構造 구조 |
創造 창조 | 木造 목조

🔊 **つく(る)** 造る 만들다, 제작하다

日本には木造の家が多いです。
일본에는 나무로 만든 집이 많습니다.

米で酒を造ります。 쌀로 술을 만듭니다

造 造 造 造 造 造 造 造 造 造

0791

罪

허물 죄
N2 총 13획

음 ざい 罪悪 죄악 | 罪状 죄상 | 罪名 죄명 | 犯罪 범죄 |
無罪 무죄 | 有罪 유죄

훈 つみ 罪 죄, 벌, 형벌

有罪の判決が下りました。 유죄 판결이 내려졌습니다.

『罪と罰』という小説を読みました。
『죄와 벌』이라는 소설을 읽었습니다.

1	2	3	4	5	6	7	8	9	10	11	12	13			
罪	罪	罪	罪	罪	罪	罪	罪	罪	罪	罪	罪	罪			

0792

準

준할 준
N2 총 13획

음 じゅん 準備 준비 | 準優勝 준우승 | 基準 기준 | 水準 수준 |
標準 표준

日本チームが準優勝しました。
일본 팀이 준우승했습니다.

評価の基準が高いです。 평가 기준이 높습니다.

1	2	3	4	5	6	7	8	9	10	11	12	13			
準	準	準	準	準	準	準	準	準	準	準	準	準			

0793

証

증거 증 (證)
N1 총 12획

음 しょう 証拠 증거 | 証明 증명 | 確証 확증 | 許可証 허가증 |
認証 인증 | 保証 보증

証拠を見せてください。 증거를 보여 주세요.

難しい数学の問題が証明されました。
난해한 수학 문제가 증명되었습니다.

1	2	3	4	5	6	7	8	9	10	11	12				
証	証	証	証	証	証	証	証	証	証	証	証				

0794

増

더할 증 (增)
N2 총 14 획

- 음 ぞう　増加 증가 | 増減 증감 | 激増 격증, 급증 | 倍増 배증, 배가
- 훈 ま(す), ふ(える), ふ(やす)　増す 많아지다, 늘다 | 増える 늘다, 늘어나다 | 増やす 늘리다, 불리다

結婚しない人が増加しています。
결혼하지 않는 사람이 증가하고 있습니다.

韓国語を勉強する人が増えました。
한국어를 공부하는 사람이 늘었습니다.

1	2	3	4	5	6	7	8	9	10	11	12	13	14
増	増	増	増	増	増	増	増	増	増	増	増	増	増

0795

支

지탱할 지
N2 총 4 획

- 음 し　支援 지원 | 支給 지급 | 支持 지지, 버팀 | 支度 준비 | 支店 지점 | 収支 수지
- 훈 ささ(える)　支える 받치다, 버티다, 지탱하다, 유지하다

私は木村さんの考え方を支持します。
나는 기무라 씨의 생각을 지지합니다.

大きな柱が屋根を支えています。
큰 기둥이 지붕을 지탱하고 있습니다.

1	2	3	4
支	支	支	支

0796

志

뜻 지

N1 총 7획

음 し 　志願 지원 | 志望 지망 | 意志 의지 | 闘志 투지 |
同志 동지

훈 こころざ(す), こころざし 　志す 뜻을 세우다, 지향하다 |
志 뜻, 후의

海兵隊に志願しました。
해병대에 지원했습니다.

医師を志して、勉強しています。
의사를 목표로 공부하고 있습니다.

志 志 志 志 志 志 志

0797

枝

가지 지

N3 총 8획

음 し 　枝葉末節 지엽 말절(주요하지 않은 사항, 하찮고 자질구레한
부분) | 楊枝 이쑤시개

훈 えだ 　枝 가지 | 枝豆 가지째 꺾은 풋콩을 삶은 것 | 枝道 샛길

「枝葉末節」はささいなことを言います。
'지엽 말절'은 사소한 것을 말합니다.

木の枝を折ってしまいました。
나뭇가지를 꺾어 버렸습니다.

枝 枝 枝 枝 枝 枝 枝 枝

0798 職

직분 **직**
N2 총 18 획

음 しょく 　職業 직업 | 職種 직종 | 職務 직무 | 求職 구직 |
　　　　就職 취업 | 退職 퇴직, 사직

職業は何ですか。 직업은 무엇입니까?

父は去年、会社を退職しました。
아버지는 지난해에 회사를 퇴직했습니다.

職 職 職 職 職 職 職 職 職 職 職 職 職 職 職
職 職 職

0799 織

짤 **직**
N1 총 18 획

음 しょく, しき 　織機 직기, 베틀 | 染織 염직, 피륙의 염색과 직조 |
　　　　　　　紡織 방직 | 組織 조직
훈 お(る) 　織る 짜다, 짜서 만들다 | 織物 직물

これは会社の組織図です。 이것은 회사의 조직도입니다.

京都の織物は有名です。 교토의 직물은 유명합니다.

織 織 織 織 織 織 織 織 織 織 織 織 織 織 織
織 織 織

0800 質

바탕 **질**
N4 총 15 획

음 しつ, しち, ち 　質問 질문 | 質量 질량 | 性質 성질 |
　　　　　　　品質 품질 | 質屋 전당포 | 人質 인질, 볼모 | 言質 언질

先生に質問をしました。 선생님에게 질문을 했습니다.

品質管理の仕事をしています。 품질 관리 업무를 합니다.

質 質 質 質 質 質 質 質 質 質 質 質 質 質 質

0801

賛

도울 **찬** (贊)
N2 총 15 획

음 **さん** 賛成 찬성 | 賛辞 찬사 | 賛美 찬미 | 自賛 자찬 |
絶賛 절찬, 극찬

みんなの意見に賛成です。 모두의 의견에 찬성입니다.

彼は世界が絶賛する人です。
그는 세계가 극찬하는 사람입니다.

0802

採

캘 **채** (採)
N2 총 11 획

음 **さい** 採血 채혈 | 採取 채취 | 採集 채집 | 採点 채점 |
採用 채용

採血をして検査をしました。 채혈을 해서 검사했습니다.

採点結果が出ました。 채점 결과가 나왔습니다.

0803

責

꾸짖을 **책**
N2 총 11 획

음 **せき** 責任 책임 | 責務 책무 | 自責 자책 | 重責 중책 |
問責 문책

훈 **せ(める)** 責める 꾸짖다, 채근하다, 나무라다

責任を持って仕事をします。 책임을 가지고 일을 합니다.

先輩が後輩の失敗を責めています。
선배가 후배의 실패를 나무라고 있습니다.

0804

妻

아내 처
N3 총 8 획

음 さい | 妻子 처자 | 妻帯 아내를 둠 | 夫妻 부부 | 良妻 양처, 좋은 아내
훈 つま | 妻 아내 | 新妻 새댁 | 人妻 남의 아내, 유부녀

大統領夫妻が来日しました。
대통령 부부가 일본에 왔습니다.

妻とは三年前に結婚しました。
아내와는 3년 전에 결혼했습니다.

妻 妻 妻 妻 妻 妻 妻 妻

0805

招

부를 초
N2 총 8 획

음 しょう | 招集 소집 | 招請 초청 | 招待 초대 | 招来 초래, 불러움
훈 まね(く) | 招く 부르다, 초대하다

日本の結婚式は招待状がないと行けません。
일본의 결혼식은 초대장이 없으면 갈 수 없습니다.

留学生を招いてパーティーをしました。
유학생을 초대해서 파티를 했습니다.

招 招 招 招 招 招 招 招

0806

総

다 총 (總)
N2 총 14 획

음 そう | 総会 총회 | 総合 종합 | 総長 총장 | 総務 총무 | 総理 총리

総会で会長を選びます。 총회에서 회장을 선출합니다.

今の総理大臣はだれですか。
지금의 총리대신은 누구입니까?

総 総 総 総 総 総 総 総 総 総 総 総 総 総

0807

築

쌓을 **축**

N2 총 16획

음 ちく　築造 축조 ｜ 改築 개축 ｜ 建築 건축 ｜ 新築 신축 ｜
増築 증축

훈 きず(く)　築く 쌓다, 축조하다

家族が増えたので家を増築します。
가족이 늘어서 집을 증축합니다.

川に橋を築きました。　강에 다리를 축조했습니다.

¹築	²築	³築	⁴築	⁵築	⁶築	⁷築	⁸築	⁹築	¹⁰築	¹¹築	¹²築	¹³築	¹⁴築	¹⁵築
¹⁶築														

0808

測

헤아릴 **측**

N2 총 12획

음 そく　測定 측정 ｜ 測量 측량 ｜ 観測 관측 ｜ 計測 계측 ｜
推測 추측

훈 はか(る)　測る 재다, 측정하다

百メートル走の速さを測定します。
100m 달리기 속도를 측정합니다.

畑の面積を測りました。　밭의 면적을 측정했습니다.

¹測	²測	³測	⁴測	⁵測	⁶測	⁷測	⁸測	⁹測	¹⁰測	¹¹測	¹²測

0809

則

법칙 **칙**

N2 총 9획

음 そく　規則 규칙 ｜ 原則 원칙 ｜ 校則 교칙 ｜ 反則 반칙 ｜
法則 법칙

校則が変わりました。　교칙이 바뀌었습니다.

反則をしたアメリカチームが負けました。
반칙을 한 미국 팀이 졌습니다.

¹則	²則	³則	⁴則	⁵則	⁶則	⁷則	⁸則	⁹則

0810

快

쾌할 **쾌**
N2 총 7획

음 **かい**　快感 쾌감 | 快晴 쾌청 | 快適 쾌적함 | 軽快 경쾌함 |
爽快 상쾌함

훈 **こころよ(い)**　快い 기분이 좋다, 상쾌하다

今日は快晴です。 오늘은 쾌청합니다.

田中さんが快く引き受けてくれました。
다나카 씨가 기분 좋게 맡아 주었습니다.

快 快 快 快 快 快 快

0811

態

모습 **태**
N1 총 14획

음 **たい**　態勢 태세 | 態度 태도 | 形態 형태 | 実態 실태 |
状態 상태

彼の生意気な態度が嫌いです。
그의 건방진 태도를 싫어합니다.

会社の経営状態がよくありません。
회사의 경영 상태가 좋지 않습니다.

態 態 態 態 態 態 態 態 態 態 態 態 態 態

0812

統

거느릴 **통**
N1 총 12획

음 **とう**　統一 통일 | 統計 통계 | 統治 통치 | 系統 계통 |
大統領 대통령 | 伝統 전통

훈 **す(べる)**　統べる 통합하다, 통치하다, 지배하다

これは日本の伝統料理です。
이것은 일본의 전통 요리입니다.

昔は王様が天下を統べました。
옛날은 임금님이 천하를 다스렸습니다.

統 統 統 統 統 統 統 統 統 統 統 統

破

깨뜨릴 파
N2 총 10획

음 は　破壊 파괴 | 破産 파산 | 破損 파손 | 破片 파편 | 撃破 격파 | 突破 돌파

훈 やぶ(る), やぶ(れる)　破る 찢다, 깨다, 부수다 | 破れる 깨지다, 부서지다, 찢어지다

ガラスの破片があるので、注意してください。
유리 파편이 있으니 주의해 주세요.

手紙を見て、すぐ破りました。
편지를 보고 바로 찢었습니다.

破 破 破 破 破 破 破 破 破 破

判

판단할 판 (判)
N2 총 7획

음 はん, ばん　判断 판단 | 判定 판정 | 審判 심판 | 批判 비판 | 裁判 재판

その判断は君に任せます。
그 판단은 당신에게 맡기겠습니다.

彼の意見は批判を受けました。
그의 의견은 비판을 받았습니다.

判 判 判 判 判 判 判

版

판목 판
N2 총 8획

음 はん　版画 판화 | 版木 판목 | 版権 판권 | 改版 개정판 | 限定版 한정판 | 出版 출판

この商品は限定版です。 이 상품은 한정판입니다.

出版社で働いてみたいです。
출판사에서 일해 보고 싶습니다.

版 版 版 版 版 版 版 版

0816 編

음 **へん** | 編集 편집 | 編入 편입 | 前編 전편 | 短編 단편 | 長編 장편

훈 **あ(む)** | 編む 엮다, 뜨다 | 編み物 뜨개질

엮을 **편**
N2 총 15 획

大学三年生に編入しました。
대학교 3학년에 편입했습니다.

毛糸でマフラーを編んでいます。
털실로 목도리를 뜨고 있습니다.

1	2	3	4	5	6	7	8	9	10	11	12	13	14	15
編	編	編	編	編	編	編	編	編	編	編	編	編	編	編

0817 評

음 **ひょう** | 評価 평가 | 評議 평의 | 評判 평판 | 講評 강평 | 批評 비평 | 論評 논평

평할 **평**
N1 총 12 획

近所に評判のいい店があります。
근처에 평판이 좋은 가게가 있습니다.

先生の講評を聞きました。
선생님의 강평을 들었습니다.

1	2	3	4	5	6	7	8	9	10	11	12
評	評	評	評	評	評	評	評	評	評	評	評

0818 布

음 **ふ** | 布教 포교 | 布団 이불 | 公布 공포 | 財布 지갑 | 綿布 면포, 무명 | 毛布 모포, 담요

훈 **ぬの** | 布 피륙, 직물, 무명

베/펼 **포**
N3 총 5 획

寒かったら毛布を使ってください。
추우면 담요를 사용하세요.

大きな布がほしいです。 큰 직물을 원합니다.

1	2	3	4	5
布	布	布	布	布

暴

사나울 폭
N2 총 15획

음 ぼう, ばく　暴風 폭풍 │ 暴力 폭력 │ 凶暴 흉폭함 │
乱暴 난폭함 │ 暴露 폭로

훈 あば(れる), あば(く)　暴れる 날뛰다, 난폭하게 굴다, 대담하게 행동하다 │ 暴く 폭로하다, 들추어내다, 파내다

暴力は絶対にいけません。 폭력은 절대로 안 됩니다.

馬が暴れ始めました。 말이 날뛰기 시작했습니다.

豊

풍년 풍
N2 총 13획

음 ほう　豊作 풍작 │ 豊年 풍년 │ 豊富 풍부 │
豊漁 풍어, 물고기가 많이 잡힘

훈 ゆた(か)　豊か 풍부함, 풍족함

レモンはビタミンが豊富です。
레몬은 비타민이 풍부합니다.

クリが豊かに実りました。 밤이 잔뜩 열렸습니다.

河

물 하
N3 총 8획

음 か, が　河口 하구, 강어귀 │ 河川 하천 │ 運河 운하 │
銀河 은하수

훈 かわ　河 강, 하천

河口の近くで釣りをしました。
강어귀 근처에서 낚시를 했습니다.

洪水で河があふれました。 홍수로 하천이 넘쳤습니다.

0822

限

한할 **한**
N2 총 9획

- 음 **げん** 限界 한계 | 限定 한정 | 期限 기한 | 極限 극한 | 制限 제한
- 훈 **かぎ(る)** 限る 한정하다, 한하다

制限速度を守ってください。 제한 속도를 지켜 주세요.
入場は未成年に限ります。 입장은 미성년자에 한합니다.

限 限 限 限 限 限 限 限 限

0823

航

배 **항**
N2 총 10획

- 음 **こう** 航空 항공 | 航路 항로 | 運航 운항 | 欠航 결항 | 就航 취항

姉は航空会社で働いています。
누나는 항공사에서 일합니다.
台風で飛行機が欠航しました。
태풍으로 비행기가 결항되었습니다.

航 航 航 航 航 航 航 航 航 航

0824

解

풀 **해**
N2 총 13획

- 음 **かい, げ** 解説 해설 | 解答 해답 | 読解 독해 | 理解 이해 | 解熱 해열 | 解毒 해독
- 훈 **と(く), と(かす), と(ける), ほど(く), ほど(ける)** 解く 풀다 | 解かす 빗다 | 解ける 풀리다 | 解く 풀다 | 解ける 풀어지다

解説書を読んでも分かりません。
해설서를 읽어도 모르겠습니다.
数学の問題を解きます。 수학 문제를 풉니다.

解 解 解 解 解 解 解 解 解 解 解 解 解

0825

許

허락할 허
N3 총 11획

음 きょ　許可 허가 | 許諾 허락 | 特許 특허 | 免許 면허

훈 ゆる(す)　許す 허락하다, 용서하다

車の免許は持っていますか。
자동차 면허는 가지고 있습니까?

部長が私の失敗を許してくれました。
부장님이 내 실패를 용서해 주었습니다.

許 許 許 許 許 許 許 許 許 許 許

0826

険

험할 험 (險)
N2 총 11획

음 けん　険悪 험악 | 危険 위험 | 保険 보험 | 冒険 모험

훈 けわ(しい)　険しい 험하다

危険ですから、中に入らないでください。
위험하니까 안에 들어가지 마세요.

この山の登山道は険しいです。
이 산의 등산로는 험합니다.

険 険 険 険 険 険 険 険 険 険 険

0827

現

나타날 현
N3 총 11획

음 げん　現在 현재 | 現象 현상 | 現代 현대 | 再現 재현 |
実現 실현 | 表現 표현

훈 あらわ(れる), あらわ(す)　現れる 나타나다, 출현하다 |
現す 나타내다, 드러내다

彼は現在、病院にいます。　그는 현재 병원에 있습니다.

空ににじが現れました。　하늘에 무지개가 나타났습니다.

現 現 現 現 現 現 現 現 現 現 現

0828

型

모형 형
N2 총 9 획

음 けい　原型 원형 | 体型 체형 | 典型 전형 | 模型 모형

훈 かた　大型 대형 | 血液型 혈액형 | 小型 소형 | 新型 신형

飛行機の模型を作るのが好きです。
비행기 모형을 만드는 것을 좋아합니다.

血液型はA型です。　혈액형은 A형입니다.

0829

護

도울 호
N1 총 20 획

음 ご　護衛 호위 | 看護 간호 | 救護 구호 | 警護 경호 |
保護 보호 | 弁護 변호

迷子を保護しています。　미아를 보호하고 있습니다.

彼の夢は弁護士です。　그의 꿈은 변호사입니다.

0830

混

섞을 혼
N2 총 11 획

음 こん　混合 혼합 | 混雑 혼잡 | 混同 혼동 | 混乱 혼란

훈 ま(じる), ま(ざる), ま(ぜる)　混じる 섞이다 | 混ざる 섞이다 |
混ぜる 섞다, 뒤섞다

デパートは混雑していました。　백화점은 혼잡했습니다.

お湯を入れて、よく混ぜてください。
뜨거운 물을 넣고 잘 섞어 주세요.

確

굳을 **확**
N2 총 15획

음 かく　確実 확실 ｜ 確認 확인 ｜ 確率 확률 ｜ 正確 정확 ｜
的確 적확, 정확함

훈 たし(か), たし(かめる)　確か 확실함, 정확함 ｜
確かめる 확인하다

武田さんはいつも時間を正確に守ります。
다케다 씨는 항상 시간을 정확하게 지킵니다.

地図を見て確かめましょう。　지도를 보고 확인합시다.

効

본받을 **효** (效)
N2 총 8획

음 こう　効果 효과 ｜ 効率 효율 ｜ 効力 효력 ｜ 即効 즉효 ｜
有効 유효

훈 き(く)　効く 듣다, 효과가 있다 ｜ 効き目 효과, 효능

仕事の効率が悪いです。　일의 효율이 나쁩니다.

この薬は効き目がありますか。
이 약은 효과가 있습니까?

厚

두터울 **후**
N2 총 9획

음 こう　厚意 후의 ｜ 厚生 후생, 생활을 넉넉하고 윤택하게 함 ｜
温厚 온후함 ｜ 濃厚 농후함

훈 あつ(い)　厚い 두껍다

中村さんは温厚な性格です。
나카무라 씨는 온후한 성격입니다.

この本は厚くて重いです。　이 책은 두껍고 무겁습니다.

0834

興

일 흥
N1 총 16 획

음 こう, きょう　興行 흥행 | 興奮 흥분 | 再興 다시 일어남 | 復興 부흥 | 興味 흥미 | 即興 즉흥 | 余興 여흥

훈 おこ(る), おこ(す)　興る 일어나다, 번성하다, 발생하다 | 興す 일으키다, 흥하게 하다

日本のドラマに興味があります。
일본의 드라마에 흥미가 있습니다.

新しい会社を興しました。
새로운 회사를 일으켰습니다.

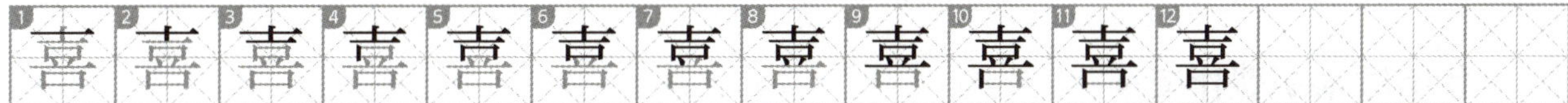

0835

喜

기쁠 희
N2 총 12 획

음 き　喜劇 희극, 코미디 | 喜寿 희수, 77세 | 歓喜 환희 | 狂喜 미친 듯이 기뻐함

훈 よろこ(ぶ)　喜ぶ 기뻐하다

おもしろい喜劇を見ました。
재미있는 희극을 봤습니다.

その知らせを聞いて母は喜びました。
그 소식을 듣고 어머니는 기뻐했습니다.

■ 밑줄 친 한자를 바르게 읽은 것을 고르시오.

1 私の家の<u>周囲</u>には何もありません。
 ① しゅい　　　② しゅうじょう　③ しゅうい　　④ しゅじょう

2 <u>即興</u>でピアノを演奏しました。
 ① そっきょう　② そっこう　　③ そくきょう　④ そくこう

3 新しい<u>眼鏡</u>を買いました。
 ① すがたみ　　② てかがみ　　③ はがね　　　④ めがね

4 大統領を<u>警護</u>します。
 ① けいご　　　② けいこ　　　③ けんご　　　④ けんこ

5 暑くて<u>額</u>から汗が流れます。
 ① わき　　　　② もも　　　　③ あたま　　　④ ひたい

6 高熱が出たので、<u>解熱剤</u>を飲んで寝ました。
 ① かいねつざい　② げねつざい　③ かいねんざい　④ げねんざい

7 この問題を解決するのは<u>容易</u>ではありません。
 ① よんい　　　② よんえき　　③ ようい　　　④ ようえき

8 今年は米が<u>豊作</u>です。
 ① ほうさく　　② ほうさ　　　③ ぽうさく　　④ ぽうさ

9 韓国チームが<u>逆転</u>して勝ちました。
 ① きゃくてん　② ぎゃくてん　③ きゃくでん　④ ぎゃくでん

10 この映画には<u>前編</u>と後編があります。
 ① せんぺん　　② せんへん　　③ ぜんぺん　　④ ぜんへん

11　アメリカは人工衛星を打ち上げました。
①　えせん　　　　②　えせい　　　　③　えいせん　　　　④　えいせい

12　有名なカメラマンが写真集を出版しました。
①　しゅつぽん　　②　しゅつぱん　　③　しゅっぽん　　④　しゅっぱん

13　留学の期間は再来年までです。
①　さいらいねん　②　さらいねん　　③　さいきねん　　④　さきねん

14　学生の要望に応えて、学校のパソコンが新しくなりました。
①　なぞらえて　　②　ふまえて　　　③　ととのえて　　④　こたえて

15　手紙を見て、すぐ破りました。
①　やぶり　　　　②　きり　　　　　③　ちぎり　　　　④　かえり

16　雑巾で床をふきます。
①　ざつきん　　　②　ざつぎん　　　③　ぞうきん　　　④　ぞうぎん

17　工藤さんは私のお願いを快く聞いてくれました。
①　あいそよく　　②　こころよく　　③　うんよく　　　④　ここちよく

18　道で財布を拾いました。
①　さいぷ　　　　②　ざいぷ　　　　③　さいふ　　　　④　ざいふ

19　先生はテストの採点をしています。
①　さいてん　　　②　さいでん　　　③　ざいてん　　　④　ざいでん

20　いいアイディアがあれば提示してください。
①　だいじ　　　　②　ていし　　　　③　でいじ　　　　④　ていじ

■ 밑줄 친 히라가나를 한자로 바르게 적은 것을 고르시오.

1　父がペットを飼うのを<u>ゆるして</u>くれました。
　　① 評して　　　　② 許して　　　　③ 訂して　　　　④ 詐して

2　被告と原告の間で<u>じだん</u>が成立しました。
　　① 宗淡　　　　② 宗談　　　　③ 示淡　　　　④ 示談

3　毛糸でマフラーを<u>あんで</u>います。
　　① 編んで　　　　② 偏んで　　　　③ 篇んで　　　　④ 遍んで

4　倒れた人は<u>いしき</u>がありませんでした。
　　① 竟識　　　　② 竟織　　　　③ 意識　　　　④ 意織

5　台風が来て、<u>ぼうふう</u>が吹いています。
　　① 爆風　　　　② 暴風　　　　③ 爆凩　　　　④ 暴凩

6　彼の生意気な<u>たいど</u>が嫌いです。
　　① 態底　　　　② 能底　　　　③ 態度　　　　④ 能度

7　日本に<u>えいじゅう</u>することを決めました。
　　① 永住　　　　② 氷住　　　　③ 永往　　　　④ 氷往

8　そんなに他人の失敗を<u>せめて</u>はいけません。
　　① 債めて　　　　② 漬めて　　　　③ 請めて　　　　④ 責めて

9　医者が脈拍を<u>はかり</u>ます。
　　① 側り　　　　② 則り　　　　③ 即り　　　　④ 測り

10　世の中には色々な<u>しょくぎょう</u>があります。
　　① 職僕　　　　② 職業　　　　③ 織僕　　　　④ 織業

11 三時から森先生のこうぎがあります。

　① 構議　　　② 構義　　　③ 講議　　　④ 講義

12 最近、体重がふえました。

　① 僧え　　　② 増え　　　③ 曽え　　　④ 層え

13 事故のげんいんを調べています。

　① 源囚　　　② 源因　　　③ 原囚　　　④ 原因

14 犯人はつみを反省しました。

　① 罥　　　② 罠　　　③ 罪　　　④ 罰

15 会議のしりょうを作成します。

　① 資料　　　② 資科　　　③ 貸料　　　④ 貸科

16 つまの手料理はおいしいです。

　① 委　　　② 妾　　　③ 妻　　　④ 姜

17 今学期のせいせきは全てA＋でした。

　① 成積　　　② 成績　　　③ 戒積　　　④ 戒績

18 そふは今年、90歳になります。

　① 組父　　　② 組夫　　　③ 祖父　　　④ 祖夫

19 政府は牛肉の輸入をきせいしました。

　① 則制　　　② 則製　　　③ 規製　　　④ 規制

20 人間のせいしんは複雑です。

　① 精神　　　② 請神　　　③ 精伸　　　④ 請伸

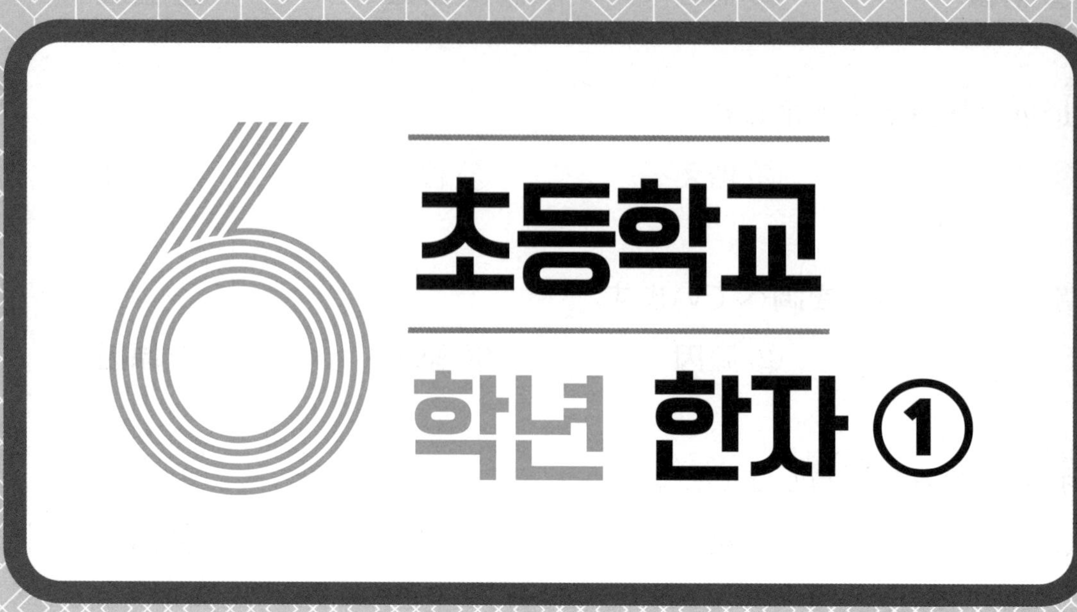
6
초등학교
학년 한자 ①

刻	閣	干	看	簡	鋼	降	激	絹	敬
새길 각	집 각	방패 간	볼 간	대쪽 간	강철 강	내릴 강/항복할 항	격할 격	비단 견	공경 경
警	系	届	穀	困	骨	供	券	卷	權
경계할 경	맬 계	이를 계	곡식 곡	곤할 곤	뼈 골	이바지할 공	문서 권	책 권	권세 권
机	貴	劇	勤	筋	己	暖	難	納	腦
책상 궤	귀할 귀	심할 극	부지런할 근	힘줄 근	몸 기	따뜻할 난	어려울 난	들일 납	골 뇌
段	担	党	糖	乱	卵	覽	朗	論	律
층계 단	멜 담	무리 당	엿 당	어지러울 란	알 란	볼 람	밝을 랑	논할 론	법칙 률
裏	臨	幕	晩	亡	忘	枚	盟	暮	模
속 리	임할 림	장막 막	늦을 만	망할 망	잊을 망	낱 매	맹세 맹	저물 모	본뜰 모
密	班	訪	拜	背	俳	並	宝	補	腹
빽빽할 밀	나눌 반	찾을 방	절 배	등/배반할 배	배우 배	나란히 병	보배 보	기울 보	배 복
棒	否	奮	秘	批	私	砂	射	捨	詞
막대 봉	아닐 부	떨칠 분	숨길 비	비평할 비	사사 사	모래 사	쏠 사	버릴 사	말 사
傷	署	宣	善	舌	盛	聖	誠	洗	収
다칠 상	마을 서	베풀 선	착할 선	혀 설	성할 성	성인 성	정성 성	씻을 세	거둘 수
垂	樹	熟	純	承	視	我	若	厳	域
드리울 수	나무 수	익을 숙	순수할 순	이을 승	볼 시	나 아	같을 약	엄할 엄	지경 역
訳	延	沿							
번역할 역	늘일 연	물 따라갈 연							

0836

刻

새길 **각**

N2 총 8획

음 こく　刻印 각인 | 時刻 시각 | 深刻 심각 | 遅刻 지각 |
彫刻 조각 | 定刻 정각

훈 きざ(む)　刻む 잘게 썰다, 조각하다, 새기다

あしたは遅刻してはいけません。
내일은 지각하면 안 됩니다.

ねぎを刻んでください。　파를 잘게 썰어 주세요.

1	2	3	4	5	6	7	8
刻	刻	刻	刻	刻	刻	刻	刻

0837

閣

집 **각**

N1 총 14획

음 かく　閣議 각의 | 閣僚 각료 | 内閣 내각 | 入閣 입각

閣僚会議があります。
각료 회의가 있습니다.

日本は議員内閣制です。
일본은 의원내각제입니다.

1	2	3	4	5	6	7	8	9	10	11	12	13	14
閣	閣	閣	閣	閣	閣	閣	閣	閣	閣	閣	閣	閣	閣

0838

干

방패 **간**

N3 총 3획

음 かん　干渉 간섭 | 干拓 간척 | 干潮 간조, 썰물 | 若干 약간

훈 ほ(す), ひ(る)　干す 말리다 | 干し柿 곶감 |
干菓子 말린 과자 | 干物 건어물

私たちの問題に干渉しないでください。
우리 문제에 간섭하지 마세요.

干し柿が食べたいです。　곶감이 먹고 싶습니다.

1	2	3
干	干	干

0839

□ □

음 **かん** 　看過 간과 | 看護 간호 | 看守 간수 | 看破 간파 |
看板 간판 | 看病 간병

姉は看護師です。 언니는 간호사입니다.
母を看病しなければなりません。
어머니를 간병해야 합니다.

看

볼 **간**
N1 총 9획

看 看 看 看 看 看 看 看 看

0840

□ □

음 **かん** 　簡潔 간결 | 簡単 간단 | 簡略 간략 | 書簡 서간, 편지

この問題はとても簡単です。
이 문제는 매우 간단합니다.
意見を簡潔に言ってください。
의견을 간결하게 말해 주세요.

簡

대쪽 **간**
N2 총 18획

簡 簡 簡 簡 簡 簡 簡 簡 簡 簡 簡 簡 簡 簡 簡
簡 簡 簡

0841

□ □

음 **こう** 　鋼材 강재 | 鋼鉄 강철 | 製鋼 제강 | 鉄鋼 철강
훈 **はがね** 　鋼 강철

鋼鉄を輸出します。 강철을 수출합니다.
鋼を打って、包丁を作ります。
강철을 두드려 식칼을 만듭니다.

鋼

강철 **강**
N1 총 16획

鋼 鋼 鋼 鋼 鋼 鋼 鋼 鋼 鋼 鋼 鋼 鋼 鋼 鋼 鋼
鋼

降

내릴 **강**/항복할 **항**
N2 총 10 획

음 こう　降雨 강우 | 降水 강수 | 降伏 항복 | 下降 하강 | 滑降 활강 | 投降 투항

훈 お(りる), お(ろす), ふ(る)　降りる (전철 등에서) 내리다 | 降ろす 내리게 하다 | 降る (비나 눈 등이) 내리다

1945年に日本は降伏しました。
1945년에 일본은 항복했습니다.

次の駅で降りましょう。 다음 역에서 내립시다.

激

격할 **격**
N1 총 16 획

음 げき　激増 격증, 급증 | 激励 격려 | 過激 과격 | 感激 감격 | 刺激 자극

훈 はげ(しい)　激しい 심하다, 격렬하다

彼の話に感激しました。 그의 이야기에 감격했습니다.

雨が激しく降っています。 비가 세차게 내리고 있습니다.

絹

비단 **견**
N1 총 13 획

음 けん　絹糸・絹糸 견사, 비단실 | 絹布 견직물 | 純絹 순견, 본견 | 人絹 인조견, 레이온

훈 きぬ　絹 비단실, 견직물, 실크 | 絹織物 견직물, 비단, 명주

「人絹」とはレーヨンのことです。
'인조견'은 레이온을 말합니다.

絹のスカーフを買いました。 실크 스카프를 샀습니다.

0845 敬

공경 경
N2 총 12 획

음 けい　敬意 경의 | 敬語 경어 | 敬礼 경례 | 敬老 경로 |
畏敬 경외 | 尊敬 존경

훈 うやま(う)　敬う 존경하다, 공경하다

私は父を尊敬しています。 나는 아버지를 존경합니다.

「敬老の日」はお年寄りを敬う日です。
'경로의 날'은 어르신을 공경하는 날입니다.

0846 警

경계할 경
N2 총 19 획

음 けい　警戒 경계 | 警告 경고 | 警察 경찰 | 警備 경비 |
警報 경보

警察が取り締まりをしています。
경찰이 단속을 하고 있습니다.

ガス警報機が鳴っています。
가스 경보기가 울리고 있습니다.

0847 系

맬 계
N1 총 7 획

음 けい　系統 계통 | 系譜 계보 | 系列 계열 | 家系 가계 |
体系 체계 | 直系 직계

系列会社に異動しました。 계열사로 이동했습니다.

私の家系には太った人が多いです。
우리 집안에는 살찐 사람이 많습니다.

0848

届

이를 계 (届)

N2 총 8획

훈 とど(ける), とど(く) 届ける 보내다, 신고하다 |
届く 배달되다, 도착하다 | 婚姻届け 혼인 신고

先生にお祝いの花束を届けます。
선생님에게 축하의 꽃다발을 보냅니다.

年賀状が届きました。 연하장이 도착했습니다.

0849

穀

곡식 곡 (穀)

N1 총 14획

음 こく 穀倉 곡창, 곡식 저장 창고 | 穀物 곡물 | 雑穀 잡곡 |
脱穀 탈곡

穀物を倉庫に入れます。 곡물을 창고에 넣습니다.

米を脱穀しています。 쌀을 탈곡하고 있습니다.

0850

困

곤할 곤

N2 총 7획

음 こん 困窮 곤궁함 | 困難 곤란함 | 困惑 곤혹 | 貧困 빈곤
훈 こま(る) 困る 곤란하다

困難な問題が生じました。 곤란한 문제가 생겼습니다.

困ったことがあったら言ってください。
곤란한 일이 있으면 말하세요.

0851

뼈 골
N3 총 10 획

음 こつ 骨格 골격 | 骨髄 골수 | 骨折 골절 | 筋骨 근골, 체격 |
鉄骨 철골 | 納骨 납골

훈 ほね 骨 뼈

足を骨折して病院に行きました。
다리뼈가 부러져서 병원에 갔습니다.

カルシウムは骨にいいです。 칼슘은 뼈에 좋습니다.

0852

供

이바지할 공
N2 총 8 획

음 きょう, く 供給 공급 | 供述 진술 | 自供 자백 | 提供 제공 |
供物 공물 | 供養 공양

훈 そな(える), とも 供える 바치다, 올리다 |
お供 모시고 따라감, 또는 사람

多くのスポンサーの提供があります。
많은 스폰서의 제공이 있습니다.

お墓に花を供えました。 묘지에 꽃을 바쳤습니다.

0853

券

문서 권 (券)
N2 총 8 획

음 けん 債券 채권 | 乗車券 승차권 | 定期券 정기권 |
入場券 입장권

乗車券を見せてください。 승차권을 보여 주세요.

定期券を買いました。 정기권을 샀습니다.

0854

巻

책 권 (巻)
N2 총 9획

음 かん　巻頭 권두, 책의 첫머리 | 巻末 권말 | 圧巻 압권 | 上巻 상권

훈 ま(く), まき　巻く 감다, 소용돌이치다 | 巻紙 두루마리 | のり巻 김밥, 김초밥

巻頭に目次があります。 권두에 목차가 있습니다.

のり巻が好きです。 김초밥을 좋아합니다.

巻 巻 巻 巻 巻 巻 巻 巻 巻

0855

権

권세 권 (權)
N2 총 15획

음 けん, ごん　権限 권한 | 権利 권리 | 権力 권력 | 人権 인권 | 政権 정권 | 選挙権 선거권 | 特権 특권 | 権化 권화, 화신(불교)

権力を握っている人はだれですか。
권력을 잡고 있는 사람은 누구입니까?

人権はもっとも大切です。 인권은 가장 중요합니다.

権 権 権 権 権 権 権 権 権 権 権 権 権 権 権

0856

机

책상 궤
N3 총 6획

음 き　机上 탁상

훈 つくえ　机 책상 | 勉強机 공부하는 책상

それは机上の空論です。 그것은 탁상공론입니다.

かばんは机の上にあります。
가방은 책상 위에 있습니다.

机 机 机 机 机 机

0857

貴

귀할 **귀**
N1 총 12획

음 き　貴金属 귀금속 | 貴重 귀중 | 兄貴 형님 | 高貴 고귀

훈 とうと(い), とうと(ぶ), たっと(い), たっと(ぶ)　貴い 존귀하다 | 貴ぶ 존경하다 | 貴い 소중하다 | 貴ぶ 공경하다

貴重品を金庫に入れます。 귀중품을 금고에 넣습니다.

生き物の命を貴びます。 생명체의 생명을 존중합니다.

| 貴 | 貴 | 貴 | 貴 | 貴 | 貴 | 貴 | 貴 | 貴 | 貴 | 貴 | 貴 | | | |

0858

劇

심할 **극**
N2 총 15획

음 げき　劇場 극장 | 劇団 극단 | 演劇 연극 | 喜劇 희극 | 悲劇 비극

劇場は禁煙です。 극장은 금연입니다.

大学で演劇サークルに入りました。
대학에서 연극 동아리에 들어갔습니다.

| 劇 | 劇 | 劇 | 劇 | 劇 | 劇 | 劇 | 劇 | 劇 | 劇 | 劇 | 劇 | 劇 | 劇 | 劇 |

0859

勤

부지런할 **근** (勤)
N2 총 12획

음 きん, ごん　勤勉 근면 | 勤務 근무 | 出勤 출근 | 常勤 상근 | 通勤 통근 | 夜勤 야근

훈 つと(める), つと(まる)　勤める 근무하다 | 勤め先 근무처 | 勤まる 감당해 내다, 잘 수행할 수 있다

彼は勤勉に働きます。 그는 근면하게 일합니다.

勤め先はどこですか。 어디에서 근무하나요?

| 勤 | 勤 | 勤 | 勤 | 勤 | 勤 | 勤 | 勤 | 勤 | 勤 | 勤 | 勤 | | | |

0860

筋

힘줄 근
N1 총 12 획

- 음 **きん** 筋骨 근골, 체격 | 筋肉 근육 | 鉄筋 철근 | 腹筋 복근
- 훈 **すじ** 筋 힘줄, 줄거리 | 筋道 사리, 조리, 절차 | 粗筋 개요 | 一筋 한 줄기, 외곬

走りすぎて筋肉痛になりました。
너무 많이 뛰어서 근육통이 생겼습니다.

話の筋道が見えません。 이야기의 앞뒤를 모르겠습니다.

0861

己

몸 기
N1 총 3 획

- 음 **こ, き** 自己 자기 | 利己 이기 | 克己 극기 | 知己 지기
- 훈 **おのれ** 己 자기 자신

彼は利己主義です。 그는 이기주의입니다.

旅をすれば己を知ると言います。
여행을 하면 자기 자신을 알게 된다고 합니다.

0862

暖

따뜻할 난
N2 총 13 획

- 음 **だん** 暖房 난방 | 暖流 난류 | 暖炉 난로 | 温暖 온난 | 寒暖 한란
- 훈 **あたた(か), あたた(かい), あたた(まる), あたた(める)** 暖か 따뜻함, 훈훈함 | 暖かい 따뜻하다 | 暖まる 따뜻해지다 | 暖める 따뜻하게 하다

暖房のスイッチを入れました。
난방 스위치를 작동시켰습니다.

春になって暖かくなりました。 봄이 되어 따뜻해졌습니다.

難

어려울 **난** (難)
N2 총 18획

음 なん　難関 난관 | 難題 난제 | 苦難 고난 | 困難 곤란 | 盗難 도난 | 避難 피난

훈 むずか(しい), かた(い)　難しい 어렵다 | 難い 어렵다, 힘들다

苦難の人生を生きてきました。 고난의 인생을 살아왔습니다.

レベルが上がって難しくなりました。
수준이 올라 어려워졌습니다.

納

들일 **납** (納)
N1 총 10획

음 のう, なっ, な, なん, とう　納税 납세 | 収納 수납 | 納豆 낫토 | 納得 납득 | 納屋 헛간 | 納戸 헛방 | 出納 출납

훈 おさ(める), おさ(まる)　納める 넣어두다, 받아들이다, 납입하다 | 納まる 들어가다, 정리되다, 납입되다

彼の説明に納得がいきません。
그의 설명에 납득이 가지 않습니다.

月末までに会費を納めてください。
월말까지 회비를 내 주세요.

脳

골 **뇌** (腦)
N2 총 11획

음 のう　脳 뇌 | 脳出血 뇌출혈 | 脳波 뇌파 | 首脳 수뇌, 정상 | 頭脳 두뇌

病院で脳波を検査しました。
병원에서 뇌파를 검사했습니다.

ソウルで首脳会談がありました。
서울에서 정상 회담이 있었습니다.

段

음 **だん** 段階 단계 | 段差 단의 차이 | 階段 계단 | 手段 수단 | 値段 가격

トイレは階段を下りて、右です。
화장실은 계단을 내려가서 오른쪽입니다.

あらゆる手段を使います。
모든 수단을 사용합니다.

층계 **단**
N2 총 9획

0867

担

음 **たん** 担架 담가, 들것 | 担当 담당 | 担任 담임 | 担保 담보 | 負担 부담 | 分担 분담

훈 **かつ(ぐ), にな(う)** 担ぐ 메다, 짊어지다, 속이다 | 担う 짊어지다, 떠맡다, 담당하다

分担して仕事をしました。
분담해서 일을 했습니다.

荷物を担いで山に登ります。
짐을 짊어지고 산을 오릅니다.

멜 **담** (擔)
N2 총 8획

0868

党

음 **とう** 党首 당수, 당 대표 | 党派 당파 | 政党 정당 | 野党 야당 | 与党 여당

支持する政党はありますか。
지지하는 정당은 있습니까?

投票で野党が勝ちました。
투표로 야당이 이겼습니다.

무리 **당** (黨)
N2 총 10획

0869

糖

엿 **당**
N1 총 16 획

음 **とう** 糖尿病 당뇨병 | 糖分 당분 | 砂糖 설탕 | 製糖 제당

糖分の取りすぎはよくありません。
당분의 과다 섭취는 좋지 않습니다.

コーヒーに砂糖を入れます。
커피에 설탕을 넣습니다.

0870

乱

어지러울 **란**
N2 총 7 획

음 **らん** 乱射 난사 | 乱暴 난폭함 | 乱立 난립 | 混乱 혼란 | 反乱 반란

훈 **みだ(れる), みだ(す)** 乱れる 흐트러지다 | 乱す 어지럽히다

忙しくて頭が混乱しています。
바빠서 머리가 혼란스럽습니다.

風で髪が乱れました。
바람 때문에 머리카락이 흐트러졌습니다.

0871

卵

알 **란**
N3 총 7 획

음 **らん** 卵黄 노른자 | 卵子 난자 | 卵巣 난소 | 卵白 흰자 | 鶏卵 계란 | 産卵 산란

훈 **たまご** 卵 알, 계란 | 生卵 날달걀

卵白をあわ立てます。 흰자를 거품냅니다.

小麦粉に卵を入れます。 밀가루에 달걀을 넣습니다.

0872

覧

볼 **람** (覽)
N1 총 17 획

음 らん　閲覧 열람 ｜ 観覧 관람 ｜ 展覧会 전람회 ｜
博覧会 박람회

観覧車に乗りましょう。 관람차에 탑시다.

週末、展覧会に行きました。
주말에 전람회에 갔습니다.

0873

朗

밝을 **랑** (朗)
N1 총 10 획

음 ろう　朗読 낭독 ｜ 朗報 낭보, 좋은 소식 ｜ 明朗 명랑 ｜
朗朗 낭랑, 목소리가 맑고 명랑함
훈 ほが(らか)　朗らか 명랑함

朗報が届きました。 좋은 소식이 도착했습니다.

朗らかな性格の人が好きです。
명랑한 성격의 사람을 좋아합니다.

0874

論

논할 **론**
N3 총 15 획

음 ろん　論述 논술 ｜ 論文 논문 ｜ 論理 논리 ｜ 議論 의논 ｜
結論 결론 ｜ 反論 반론

論文を書かなければなりません。 논문을 써야 합니다.

結論の部分があいまいです。 결론 부분이 애매합니다.

0875

律

법칙 **률**
N2 총 9획

음 りつ, りち　律令 율령 ｜ 一律 일률 ｜ 規律 규율 ｜ 調律 조율 ｜
律儀 성실하고 의리가 두터움

ここにある商品は一律千円です。
여기에 있는 상품은 전부 천 엔입니다.

兄はピアノの調律師です。
형은 피아노 조율사입니다.

1	2	3	4	5	6	7	8	9				
律	律	律	律	律	律	律	律	律				

0876

裏

속 **리**
N2 총 13획

음 り　裏面 이면, 뒷면 ｜ 内裏 일왕이 사는 대궐 ｜ 脳裏 뇌리 ｜
表裏 표리
훈 うら　裏 뒤 ｜ 裏表 안팎, 표리 ｜ 裏側 이면, 뒷면 ｜ 裏口 뒷문 ｜
裏地 안감

アイディアが脳裏にひらめきました。
아이디어가 뇌리에 번뜩였습니다.

裏口から入ってください。
뒷문으로 들어오세요.

1	2	3	4	5	6	7	8	9	10	11	12	13
裏	裏	裏	裏	裏	裏	裏	裏	裏	裏	裏	裏	裏

0877

□ □

臨

임할 **림**
N1 총 18 획

음 **りん** 臨海 임해 | 臨時 임시 | 臨床 임상 | 臨席 임석 | 君臨 군림

훈 **のぞ(む)** 臨む 면하다, 임하다

コンサート会場まで臨時バスが出ています。
콘서트장까지 임시 버스가 다닙니다.

海に臨む町で暮らしています。
바다에 면한 마을에서 삽니다.

1	2	3	4	5	6	7	8	9	10	11	12	13	14	15
臨	臨	臨	臨	臨	臨	臨	臨	臨	臨	臨	臨	臨	臨	臨

16	17	18						
臨	臨	臨						

0878

□ □

幕

장막 **막**
N1 총 13 획

음 **まく, ばく** 暗幕 암막 | 開幕 개막 | 序幕 서막 | 閉幕 폐막 | 幕府 막부 | 幕僚 막료

世界陸上大会が開幕しました。
세계 육상 대회가 개막했습니다.

夏のオリンピックが閉幕しました。
하계올림픽이 폐막했습니다.

1	2	3	4	5	6	7	8	9	10	11	12	13
幕	幕	幕	幕	幕	幕	幕	幕	幕	幕	幕	幕	幕

0879

□ □

晩

늦을 **만**
N3 총 12 획

음 **ばん** 晩学 만학 | 晩秋 만추 | 晩年 만년, 늘그막 | 今晩 오늘 밤 | 毎晩 매일 밤

彼は晩年をここで過ごしました。
그는 만년을 이곳에서 보냈습니다.

毎晩、寝る前に本を読みます。
매일 밤 자기 전에 책을 읽습니다.

1	2	3	4	5	6	7	8	9	10	11	12
晩	晩	晩	晩	晩	晩	晩	晩	晩	晩	晩	晩

0880

亡

망할 **망**
N3 총 3획

음 **ぼう, もう** 　亡命 망명 ｜ 亡霊 망령 ｜ 死亡 사망 ｜ 逃亡 도망 ｜
未亡人 미망인 ｜ 亡者 망자

훈 **な(い)** 　亡くなる 죽다, 돌아가시다

犯人は逃亡してしまいました。
범인은 도망쳐 버렸습니다.

父は事故で亡くなりました。
아버지는 사고로 돌아가셨습니다.

1	2	3
亡	亡	亡

0881

忘

잊을 **망**
N3 총 7획

음 **ぼう** 　忘却 망각 ｜ 忘年会 송년회 ｜ 健忘症 건망증 ｜
備忘録 비망록

훈 **わす(れる)** 　忘れる 잊다 ｜ 忘れ物 유실물 ｜ 物忘れ 건망증

忘年会に参加しました。
송년회에 참가했습니다.

宿題を家に忘れてしまいました。
숙제를 집에 두고 왔습니다.

1	2	3	4	5	6	7
忘	忘	忘	忘	忘	忘	忘

0882

枚

낱 **매**
N3 총 8획

음 **まい** 　枚挙 하나하나 셈 ｜ 枚数 매수 ｜ 一枚 한 장 ｜
何枚 몇 장 ｜ 二枚舌 일구이언

写真の枚数を数えてください。
사진 매수를 세어 주세요.

切手を一枚ください。
우표를 한 장 주세요.

1	2	3	4	5	6	7	8
枚	枚	枚	枚	枚	枚	枚	枚

0883

盟

맹세 **맹**
N1 총 13 획

음 めい 盟主 맹주 | 盟友 맹우, 동지 | 加盟 가맹 | 同盟 동맹 |
連盟 연맹

加盟店で買った方が安いです。
가맹점에서 사는 편이 쌉니다.

日本はアメリカと同盟を結びました。
일본은 미국과 동맹을 맺었습니다.

0884

暮

저물 **모**
N2 총 14 획

음 ぼ 暮色 날이 저물어 가는 어스레한 빛 | 歳暮 연말 |
お歳暮 연말 선물

훈 く(れる), く(らす) 暮れる 해가 저물다 | 夕暮れ 해질녘, 황혼 |
暮らす 살다, 지내다

遠くに住む友人にお歳暮を贈りました。
멀리 사는 친구에게 연말 선물을 보냈습니다.

日が暮れる前に帰りましょう。
해가 지기 전에 돌아갑시다.

0885

模

본뜰 **모**
N1 총 14 획

음 も, ぼ 模擬 모의 | 模型 모형 | 模範 모범 | 模倣 모방 |
模様 모양, 무늬 | 規模 규모

後輩に模範を示しました。 후배에게 모범을 보였습니다.

かわいい模様の服を買いました。
귀여운 무늬의 옷을 샀습니다.

0886

密

빽빽할 밀
N1 총 11획

음 みつ 密約 밀약 | 密猟 밀렵 | 過密 과밀 | 緊密 긴밀함 | 精密 정밀함 | 秘密 비밀

密猟は禁止です。 밀렵은 금지입니다.

これは二人だけの秘密です。
이것은 둘만의 비밀입니다.

1	2	3	4	5	6	7	8	9	10	11
密	密	密	密	密	密	密	密	密	密	密

0887

班

나눌 반
N1 총 10획

음 はん 班員 반 인원 | 班長 반장 | 救護班 구호반 | 取材班 취재반

班員は十人います。 반 인원은 열 명입니다.

田中くんが班長になりました。
다나카 군이 반장이 되었습니다.

1	2	3	4	5	6	7	8	9	10
班	班	班	班	班	班	班	班	班	班

0888

訪

찾을 방
N2 총 11획

음 ほう 訪日 방일 | 訪問 방문 | 探訪 탐방 | 来訪 내방

훈 おとず(れる), たず(ねる) 訪れる 방문하다 | 訪ねる 찾다, 방문하다

先生が私の家を訪問しに来ました。
선생님이 우리 집을 방문하러 왔습니다.

長い冬が訪れました。 기나긴 겨울이 찾아왔습니다.

1	2	3	4	5	6	7	8	9	10	11
訪	訪	訪	訪	訪	訪	訪	訪	訪	訪	訪

0889

拝

절 배 (拜)
N2 총 8획

음 **はい** 拝啓 배계 | 拝見 배견, 봄(겸사말) | 拝借 빌려 씀(겸사말) |
参拝 참배 | 崇拝 숭배

훈 **おが(む)** 拝む 두손 모아 빌다, 절하다

アルバムを拝見してもいいですか。
앨범을 봐도 될까요?

手を合わせて拝んでいます。 손을 모아 빌고 있습니다.

0890

背

등/배반할 배
N3 총 9획

음 **はい** 背景 배경 | 背後 배후 | 背信 배신 |
背任 배임, 임무를 저버림

훈 **せ, せい, そむ(く), そむ(ける)** 背 키 | 背中 등 | 背広 양복 |
背比べ 키 비교 | 背く 등지다, 위반하다 | 背ける 돌리다

湖を背景にして写真を撮りました。
호수를 배경으로 사진을 찍었습니다.

背広を着て、会社に出勤しました。
양복을 입고 회사에 출근했습니다.

0891

俳

배우 배
N1 총 10획

음 **はい** 俳人 하이쿠를 짓는 사람 | 俳優 배우 |
俳句 하이쿠(5·7·5의 3구 17자로 이루어진 일본 고유의 단시)

俳優を目指しています。 배우를 목표로 하고 있습니다.

俳句教室に通っています。 하이쿠 교실에 다니고 있습니다.

0892 並

음 へい　並行 병행 | 並立 병립 | 並列 병렬

훈 なみ, なら(べる), なら(ぶ)　並 보통, 같은 정도 |
並木道 가로수 길 | 並べる 늘어놓다 | 並ぶ 늘어서다

二つの作業を並行して進めます。
두 작업을 병행해서 진행합니다.

並木道を歩きました。 가로수 길을 걸었습니다.

나란히 병 (竝)
N3 총 8획

並 並 並 並 並 並 並 並

0893 宝

음 ほう　宝石 보석 | 宝物 보물 | 家宝 가보 | 国宝 국보

훈 たから　宝 보물 | 宝くじ 복권 | 宝船 보물선 | 宝物 보물

この城は国宝です。 이 성은 국보입니다.

宝くじが当たりました。 복권이 당첨되었습니다.

보배 보 (寶)
N3 총 8획

宝 宝 宝 宝 宝 宝 宝 宝

0894 補

음 ほ　補強 보강 | 補欠 보결, 보궐 | 補充 보충 | 補助 보조 |
補足 보충 | 候補 후보

훈 おぎな(う)　補う 보충하다, 변상하다

説明の補足をしました。 보충 설명을 했습니다.

ビタミンCを補います。 비타민C를 보충합니다.

기울 보
N2 총 12획

補 補 補 補 補 補 補 補 補 補 補 補

0895

腹

배 복
N2 총 13 획

음 ふく 腹案 복안 | 腹痛 복통 | 腹部 복부 | 空腹 공복 |
満腹 배부름

훈 はら 腹 배, 복부 | 腹が立つ・腹立つ 화가 나다 |
腹黒い 속이 검다, 엉큼하다

色々な料理を食べて満腹です。
여러 가지 요리를 먹어 배가 부릅니다.

けんかして腹が立ちました。 싸워서 화가 났습니다.

腹 腹 腹 腹 腹 腹 腹 腹 腹 腹 腹 腹 腹

0896

棒

막대 봉
N2 총 12 획

음 ぼう 棒 막대기, 몽둥이 | 警棒 경찰봉 | 鉄棒 철봉 |
泥棒 도둑 | 綿棒 면봉

売上を棒グラフで示します。
매출을 막대 그래프로 나타냅니다.

薬局で綿棒を買いました。
약국에서 면봉을 샀습니다.

棒 棒 棒 棒 棒 棒 棒 棒 棒 棒 棒 棒

0897

否

아닐 부
N2 총 7 획

음 ひ 否定 부정 | 否認 부인 | 安否 안부 | 可否 가부 |
拒否 거부

훈 いな 否 아니, 아니오 | ～や否や ～하자마자

会議で否定的な意見が出ました。
회의에서 부정적인 의견이 나왔습니다.

出かけるや否や雨が降り出しました。
나가자마자 비가 내리기 시작했습니다.

否 否 否 否 否 否 否

0898

奮

떨칠 **분**
N1 총 16 획

음 ふん｜奮起 분기｜奮闘 분투｜奮発 분발｜興奮 흥분

훈 ふる(う)｜奮う 떨치다

日本チームは奮闘しましたが、負けました。
일본 팀은 분투했지만 졌습니다.

勇気を奮ってプロポーズしました。
용기를 내 프러포즈를 했습니다.

0899

秘

숨길 **비**
N1 총 10 획

음 ひ｜秘書 비서｜秘密 비밀｜極秘 극비｜神秘 신비

훈 ひ(める)｜秘める 숨기다, 감추다, 간직하다

秘書に頼んでおきました。
비서에게 부탁해 두었습니다.

子どもは色々な可能性を秘めています。
아이는 여러 가지 가능성을 가지고 있습니다.

0900

批

비평할 **비**
N1 총 7 획

음 ひ｜批准 비준｜批難 비난｜批判 비판｜批評 비평

アメリカが条約に批准しました。
미국이 조약에 비준했습니다.

批評家に好評を受けました。
비평가에게 호평을 받았습니다.

私

사사 **사**
N4 총 7획

음 し | 私財 사재 | 私費 사비 | 私利 사리 | 私立 사립 |
公私 공사

훈 わたくし, わたし | 私 나, 저, 사사로운 것 | 私 나

私立大学に通っています。 사립 대학에 다니고 있습니다.
私の名前は山田太郎です。 내 이름은 야마다 타로입니다.

砂

모래 **사**
N2 총 9획

음 さ, しゃ | 砂糖 설탕 | 砂漠 사막 | 黄砂 황사 |
砂利 사리, 자갈 | 土砂 토사

훈 すな | 砂 모래 | 砂時計 모래 시계 | 砂場 모래밭 |
砂浜 모래로 된 해변, 모래톱

今年の春は黄砂がひどいです。
올해 봄은 황사가 심합니다.
砂浜で遊びました。 모래톱에서 놀았습니다.

射

쏠 **사**
N1 총 10획

음 しゃ | 射撃 사격 | 射程 사정 | 発射 발사 | 注射 주사

훈 い(る) | 射る 쏘다, 맞히다

病院で注射を打ちました。 병원에서 주사를 맞았습니다.
矢を射るのは難しいです。 화살을 쏘는 것은 어렵습니다.

0904

捨 버릴 **사**
N2 총 11획

음 しゃ 喜捨 희사, 기부 | 四捨五入 반올림 | 取捨 취사
훈 す(てる) 捨てる 버리다

四捨五入して計算します。 반올림해서 계산합니다.

タバコの吸いがらを捨てないでください。
담배꽁초를 버리지 마세요.

0905

詞 말 **사**
N3 총 12획

음 し 歌詞 가사 | 作詞 작사 | 動詞 동사 | 品詞 품사 | 名詞 명사

とても歌詞がいい歌です。
가사가 무척 좋은 노래입니다.

動詞の活用を覚えました。
동사의 활용을 외웠습니다.

0906

傷 다칠 **상**
N1 총 13획

음 しょう 傷害 상해 | 傷心 상심 | 重傷 중상 | 負傷 부상
훈 きず, いた(む), いた(める) 傷 상처, 흉터 | 傷跡 상처 자국 | 傷口 상처, 흠집 | 傷む 아프다, 고통스럽다 | 傷める 아프게 하다, 다치다, 고통을 주다

事故で負傷しました。 사고로 부상당했습니다.

傷口に薬を塗ってください。
상처에 약을 발라 주세요.

署

마을 서 (署)
N2 총 13획

음 しょ 署長 서장 | 署名 서명 | 警察署 경찰서 |
しょうぼうしょ
消防署 소방서

市民の署名を集めています。
시민의 서명을 모으고 있습니다.

市役所の横に消防署があります。
시청 옆에 소방서가 있습니다.

署署署署署署署署署署署署署

宣

베풀 선
N1 총 9획

음 せん 宣言 선언 | 宣告 선고 | 宣誓 선서 | 宣伝 선전

宣伝の効果がいいです。 선전 효과가 좋습니다.

運動会で選手宣誓をしました。
운동회에서 선수 선서를 했습니다.

宣宣宣宣宣宣宣宣宣

善

착할 선
N1 총 12획

음 ぜん 善悪 선악 | 善処 선처 | 善人 선인 | 改善 개선 |
偽善 위선 | 最善 최선
훈 よ(い) 善い 좋다 | 善し悪し 좋고 나쁨

最善を尽くして、頑張りました。
최선을 다해 노력했습니다.

子どもなので善し悪しが分かりません。
어린애라서 좋고 나쁨을 분간하지 못합니다.

善善善善善善善善善善善善

0910

舌

혀 설
N1 총 6획

음 ぜつ　舌戦 설전, 말다툼, 언쟁 | 毒舌 독설 | 筆舌 필설, 글과 말 |
弁舌 언변, 말재주
훈 した　舌 혀 | 猫舌 뜨거운 것을 못 먹는 혀, 또는 사람

昨日の国会では激しい舌戦がありました。
어제의 국회에서는 심한 언쟁이 있었습니다.

私は猫舌なので熱いものが食べられません。
나는 고양이 혀라서 뜨거운 것을 못 먹습니다.

舌 舌 舌 舌 舌 舌

0911

盛

성할 성
N1 총 11획

음 せい, じょう　盛況 성황 | 盛大 성대 | 全盛 전성 | 隆盛 융성 |
繁盛 번성
훈 も(る), さか(る), さか(ん)　盛る 쌓아 올리다, 담아서 채우다 |
盛る 번창하다, 유행하다 | 盛ん 번성함, 번창함

チームの優勝を盛大に祝いました。
팀의 우승을 성대하게 축하했습니다.

ヨーロッパはサッカーが盛んです。
유럽은 축구가 한창입니다.

盛 盛 盛 盛 盛 盛 盛 盛 盛 盛 盛

0912

聖

성인 성
N1 총 13획

음 せい　聖域 성역 | 聖火 성화 | 聖書 성서, 성경 | 聖堂 성당 |
神聖 신성함

聖火ランナーが走っています。
성화 주자가 달리고 있습니다.

毎晩、聖書を読みます。 매일 밤 성경을 읽습니다.

聖 聖 聖 聖 聖 聖 聖 聖 聖 聖 聖 聖 聖

0913

誠

정성 **성**
N1 총 13획

- 음 **せい** 　誠意 성의 | 誠実 성실 | 誠心 성심 | 忠誠 충성
- 훈 **まこと** 　誠 참, 진실, 진심 | 誠に 참으로, 정말로

誠実な人が好きです。 성실한 사람을 좋아합니다.

本日は誠にありがとうございます。
오늘은 진심으로 감사드립니다.

1	2	3	4	5	6	7	8	9	10	11	12	13
誠	誠	誠	誠	誠	誠	誠	誠	誠	誠	誠	誠	誠

0914

洗

씻을 **세**
N3 총 9획

- 음 **せん** 　洗顔 세안 | 洗剤 세제 | 洗浄 세정 | 洗濯 세탁, 빨래
- 훈 **あら(う)** 　洗う 씻다, 닦다 | お手洗い 화장실 | 皿洗い 설거지

洗濯をすると、気持ちがいいです。
빨래를 하면 기분이 좋습니다.

ちょっと、お手洗いに行ってきます。
잠시 화장실에 다녀오겠습니다.

1	2	3	4	5	6	7	8	9
洗	洗	洗	洗	洗	洗	洗	洗	洗

0915

収

거둘 **수**
N2 총 4획

- 음 **しゅう** 　収穫 수확 | 収拾 수집 | 収納 수납 | 回収 회수 | 吸収 흡수 | 領収証 영수증
- 훈 **おさ(まる), おさ(める)** 　収まる 수습되다, 원만해지다 | 収める 거두다, 얻다, 성과를 올리다

領収証が必要ですか。 영수증이 필요합니까?

論文はＡ４・20枚で収めてください。
논문은 A4 20장 내로 써 주시기 바랍니다.

1	2	3	4
収	収	収	収

0916

垂

드리울 **수**
N1 총 8획

- **음** すい 垂線 수직선 | 垂直 수직 | 胃下垂 위 처짐 | 懸垂 매달림, 턱걸이
- **훈** た(れる), た(らす) 垂れる 드리워지다, 늘어지다, 떨어지다 | 垂らす 늘어뜨리다, 드리우다, 흘리다

力がないので懸垂ができません。
힘이 없어서 턱걸이를 할 수 없습니다.

醤油を少し垂らして食べてください。
간장을 조금 넣어 드세요.

1	2	3	4	5	6	7	8
垂	垂	垂	垂	垂	垂	垂	垂

0917

樹

나무 **수**
N1 총 16획

- **음** じゅ 樹木 나무 | 樹立 수립 | 街路樹 가로수 | 果樹 과수 | 植樹 식수, 식목

陸上選手が新記録を樹立しました。
육상 선수가 신기록을 수립했습니다.

ここはりんごの果樹園です。 여기는 사과 과수원입니다.

1	2	3	4	5	6	7	8	9	10	11	12	13	14	15
樹	樹	樹	樹	樹	樹	樹	樹	樹	樹	樹	樹	樹	樹	樹

16
樹

0918

熟

익을 **숙**
N1 총 15획

- **음** じゅく 熟語 숙어 | 熟成 숙성 | 熟練 숙련 | 成熟 성숙 | 未熟 미숙
- **훈** う(れる) 熟れる 익다, 여물다

英語の熟語を覚えてください。 영어 숙어를 외우세요.

柿がよく熟れています。 감이 잘 익었습니다.

1	2	3	4	5	6	7	8	9	10	11	12	13	14	15
熟	熟	熟	熟	熟	熟	熟	熟	熟	熟	熟	熟	熟	熟	熟

0919

純

순수할 순
N2 총 10획

음 じゅん　純粋 순수 | 純白 순백 | 清純 청순 | 単純 단순

とてもきれいな純白のドレスです。
매우 아름다운 순백색 드레스입니다.

この作業はわりと単純です。
이 작업은 비교적 단순합니다.

0920

承

이을 승
N2 총 8획

음 しょう　承諾 승낙 | 承知 알아들음 | 承認 승인 |
継承 계승 | 伝承 전승 | 了承 승낙

훈 うけたまわ(る)　承る 삼가 받다, 삼가 듣다(겸사말)

了承してください。 승낙해 주세요.

ご予約、承りました。 예약, 받았습니다.

0921

視

볼 시(視)
N1 총 11획

음 し　視野 시야 | 視力 시력 | 監視 감시 | 近視 근시 |
重視 중시 | 注視 주시, 주목

視力を測ります。 시력을 측정합니다.

この会社は学歴を重視しません。
이 회사는 학력을 중시하지 않습니다.

0922

我

나 **아**
N1 총 7획

음 が　我慢 인내, 참음, 용서함 ┃ 我流 아류 ┃ 自我 자아 ┃ 無我 무아

훈 われ, わ　我 자기 ┃ 我々 우리들 ┃ 我が国 우리나라 ┃ 我が家 우리집

歯が痛くて我慢できません。
이가 아파 못 견디겠습니다.

我が家は暖かな家庭です。
우리집은 따뜻한 가정입니다.

1	2	3	4	5	6	7
我	我	我	我	我	我	我

0923

若

같을 **약**
N3 총 8획

음 じゃく, にゃく　若年 나이가 젊음 ┃ 若干 약간 ┃ 老若男女 남녀노소

훈 わか(い), も(しくは)　若い 젊다, 어리다 ┃ 若者 젊은이 ┃ 若々しい 젊디 젊다, 아주 젊어 보이다 ┃ 若しくは 혹은, 또는, 그렇지 않으면

老若男女の意見を聞きます。
남녀노소의 의견을 듣습니다.

原宿は若者の街です。
하라주쿠는 젊은이의 거리입니다.

1	2	3	4	5	6	7	8
若	若	若	若	若	若	若	若

厳

엄할 엄 (嚴)
N1 총 17 획

음 げん, ごん　厳格 엄격 | 厳禁 엄금 | 厳重 엄중 | 威厳 위엄 | 戒厳 계엄 | 荘厳 장엄

훈 おごそ(か), きび(しい)　厳か 엄숙함 | 厳しい 엄하다, 혹독하다

病気のときのお酒は厳禁です。
병에 걸렸을 때 술은 엄금입니다.

今年の冬は寒さが厳しいです。
올겨울은 추위가 혹독합니다.

域

지경 역
N2 총 11 획

음 いき　海域 해역 | 区域 구역 | 全域 전역 | 地域 지역 | 領域 영역 | 流域 유역

韓国全域で雪が降っています。
한국 전 지역에서 눈이 내리고 있습니다.

「アリラン」は地域によって違います。
'아리랑'은 지역에 따라 다릅니다.

訳

번역할 역 (譯)
N1 총 11 획

음 やく　訳本 번역본, 역서 | 直訳 직역 | 通訳 통역 | 翻訳 번역

훈 わけ　訳 까닭, 이유, 도리, 이치 | 言い訳 변명, 해명 | 内訳 내역, 명세

今、通訳の仕事をしています。
지금은 통역 일을 하고 있습니다.

遅れた訳を話してください。　늦은 이유를 말해 주세요.

0927

延

늘일 연
N2 총 8획

음 えん　延期 연기 | 延滞 연체 | 延長 연장 | 遅延 지연

훈 の(びる), の(べる), の(ばす)　延びる 연장되다, 연기되다, 늘어나다 | 延べる 펴다, 뻗치다 | 延ばす 연장하다, 연기하다

運動会は延期になりました。
운동회는 연기되었습니다.

出発の日が延びました。
출발일이 연기되었습니다.

1	2	3	4	5	6	7	8
延	延	延	延	延	延	延	延

0928

沿

물 따라갈 연 (沿)
N1 총 8획

음 えん　沿海 연해 | 沿革 연혁 | 沿岸 연안 | 沿線 노선 주변 | 沿道 길가, 연도, 연로

훈 そ(う)　沿う 따르다, ~주위에 있다 | 川沿い 강을 낌, 강가 | 山沿い 산 주변

沿道でマラソンの応援をしました。
길가에서 마라톤을 응원했습니다.

川に沿って散歩道があります。
강을 따라 산책로가 있습니다.

1	2	3	4	5	6	7	8
沿	沿	沿	沿	沿	沿	沿	沿

■ 밑줄 친 한자를 바르게 읽은 것을 고르시오.

1　大統領のまわりの警備は厳重です。
① ごんちょう　　② げんちょう　　③ ごんじゅう　　④ げんじゅう

2　部屋に閣僚たちが集まりました。
① かくりょう　　② かくりょ　　③ がくりょ　　④ がくりょう

3　このりんごは未熟で、おいしくないです。
① びじゅく　　② びじゅう　　③ みじゅく　　④ みじゅう

4　穀物を倉庫に入れます。
① こくぶつ　　② こくもつ　　③ ごくぶつ　　④ ごくもつ

5　このお店はとても繁盛しています。
① はんじょ　　② はんじょう　　③ ぱんじょ　　④ ぱんじょう

6　突然、電気の供給が止まりました。
① きょきゅ　　② きょうきゅ　　③ きょきゅう　　④ きょうきゅう

7　黄砂は中国から飛んできます。
① おうさ　　② おうしゃ　　③ こうさ　　④ こうしゃ

8　フロントに貴重品を預けます。
① ぎじゅうひん　　② ぎちょうひん　　③ きじゅうひん　　④ きちょうひん

9　勇気を奮ってプロポーズしました。
① ふるって　　② しぼって　　③ ふんばって　　④ てらって

10　新宿に行って演劇を見ます。
① えんけき　　② えんげき　　③ えいけき　　④ えいげき

11 吉田さんが森さんの説明を補いました。

① そこない　　② うしない　　③ ととのい　　④ おぎない

12 母は毎朝、朝食に納豆を出します。

① のうとう　　② のうず　　③ なっとう　　④ なっず

13 合格するのがとても難関なテストです。

① なんかん　　② なんがん　　③ らんかん　　④ らんがん

14 兄は背広を着て、会社に行きます。

① せひろ　　② せびろ　　③ せいひろ　　④ せいびろ

15 コーラには糖分がたくさん含まれています。

① だんぷん　　② だんぶん　　③ とうぷん　　④ とうぶん

16 このハンカチにはハートの模様があります。

① もうよ　　② もよ　　③ もよう　　④ もうよう

17 暖房のスイッチを切ってください。

① なんぼう　　② なんぽう　　③ だんぼう　　④ だんぽう

18 労働組合に加盟しました。

① かめん　　② かめい　　③ がめん　　④ がめい

19 田中さんは朗らかな性格の人です。

① ほがらかな　　② あきらなか　　③ きよらかな　　④ うららかな

20 友達と今晩、飲み会をします。

① きんぱん　　② きんばん　　③ こんぱん　　④ こんばん

■ 밑줄 친 히라가나를 한자로 바르게 적은 것을 고르시오.

1 <u>こうてつ</u>を輸出します。
① 鋼鉄　　② 銅鉄　　③ 鋼銑　　④ 銅銑

2 あれこれ<u>いいわけ</u>を言わないでください。
① 良い訳　　② 良い訣　　③ 言い訣　　④ 言い訳

3 母の誕生日に<u>きぬ</u>のスカーフを贈りました。
① 編　　② 綱　　③ 絹　　④ 組

4 <u>わがや</u>には三人の子どもがいます。
① 我が家　　② 哉が家　　③ 我が屋　　④ 哉が屋

5 <u>けいれつ</u>会社に異動しました。
① 糸列　　② 系列　　③ 糸例　　④ 系例

6 <u>じゃっかん</u>、人数が足りません。
① 若千　　② 苦千　　③ 若干　　④ 苦干

7 事故を<u>けいさつ</u>が調べています。
① 驚祭　　② 警祭　　③ 驚察　　④ 警察

8 醤油を少し<u>たらして</u>食べてください。
① 乗らして　　② 垂らして　　③ 唾らして　　④ 郵らして

9 どんな<u>あらすじ</u>のドラマですか。
① 粗筋　　② 粗節　　③ 粕筋　　④ 粕節

10 両親が結婚を<u>りょうしょう</u>しました。
① 子承　　② 了承　　③ 子羊　　④ 了羊

11 <u>だんさ</u>がありますから、気を付けてください。

① 股差 　　② 股着 　　③ 段差 　　④ 段着

12 質問に<u>せいじつ</u>に答えてください。

① 試美 　　② 試実 　　③ 誠美 　　④ 誠実

13 家の<u>うらがわ</u>には川があります。

① 裏側 　　② 裏測 　　③ 表側 　　④ 表測

14 転んで<u>きず</u>ができました。

① 傷 　　② 復 　　③ 侵 　　④ 得

15 コンサート会場まで<u>りんじ</u>バスが出ています。

① 臥時 　　② 臥詩 　　③ 臨時 　　④ 臨詩

16 要らない物を<u>すて</u>ました。

① 捨て 　　② 拾て 　　③ 捻て 　　④ 扮て

17 12月は<u>ぼうねんかい</u>が多いです。

① 志午会 　　② 忘午会 　　③ 志年会 　　④ 忘年会

18 その政治家は市民から<u>ひなん</u>を浴びました。

① 批灘 　　② 批難 　　③ 比灘 　　④ 比難

19 先生の家を<u>ほうもん</u>しました。

① 訪門 　　② 訪問 　　③ 託門 　　④ 託問

20 売上を<u>ぼう</u>グラフで示します。

① 椿 　　② 棒 　　③ 樸 　　④ 榛

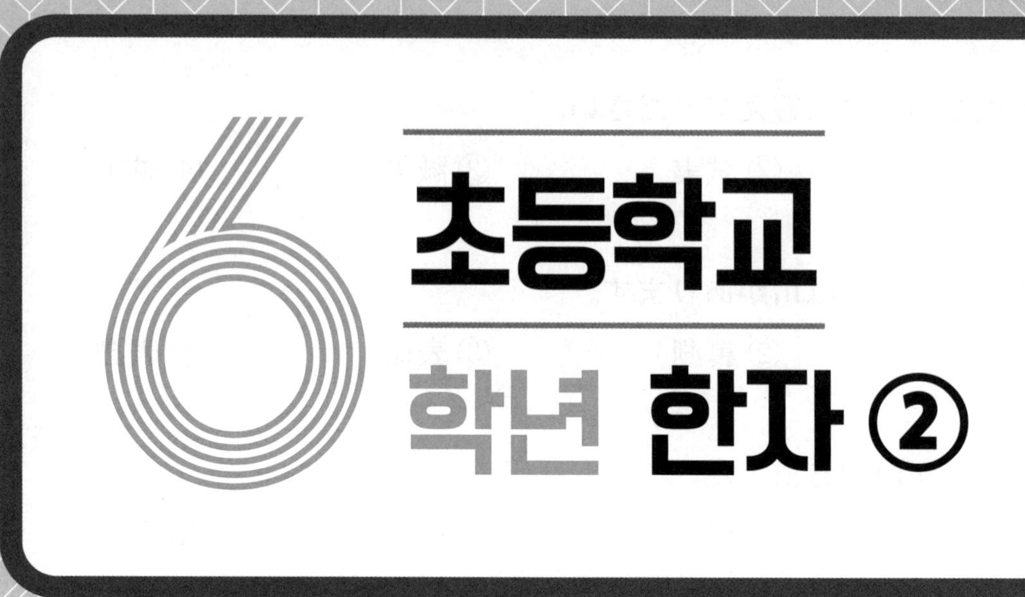

6
초등학교
학년 한자 ②

染	映	預	誤	欲	宇	郵	優	源	危
물들 염	비칠 영	맡길/미리 예	그르칠 오	하고자 할 욕	집 우	우편 우	넉넉할 우	근원 원	위태할 위
胃	幼	乳	遺	恩	疑	異	翌	仁	認
밥통 위	어릴 유	젖 유	남길 유	은혜 은	의심할 의	다를 이	다음날 익	어질 인	알 인
賃	姿	磁	蚕	将	裝	腸	障	蔵	臟
품삯 임	모양 자	자석 자	누에 잠	장수 장	꾸밀 장	창자 장	막을 장	감출 장	오장 장
裁	著	敵	專	展	錢	頂	除	済	諸
마를 재	나타날 저	대적할 적	오로지 전	펼 전	돈 전	정수리 정	덜 제	건널 제	모두 제
潮	操	存	尊	宗	從	縱	座	宙	奏
밀물 조	잡을 조	있을 존	높을 존	마루 종	좇을 종	세로 종	자리 좌	집 주	아뢸 주
株	衆	蒸	至	誌	窓	創	冊	策	処
그루 주	무리 중	찔 증	이를 지	기록할 지	창 창	비롯할 창	책 책	꾀 책	곳 처
尺	泉	庁	寸	推	縮	忠	就	層	値
자 척	샘 천	관청 청	마디 촌	밀 추	줄일 축	충성 충	나아갈 취	층 층	값 치
針	誕	探	宅	討	痛	退	派	片	肺
바늘 침	낳을 탄	찾을 탐	집 택/댁 댁	칠 토	아플 통	물러날 퇴	갈래 파	조각 편	허파 폐
陛	閉	俵	割	鄕	憲	革	穴	呼	紅
대궐 섬돌 폐	닫을 폐	나누어줄 표	벨 할	시골 향	법 헌	가죽 혁	구멍 혈	부를 호	붉을 홍
拡	皇	灰	孝	后	揮	胸	吸		
넓힐 확	임금 황	재 회	효도 효	임금 후	휘두를 휘	가슴 흉	마실 흡		

0929

染

물들 **염**
N1 총 9획

음 せん　染色 염색 | 染料 염료, 물감 | 汚染 오염 | 感染 감염 | 伝染 전염

훈 そ(める), そ(まる), し(みる), し(み)　染める 물들이다, 염색하다 | 染まる 물들다, 염색되다 | 染みる 배다, 번지다, 물들다 | 染み 얼룩, 검버섯

パソコンがウィルスに感染しました。
컴퓨터가 바이러스에 감염되었습니다.
髪を黄色に染めました。
머리카락을 노란색으로 염색했습니다.

0930

映

비칠 **영**
N4 총 9획

음 えい　映画 영화 | 映像 영상 | 上映 상영 | 反映 반영

훈 うつ(る), うつ(す), は(える)　映る 비치다, 조화되다 | 映す 비추다, 투영하다, 상영하다 | 映える 빛나다, 비치다, 잘 어울리다

週末、映画を見に行きました。
주말에 영화를 보러 갔습니다.
湖に山が映っています。
호수에 산이 비칩니다.

0931

預

맡길/미리 **예**
N2 총 13 획

- 음 **よ** 預金 예금 | 預託 예탁
- 훈 **あず(ける), あず(かる)** 預ける 맡기다, 위임하다 | 預かる 맡다, 보관하다

預金通帳を失いました。 예금 통장을 잃어버렸습니다.
貴重品をフロントに預けました。
귀중품을 프런트에 맡겼습니다.

0932

誤

그르칠 **오** (誤)
N2 총 14 획

- 음 **ご** 誤解 오해 | 誤算 오산, 착오 | 誤字 오자, 오타 | 誤読 잘못 읽음 | 錯誤 착오
- 훈 **あやま(る)** 誤る 실패하다, 실수하다, 잘못하다

中島さんは私の話を誤解しました。
나카시마 씨는 내 말을 오해했습니다.
運転を誤って、事故を起こしました。
운전을 잘못해서 사고를 냈습니다.

0933

欲

하고자 할 **욕**
N2 총 11 획

- 음 **よく** 欲張り 욕심꾸러기 | 欲望 욕망 | 欲求 욕구 | 意欲 의욕 | 食欲 식욕
- 훈 **ほっ(する), ほ(しい)** 欲する 바라다, 원하다 | 欲しい 갖고 싶다, 바라다

暑くて食欲がありません。 더워서 식욕이 없습니다.
新しい車が欲しいです。 새 차를 갖고 싶습니다.

0934

宇

집 우
N3 총 6획

음 う　宇宙 우주 | 宇宙人 우주인, 외계인 | 宇宙船 우주선 |
気宇 기우, 기개와 도량

宇宙に行ってみたいです。
우주에 가 보고 싶습니다.
宇宙船が月に着きました。
우주선이 달에 도착했습니다.

宇 宇 宇 宇 宇 宇

0935

郵

우편 우
N2 총 11획

음 ゆう　郵政 우정 | 郵送 우송, 발송 | 郵便 우편

書類は郵送してください。
서류는 우송해 주세요.
郵便局で荷物を送りました。
우체국에서 짐을 보냈습니다.

郵 郵 郵 郵 郵 郵 郵 郵 郵 郵 郵

0936

優

넉넉할 우
N2 총 17획

음 ゆう　優秀 우수 | 優勝 우승 | 優先 우선 | 優劣 우열 |
俳優 배우
훈 やさ(しい), すぐ(れる)　優しい 상냥하다, 우아하다 |
優れる 우수하다, 훌륭하다

お年寄りは優先席に座ってください。
어르신은 교통약자석에 앉아 주세요.
小林さんは優しくて親切です。
고바야시 씨는 상냥하고 친절합니다.

優 優 優 優 優 優 優 優 優 優 優 優 優 優 優
優 優

0937

源

근원 **원**
N1 총 13획

음 げん　源流 원류 | 起源 기원 | 資源 자원 | 電源 전원
훈 みなもと　源 수원, 근원

日本は資源が少ない国です。
일본은 자원이 적은 나라입니다.
「食」は健康の源です。
'식사'는 건강의 근원입니다.

源 源 源 源 源 源 源 源 源 源 源 源 源

0938

危

위태할 **위**
N2 총 6획

음 き　危害 위해 | 危機 위기 | 危険 위험 | 危篤 위독
훈 あぶ(ない), あや(うい), あや(ぶむ)　危ない 위험하다, 불안하다 | 危うい 위태롭다, 위험하다 | 危ぶむ 걱정하다, 의심하다

経済危機を乗り越えました。
경제 위기를 극복했습니다.
この道路は車が多くて危ないです。
이 도로는 차가 많아서 위험합니다.

危 危 危 危 危 危

0939

胃

밥통 **위**
N3 총 9획

음 い　胃 위 | 胃癌 위암 | 胃薬 위장약 | 胃腸 위장

旅行のときは胃薬を持って行きます。
여행할 때는 위장약을 가지고 갑니다.
山田さんは胃腸が弱いです。
야마다 씨는 위장이 약합니다.

胃 胃 胃 胃 胃 胃 胃 胃 胃

0940

幼

어릴 **유**
N2 총 5획

음 **よう** 幼児 유아 | 幼稚園 유치원 | 幼虫 유충 | 幼年 유년

훈 **おさな(い)** 幼い 어리다, 유치하다 |

幼なじみ 소꿉친구, 죽마고우

子どもを幼稚園に迎えに行きます。
유치원으로 아이를 데리러 갑니다.

幼いとき、よく人形で遊びました。
어릴 때 곧잘 인형을 가지고 놀았습니다.

1	2	3	4	5
幼	幼	幼	幼	幼

0941

乳

젖 **유**
N2 총 8획

음 **にゅう** 乳児 젖먹이, 유아 | 乳製品 유제품 | 牛乳 우유 |

母乳 모유 | 哺乳類 포유류

훈 **ちち, ち** 乳 젖 | 乳搾り 젖 짜기, 착유 | 乳飲み子 젖먹이, 유아

毎日、牛乳を飲みましょう。 매일 우유를 마십시다.

牧場で牛の乳搾りを体験しました。
목장에서 소젖 짜기 체험을 했습니다.

1	2	3	4	5	6	7	8
乳	乳	乳	乳	乳	乳	乳	乳

0942

遺

남길 **유**
N1 총 15획

음 **い, ゆい** 遺産 유산 | 遺跡 유적 | 遺族 유족 | 遺伝 유전 |

遺品 유품 | 遺言 유언

ギリシアで遺跡をめぐりました。
그리스에서 유적을 돌아보았습니다.

この時計は父の遺品です。 이 시계는 아버지의 유품입니다.

1	2	3	4	5	6	7	8	9	10	11	12	13	14	15
遺	遺	遺	遺	遺	遺	遺	遺	遺	遺	遺	遺	遺	遺	遺

0943

음 おん 恩恵 은혜 | 恩師 은사, 스승 | 恩人 은인 | 謝恩 사은

恩

은혜 은
N1 총 10 획

学生時代の恩師に会いました。
학창 시절의 은사를 만났습니다.

デパートで20周年謝恩セールをやっています。
백화점에서 20주년 사은 세일을 하고 있습니다.

0944

음 ぎ 疑問 의문 | 疑惑 의혹 | 質疑 질의 | 容疑 용의
훈 うたが(う) 疑う 의심하다

疑

의심할 의
N2 총 14 획

本を読んで、ますます疑問がわきました。
책을 읽고 더욱 의문이 생겼습니다.

人を疑うのはよくありません。
타인을 의심하는 것은 좋지 않습니다.

0945

음 い 異議 이의 | 異国 이국 | 異常 이상 | 差異 차이 |
変異 변이, 이변
훈 こと(なる) 異なる 다르다

異

다를 이
N1 총 11 획

異常な天気が続いています。
이상한 날씨가 계속되고 있습니다.

私と兄は性格が異なります。 나와 형은 성격이 다릅니다.

0946

翌

다음날 익 (翌)
N2 총 11획

음 よく　翌朝 이튿날 아침 | 翌月 다음 달 | 翌日 이튿날 |
翌年 이듬해

お酒を飲んだ翌朝は頭が痛いです。
술을 마신 이튿날 아침에는 머리가 아픕니다.

山火事は翌日まで続きました。
산불은 이튿날까지 계속되었습니다.

0947

仁

어질 인
N1 총 4획

음 じん, に　仁愛 인애 | 仁義 인의, 의리 | 仁術 인술 |
仁王 인왕, 금강신(불교) |
仁王立ち 인왕처럼 무섭고 억센 모습으로 버티고 서 있음

『仁義なき戦い』という映画を知っていますか。
『의리 없는 전쟁』이라는 영화를 압니까?

これは有名な仁王像です。
이것은 유명한 인왕상입니다.

0948

認

알 인 (認)
N2 총 14획

음 にん　認証 인증 | 認知 인지 | 認定 인정 | 確認 확인 |
誤認 오인 | 視認 시인(보고 확인함)
훈 みと(める)　認める 인정하다, 인지하다

人数を確認します。 인원수를 확인합니다.

両親が結婚を認めてくれました。
부모님이 결혼을 허락해 주셨습니다.

0949

賃

품삯 **임**
N1 총 13획

음 ちん　賃借 임차 | 賃貸 임대 | 運賃 운임 | 家賃 집세

運賃はいくらですか。　운임은 얼마입니까?
家賃の安い部屋がいいです。
집세가 저렴한 방이 좋습니다.

0950

姿

모양 **자**
N1 총 9획

음 し　姿勢 자세 | 姿態 자태 | 雄姿 용감한 모습 |
容姿 얼굴 모양이나 자태
훈 すがた　姿 모습, 상태 | 後ろ姿 뒷모습

正しい姿勢で本を読みましょう。
올바른 자세로 책을 읽읍시다.
後ろ姿がきれいな人です。
뒷모습이 예쁜 사람입니다.

0951

磁

자석 **자**
N1 총 14획

음 じ　磁気 자기 | 磁石 자석 | 磁力 자력 | 青磁 청자 |
陶磁器 도자기

高麗の青磁は有名です。　고려 청자는 유명합니다.
有田には陶磁器の村があります。
아리타에는 도자기 마을이 있습니다.

蚕

누에 잠 (蠶)
N1 총 10 획

음 さん　蚕業 양잠업 | 蚕室 누에치는 방 | 蚕食 잠식 |
養蚕 양잠, 누에치기
훈 かいこ　蚕 누에

今は養蚕をする人が少ないです。
지금은 누에를 치는 사람이 적습니다.

蚕は桑を食べます。 누에는 뽕나무를 먹습니다.

将

장수 장
N2 총 10 획

음 しょう　将棋 장기 | 将軍 장군 | 将来 장래 | 主将 주장 |
名将 명장

将来の夢はパイロットです。 장래 희망은 파일럿입니다.

彼は剣道部の主将です。 그는 검도부 주장입니다.

装

꾸밀 장 (裝)
N2 총 12 획

음 そう, しょう　装飾 장식 | 装置 장치 | 装備 장비 | 改装 개장 |
包装 포장 | 衣装 의상
훈 よそお(う)　装う 치장하다, 가장하다

お店を改装しました。 가게를 개장했습니다.

もみじが山を装っています。 산이 단풍으로 물들었습니다.

0955

腸

창자 **장**
N1 총 13 획

음 ちょう 腸 장 | 腸炎 장염 | 胃腸 위장 | 大腸 대장 | 盲腸 맹장

大腸の検査を受けました。 대장 검사를 받았습니다.

学生のとき、盲腸の手術をしました。
학생 때 맹장 수술을 했습니다.

| 1 腸 | 2 腸 | 3 腸 | 4 腸 | 5 腸 | 6 腸 | 7 腸 | 8 腸 | 9 腸 | 10 腸 | 11 腸 | 12 腸 | 13 腸 |

0956

障

막을 **장**
N1 총 14 획

음 しょう 障害 장애 | 障子 장지, 미닫이 | 障壁 장벽 | 故障 고장 | 保障 보장

훈 さわ(る) 障る 해가 되다, 지장을 초래하다 | 目障り 방해물, 눈에 거슬림

デジカメが故障しました。 디지털카메라가 고장났습니다.

無理に働くことは体に障ります。
무리하게 일하는 것은 몸에 해가 됩니다.

| 1 障 | 2 障 | 3 障 | 4 障 | 5 障 | 6 障 | 7 障 | 8 障 | 9 障 | 10 障 | 11 障 | 12 障 | 13 障 | 14 障 |

0957

蔵

감출 **장** (藏)
N2 총 15 획

음 ぞう 蔵書 장서 | 所蔵 소장 | 貯蔵 저장 | 埋蔵 매장 | 冷蔵 냉장

훈 くら 蔵 창고 | 酒蔵 술 창고 | ワイン蔵 와인 창고

冷蔵庫にケーキが入っています。
냉장고에 케이크가 들어 있습니다.

ワイン蔵にワインがいっぱいあります。
와인 창고에 와인이 가득 있습니다.

| 1 蔵 | 2 蔵 | 3 蔵 | 4 蔵 | 5 蔵 | 6 蔵 | 7 蔵 | 8 蔵 | 9 蔵 | 10 蔵 | 11 蔵 | 12 蔵 | 13 蔵 | 14 蔵 | 15 蔵 |

0958

臓

오장 **장** (臓)
N2 총 19획

음 ぞう　臓器 장기 | 肝臓 간 | 心臓 심장 | 内臓 내장

お酒の飲みすぎは肝臓によくないです。
과음은 간에 좋지 않습니다.

心臓の音を聞きます。 심장 소리를 듣습니다.

0959

裁

마를 **재**
N1 총 12획

음 さい　裁判 재판 | 裁縫 재봉 | 決裁 결재 | 仲裁 중재 |
体裁 외관, 체면

훈 た(つ), さば(く)　裁つ 재단하다 | 裁く 심판하다, 재판하다

裁判が十時から開かれます。 재판이 열 시부터 열립니다.

はさみで布を裁ちます。 가위로 천을 재단합니다.

0960

著

나타날 **저** (著)
N2 총 11획

음 ちょ　著者 저자 | 著述 저술 | 著名 저명, 유명함 | 共著 공저 |
顕著 현저

훈 あらわ(す), いちじる(しい)　著す 저술하다 |
著しい 현저하다, 명백하다

本に著者のサインをもらいました。
책에 저자의 사인을 받았습니다.

人口が著しく減りました。 인구가 현저하게 줄었습니다.

0961

敵

대적할 적
N1 총 15 획

음 てき　敵意 적의 ｜ 敵国 적국 ｜ 敵視 적시, 적대시 ｜ 強敵 강적 ｜
匹敵 필적 ｜ 無敵 무적

훈 かたき　敵 원수, 상대, 적수 ｜ 敵討ち 원수를 갚음, 복수 ｜
敵役 악역

ブラジルチームは強敵です。 브라질 팀은 강적입니다.
今日の試合は、この前の試合の敵討ちです。
오늘 시합은 요전번 시합의 복수입니다.

1	2	3	4	5	6	7	8	9	10	11	12	13	14	15
敵	敵	敵	敵	敵	敵	敵	敵	敵	敵	敵	敵	敵	敵	敵

0962

専

오로지 전 (專)
N2 총 9 획

음 せん　専業 전업 ｜ 専攻 전공 ｜ 専属 전속 ｜ 専門 전문 ｜
専用 전용

훈 もっぱ(ら)　専ら 오로지, 한결같이, 전적으로

専攻は何ですか。 전공은 무엇입니까?
本は専らマンガしか読みません。
책은 오로지 만화밖에 읽지 않습니다.

1	2	3	4	5	6	7	8	9
専	専	専	専	専	専	専	専	専

0963

展

펼 전
N1 총 10 획

음 てん　展開 전개 ｜ 展示 전시 ｜ 展覧 전람 ｜ 進展 진전 ｜
発展 발전

蘭の展示会に行きました。 난초 전시회에 갔습니다.
事件に進展がありません。 사건에 진전이 없습니다.

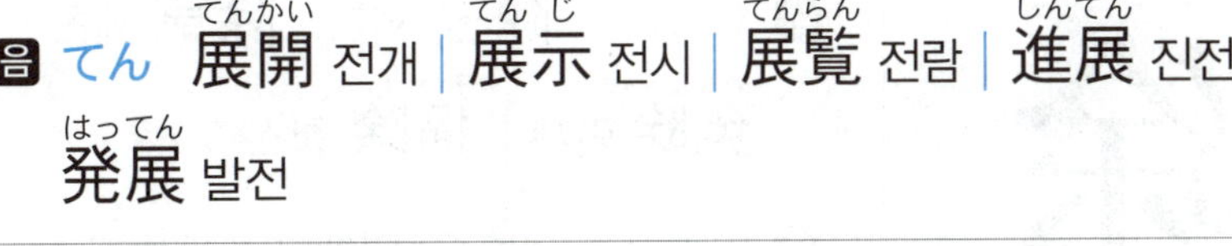

1	2	3	4	5	6	7	8	9	10
展	展	展	展	展	展	展	展	展	展

0964

銭

돈 전 (錢)
N1 총 14획

음 せん 銭湯 대중 목욕탕 | 金銭 금전 | 古銭 옛날 돈 | 銅銭 동전

훈 ぜに 銭 돈, 금속제 화폐 | 小銭 잔돈

毎週、銭湯に行きます。 매주 대중 목욕탕에 갑니다.

財布には小銭しかありません。
지갑에는 잔돈밖에 없습니다.

0965

頂

정수리 정
N2 총 11획

음 ちょう 頂上 정상 | 頂点 정점 | 山頂 정상 | 絶頂 절정 | 登頂 등정

훈 いただ(く), いただき 頂く 받다, 얻다, 마시다, 먹다(겸사말) | 頂 꼭대기, 정상

山の頂上には湖があります。 산 정상에는 호수가 있습니다.

先生から手紙を頂きました。 선생님에게 편지를 받았습니다.

0966

除

덜 제
N2 총 10획

음 じょ, じ 除去 제거 | 除草 제초 | 解除 해제 | 削除 삭제 | 免除 면제 | 掃除 청소

훈 のぞ(く) 除く 없애다, 제외하다

ファイルを削除しました。 파일을 삭제했습니다.

九州を除いて、あしたは晴れるでしょう。
규슈를 제외하고 내일은 맑겠습니다.

0967

済

건널 제 (濟)
N2 총 11 획

음 さい　返済 꾸어 쓴 돈이나 빌려 쓴 물건을 갚음 | 救済 구제 |
共済 공제 | 経済 경제

훈 す(む), す(ます)　済む 끝나다, 해결되다 |
済ます 끝내다, 해결하다

毎月、十万円ずつ返済します。
매월 10만 엔씩 갚습니다.

七時に仕事が済みました。
일곱 시에 일이 끝났습니다.

1	2	3	4	5	6	7	8	9	10	11			
済	済	済	済	済	済	済	済	済	済	済			

0968

諸

모두 제 (諸)
N2 총 15 획

음 しょ　諸君 여러분 | 諸国 여러 나라 |
諸説 여러 가지 설, 소문, 의견 | 諸島 여러 섬

諸国の代表が集まりました。
여러 나라의 대표가 모였습니다.

ハワイ諸島をめぐります。
하와이의 여러 섬을 돌아봅니다.

1	2	3	4	5	6	7	8	9	10	11	12	13	14	15
諸	諸	諸	諸	諸	諸	諸	諸	諸	諸	諸	諸	諸	諸	諸

0969

潮

밀물 조
N1 총 15 획

음 ちょう　潮流 조류 | 干潮 간조, 썰물 | 風潮 풍조 |
満潮 만조, 밀물

훈 しお　潮 바닷물, 조수 | 潮風 바닷바람, 갯바람

今は満潮の時間です。　지금은 만조 시간입니다.

潮風が気持ちいいです。　바닷바람이 기분 좋습니다.

1	2	3	4	5	6	7	8	9	10	11	12	13	14	15
潮	潮	潮	潮	潮	潮	潮	潮	潮	潮	潮	潮	潮	潮	潮

操

잡을 조
N1 총 16획

- 음 そう 操作 조작 | 操縦 조종 | 体操 체조 | 貞操 정조
- 훈 みさお, あやつ(る) 操 지조, 절개, 정조 | 操る 놀리다, 조종하다 | 操り人形 꼭두각시

毎朝、体操をしています。 매일 아침 체조를 합니다.
操り人形の劇を見ました。 인형극을 봤습니다.

操	操	操	操	操	操	操	操	操	操	操	操	操	操	操
操														

存

있을 존
N3 총 6획

- 음 そん, ぞん 存在 존재 | 存続 존속 | 既存 기존 | 存じる 알다, 생각하다(겸사말) | 存命 존명 | 保存 보존, 저장

その話は存じません。 그 이야기는 모릅니다.
データをコンピューターに保存します。
데이터를 컴퓨터에 저장합니다.

存	存	存	存	存	存

尊

높을 존 (尊)
N2 총 12획

- 음 そん 尊敬 존경 | 尊厳 존엄 | 尊重 존중 | 自尊 자존
- 훈 とうと(い), とうと(ぶ), たっと(い), たっと(ぶ) 尊い 소중하다 | 尊ぶ 공경하다 | 尊い 고귀하다 | 尊ぶ 숭상하다, 존중하다

私は米田さんの判断を尊重します。
나는 요네다 씨의 판단을 존중합니다.
命はとても尊いものです。 목숨은 매우 소중합니다.

尊	尊	尊	尊	尊	尊	尊	尊	尊	尊	尊	尊

0973

☐ ☐

- 음 しゅう, そう 宗教 종교 | 宗徒 신도 | 宗派 종파 | 改宗 개종 | 宗家 종가

宗
마루 종
N1 총 8획

日本は宗教の自由があります。
일본은 종교의 자유가 있습니다.

イスラム教からキリスト教に改宗しました。
이슬람교에서 기독교로 개종했습니다.

宗 宗 宗 宗 宗 宗 宗 宗

0974

☐ ☐

- 음 じゅう, しょう, じゅ 従業員 종업원 | 従順 순종 | 主従 주종 | 服従 복종 | 従容 태연하고 침착한 모양
- 훈 したが(う), したが(える) 従う 따르다 | 従える 따르게 하다, 데리고 가다

従
좇을 종 (従)
N1 총 10획

会社に従業員が五百人います。
회사에 종업원이 오백 명 있습니다.

父の考えに従いました。 아버지의 생각에 따랐습니다.

従 従 従 従 従 従 従 従 従 従

0975

☐ ☐

- 음 じゅう 縦横 종횡 | 縦走 종주 | 縦断 종단 | 操縦 조종
- 훈 たて 縦 세로 | 縦書き 세로쓰기

縦
세로 종 (縦)
N1 총 16획

日本列島を縦断しました。 일본 열도를 종단했습니다.

縦書きで書きました。 세로로 썼습니다.

縦 縦 縦 縦 縦 縦 縦 縦 縦 縦 縦 縦 縦 縦 縦
縦

0976

座

자리 좌
N3 총 10 획

음 ざ 座席 좌석 | 座談 좌담 | 座布団 방석 |
上座 상좌, 상석, 윗자리 | 星座 별자리
훈 すわ(る) 座る 앉다

前の座席が空いています。 앞 좌석이 비어 있습니다.

どうぞ、座ってください。 여기 앉아 주세요.

1	2	3	4	5	6	7	8	9	10
座	座	座	座	座	座	座	座	座	座

0977

宙

집 주
N2 총 8 획

음 ちゅう 宙返り 공중제비, 비행기의 공중회전 |
宙吊り 공중에 매달림 | 宇宙 우주

彼は宙返りが得意です。 그는 공중제비를 잘합니다.

ゴンドラが宙吊りになりました。
곤돌라가 공중에 매달렸습니다.

1	2	3	4	5	6	7	8
宙	宙	宙	宙	宙	宙	宙	宙

0978

奏

아뢸 주
N1 총 9 획

음 そう 演奏 연주 | 合奏 합주 | 独奏 독주 | 伴奏 반주
훈 かな(でる) 奏でる 악기를 켜다, 연주하다

伴奏に合わせて、歌ってください。
반주에 맞춰서 노래를 불러 주세요.

ヴァイオリンが美しいメロディを奏でています。
바이올린이 아름다운 멜로디를 연주하고 있습니다.

1	2	3	4	5	6	7	8	9
奏	奏	奏	奏	奏	奏	奏	奏	奏

0979

株

그루 **주**
N1 총 10 획

음 かぶ 株 그루터기, 그루, 주식 | 株価 _{かぶか} 주가 | 株式 _{かぶしき} 주식 | 株主 _{かぶぬし} 주주

会社の株を買いました。 회사의 주식을 샀습니다.
株価が上がりました。 주가가 올랐습니다.

株 株 株 株 株 株 株 株 株 株

0980

衆

무리 **중**
N1 총 12 획

음 しゅう, しゅ 衆議院 중의원 | 観衆 관중 | 群衆 군중 | 公衆 공중 | 民衆 민중 | 衆生 중생

衆議院の選挙があります。 중의원 선거가 있습니다.
公衆電話で連絡をしました。 공중전화로 연락을 했습니다.

衆 衆 衆 衆 衆 衆 衆 衆 衆 衆 衆 衆

0981

蒸

찔 **증**
N2 총 13 획

음 じょう 蒸気 증기 | 蒸発 증발 | 蒸留 증류 | 水蒸気 수증기
훈 む(す), む(れる), む(らす) 蒸す 찌다 | 蒸れる 뜸들다 | 蒸らす 뜸들이다

やかんから蒸気が出ています。
주전자에서 증기가 나오고 있습니다.
トウモロコシを蒸して食べました。
옥수수를 쪄서 먹었습니다.

蒸 蒸 蒸 蒸 蒸 蒸 蒸 蒸 蒸 蒸 蒸 蒸 蒸

0982

이를 지
N1 총 6획

- **음** し 至急 지급, 시급히 | 至極 지극 | 夏至 하지 | 冬至 동지 | 必至 필연, 불가피
- **훈** いた(る) 至る 다다르다, 도달하다, 되다 | 至る所 도처, 가는 곳마다

至急、連絡をください。 급히 연락을 주세요.
至る所にゴミがあって、汚いです。
도처에 쓰레기가 있어서 더럽습니다.

至 至 至 至 至 至

0983

誌

기록할 지
N2 총 14획

- **음** し 誌上 기사면, 지면 | 雑誌 잡지 | 週刊誌 주간지 | 日誌 일지

中山さんの写真が雑誌に載りました。
나카야마 씨의 사진이 잡지에 실렸습니다.
金曜日に週刊誌が発売されます。
금요일에 주간지가 발매됩니다.

誌 誌 誌 誌 誌 誌 誌 誌 誌 誌 誌 誌 誌 誌

0984

창 창
N2 총 11획

- **음** そう 窓外 창밖 | 学窓 학창, 배움의 창가(학교나 교실) | 車窓 차창 | 同窓 동창
- **훈** まど 窓 창문 | 窓口 창구 | 窓辺 창가

高校生のときの同窓会がありました。
고등학교 동창회가 있었습니다.
相談窓口を設けました。 상담 창구를 마련했습니다.

窓 窓 窓 窓 窓 窓 窓 窓 窓 窓 窓

0985

創

비롯할 창
N1 총 12 획

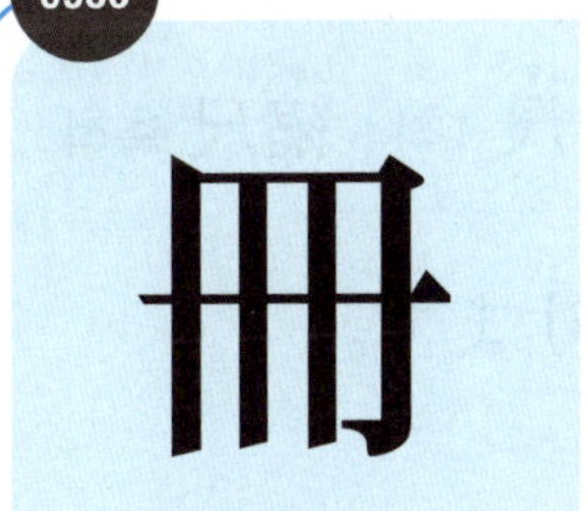

음 そう 創業 창업 | 創作 창작 | 創設 창설 | 創造 창조 |
創立 창립 | 独創 독창

新しい部門を創設しました。 새로운 부문을 창설했습니다.
学校が創立百周年を迎えました。
학교가 창립 백 주년을 맞았습니다.

0986

冊

책 책
N3 총 5 획

음 さつ, さく 冊子 책자, 책 | 一冊 한 권 | 何冊 몇 권 |
別冊 별책 | 短冊 글씨를 쓰는 조붓한 종이

これはフランス語の旅行会話の冊子です。
이것은 프랑스어 여행 회화 책자입니다.
本を一冊、買いました。 책을 한 권 샀습니다.

0987

策

꾀 책
N1 총 12 획

음 さく 策略 책략, 계략 | 散策 산책 | 政策 정책 | 対策 대책

森の中を散策しました。 숲속을 산책했습니다.
少子化の対策を話し合います。
저출생 대책을 논의했습니다.

0988

□ □

음 **しょ** 処罰 처벌 | 処分 처분 | 処理 처리 | 善処 선처 |
対処 대처

要らない物を処分しました。
필요 없는 물건을 처분했습니다.

この問題にどう対処しますか。
이 문제에 어떻게 대처합니까?

処

곳 처 (處)

N2 총 5획

処 処 処 処 処

0989

□ □

음 **しゃく** 尺度 자, 길이 | 尺八 퉁소 | 一尺 1척 | 縮尺 축척

日本には「尺八」という楽器があります。
일본에는 '퉁소'라는 악기가 있습니다.

一尺は約30.3センチメートルです。
1척은 약 30.3cm입니다.

尺

자 척

N1 총 4획

尺 尺 尺 尺

0990

□ □

음 **せん** 泉水 샘물 | 温泉 온천 | 源泉 원천 | 冷泉 냉천, 찬 샘
훈 **いずみ** 泉 샘, 샘물

箱根は温泉が有名です。 하코네는 온천이 유명합니다.

泉の水をくみました。 샘물을 펐습니다.

泉

샘 천

N3 총 9획

泉 泉 泉 泉 泉 泉 泉 泉 泉

0991

庁

관청 **청** (廳)
N3 총 5획

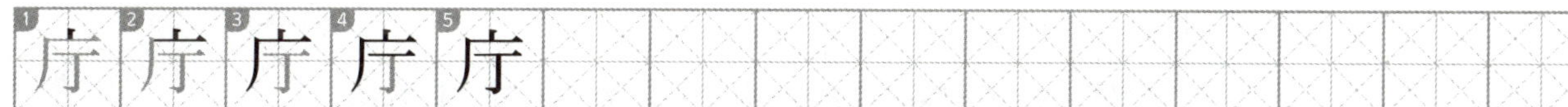

음 **ちょう** 庁舎 청사 | 官庁 관청 | 警察庁 경찰청 | 県庁 현청

新しい庁舎ができました。
새로운 청사가 생겼습니다.

県庁の前にバス停があります。
현청 앞에 버스 정류장이 있습니다.

1	2	3	4	5
庁	庁	庁	庁	庁

0992

寸

마디 **촌**
N1 총 3획

음 **すん** 寸劇 촌극, 토막극 | 寸前 직전, 바로 전 |
寸断 잘게 끊음, 토막토막 자름 | 一寸 잠시, 잠깐

広場で寸劇を見ました。
광장에서 토막극을 봤습니다.

ゴールの寸前で転びました。
골인 직전에 넘어졌습니다.

1	2	3
寸	寸	寸

0993

推

밀 **추**
N1 총 11획

음 **すい** 推移 추이 | 推薦 추천 | 推測 추측 | 推理 추리 |
類推 유추

훈 **お(す)** 推す 밀다, 추진시키다, 천거하다

推理小説が好きです。 추리 소설을 좋아합니다.

私は学生会長に野村さんを推しました。
나는 학생회장으로 노무라 씨를 밀었습니다.

1	2	3	4	5	6	7	8	9	10	11
推	推	推	推	推	推	推	推	推	推	推

縮

줄일 **축**
N1 총 17 획

음 **しゅく** 　縮小 축소 ｜ 縮図 축도 ｜ 圧縮 압축 ｜
恐縮 공축, 황송함 ｜ 短縮 단축

훈 **ちぢ(む), ちぢ(まる), ちぢ(める), ちぢ(れる), ちぢ(らす)**

縮む 줄다, 오그라들다, 줄어들다 ｜ 縮まる 오그라들다, 줄어들다 ｜
縮める 줄이다, 축소하다 ｜ 縮れる 주름이 지다, 곱슬곱슬해지다 ｜
縮らす 오글오글하게 하다, 곱슬곱슬하게 지지다

縮小コピーの方法が分かりますか。
축소 복사하는 방법을 압니까?

セーターが縮んでしまいました。
스웨터가 오그라들고 말았습니다.

忠

충성 **충**
N1 총 8 획

음 **ちゅう** 　忠告 충고 ｜ 忠実 충실 ｜ 忠臣 충신 ｜ 忠誠 충성

山田さんは忠告を聞きませんでした。
야마다 씨는 충고를 듣지 않았습니다.

事件を忠実に再現しました。
사건을 충실히 재현했습니다.

0996

就

나아갈 취
N1 총 12 획

음 しゅう, じゅ　就航 취항 | 就職 취업 | 就寝 취침 | 就任 취임
| 去就 거취 | 成就 성취

훈 つ(く), つ(ける)　就く 취임하다, 취업하다, 종사하다 |
就ける 앉히다, 종사하게 하다

就寝時間は11時です。　취침 시간은 열한 시입니다.
料理の仕事に就きたいです。
요리하는 일에 종사하고 싶습니다.

就 就 就 就 就 就 就 就 就 就 就 就

0997

層

층 층 (層)
N2 총 14 획

음 そう　階層 계층 | 高層 고층 | 断層 단층 | 地層 지층

高層マンションに住んでいます。
고층 아파트에 삽니다.
これは一万年前の地層です。
이것은 만 년 전의 지층입니다.

層 層 層 層 層 層 層 層 層 層 層 層 層 層

0998

値

값 치
N2 총 10 획

음 ち　価値 가치 | 血糖値 혈당치 | 数値 수치, 값 |
平均値 평균치

훈 ね, あたい　値 값, 가격 | 値打ち 값, 가격, 값어치 | 値段 가격 |
値 값, 가격, 값어치

数値を計算します。　수치를 계산합니다.
この絵は五百万円の値打ちがあります。
이 그림은 500만 엔의 값어치가 있습니다.

値 値 値 値 値 値 値 値 値 値

0999

針

바늘 **침**
N3 총 10 획

- **음** **しん** 針灸 침구, 침과 뜸 | 針葉樹 침엽수 | 秒針 초침 | 方針 방침
- **훈** **はり** 針 바늘, 침, 가시 | 針金 철사, 가느다란 것

会社の方針を話し合いました。 회사 방침을 논의했습니다.

時計の針が十時を指しています。
시곗바늘이 열 시를 가리키고 있습니다.

針 針 針 針 針 針 針 針 針 針

1000

誕

낳을 **탄**
N1 총 15 획

- **음** **たん** 誕生 탄생, 출생, 첫돌 | 降誕 강탄, 탄생 | 聖誕 성탄 | 生誕 탄생

木村さんの誕生日パーティーを開きました。
기무라 씨의 생일 파티를 열었습니다.

聖誕節にクリスマスカードを贈ります。
성탄절에 크리스마스 카드를 보냅니다.

誕 誕 誕 誕 誕 誕 誕 誕 誕 誕 誕 誕 誕 誕 誕

1001

探

찾을 **탐**
N2 총 11 획

- **음** **たん** 探究 탐구 | 探検 탐험 | 探索 탐색 | 探偵 탐정 | 探訪 탐방
- **훈** **さぐ(る), さが(す)** 探る 찾다, 탐색하다, 조사하다 | 探す 찾다

子どもの頃、探検家にあこがれました。
어렸을 때 탐험가를 동경했습니다.

財布を探しています。 지갑을 찾고 있습니다.

探 探 探 探 探 探 探 探 探 探 探

1002

宅

집 **택**/댁 **댁**
N3 총 6 획

- 음 **たく** 宅地 택지 | 宅配 택배 | 帰宅 귀가 | 自宅 자택 | 住宅 주택

宅配便が届きました。 택배가 도착했습니다.

いつも七時に帰宅します。 언제나 일곱 시에 귀가합니다.

宅 宅 宅 宅 宅 宅

1003

討

칠 **토**
N1 총 10 획

- 음 **とう** 討議 토의 | 討論 토론 | 検討 검토 | 征討 정벌, 토벌
- 훈 **う(つ)** 討つ 공격하다, 쓰러뜨리다, 베다, 죽이다

計画書の内容を検討しました。
계획서 내용을 검토했습니다.

親の敵を討ちました。 부모님의 원수를 갚았습니다.

討 討 討 討 討 討 討 討 討 討

1004

痛

아플 **통**
N3 총 12 획

- 음 **つう** 痛風 통풍 | 頭痛 두통 | 鎮痛 진통 | 腹痛 복통
- 훈 **いた(い), いた(む), いた(める)** 痛い 아프다 |
  痛む 아프다, 고통스럽다, 괴롭다 |
  痛める 아프게 하다, 고통을 주다

腹痛がして、薬を飲みました。
복통이 나서 약을 먹었습니다.

虫歯で歯が痛みます。 충치 때문에 치아가 아픕니다.

痛 痛 痛 痛 痛 痛 痛 痛 痛 痛 痛 痛

1005

退

물러날 **퇴** (退)
N2 총 9획

음 たい　退院 퇴원 | 退場 퇴장 | 引退 은퇴 | 辞退 사퇴 |
進退 진퇴

훈 しりぞ(く), しりぞ(ける)　退く 물러나다, 비키다 |
退ける 물리치다, 격퇴하다

あした、祖母が退院します。　내일 할머니가 퇴원합니다.
課長は私の意見を退けました。
과장님은 내 의견을 거절했습니다.

1006

派

갈래 **파**
N1 총 9획

음 は　派遣 파견 | 派生 파생 | 党派 당파 | 立派 훌륭함, 뛰어남

社長は社員を外国に派遣しました。
사장님은 사원을 외국에 파견했습니다.
立派な先生になりたいです。
훌륭한 선생님이 되고 싶습니다.

1007

片

조각 **편**
N2 총 4획

음 へん　片鱗 편린 | 断片 단편 | 破片 파편 | 木片 나무 조각
훈 かた　片腕 한쪽 팔 | 片思い 짝사랑 | 片道 편도

古文書の断片が見つかりました。
고문서의 단편이 발견되었습니다.
片道はいくらですか。　편도는 얼마입니까?

□ □

1008

肺

허파 **폐**
N1 총 9획

음 はい　肺 폐 | 肺炎 폐렴 | 肺活量 폐활량 | 肺がん 폐암

タバコは肺によくありません。
담배는 폐에 좋지 않습니다.

肺炎で入院しました。
폐렴으로 입원했습니다.

1	2	3	4	5	6	7	8	9
肺	肺	肺	肺	肺	肺	肺	肺	肺

□ □

1009

陛

대궐 섬돌 **폐**
N1 총 10획

음 へい　陛下 폐하(일왕) | 皇后陛下 황후 폐하 |
天皇陛下 일왕(천황) 폐하

陛下がアメリカを訪問しました。
일왕이 미국을 방문했습니다.

皇后陛下がいらっしゃいました。
황후 폐하가 오셨습니다.

1	2	3	4	5	6	7	8	9	10
陛	陛	陛	陛	陛	陛	陛	陛	陛	陛

□ □

1010

閉

닫을 **폐**
N3 총 11획

음 へい　閉鎖 폐쇄 | 閉店 폐점 | 開閉 개폐 | 密閉 밀폐

훈 し(まる), し(める), と(じる), と(ざす)　閉まる 닫히다 |
閉める 닫다 | 閉じる 닫히다, 끝나다 |
閉ざす 닫다, 잠그다, 막다

閉店は夜十時です。 폐점은 밤 열 시입니다.

窓を閉めてください。 창문을 닫아 주세요.

1	2	3	4	5	6	7	8	9	10	11
閉	閉	閉	閉	閉	閉	閉	閉	閉	閉	閉

1011

俵

나누어줄 표
N1 총 10 획

음 ひょう　一俵 낱섬, 한 가마 │ 三俵 세 가마 │
土俵 스모를 하는 판, 씨름판 │ 二俵 두 가마

훈 たわら　俵 섬, 가마니 │ 米俵 쌀섬, 쌀가마니

土俵で相撲をとっています。
씨름판에서 스모를 하고 있습니다.

今では俵はほとんど使いません。
지금은 가마니를 거의 사용하지 않습니다.

1	2	3	4	5	6	7	8	9	10		
俵	俵	俵	俵	俵	俵	俵	俵	俵	俵		

1012

割

벨 **할**
N3 총 12 획

음 かつ　割愛 할애 │ 割賦 할부 │ 割腹 할복 │ 分割 분할

훈 わ(る), わり, わ(れる), さ(く)　割る 깨다, 쪼개다 │
割り勘 더치페이 │ 割り引き 할인 │ 時間割り 시간표 │
割れる 깨지다 │ 割く 찢다, 쪼개다

支払いは分割でお願いします。
지불은 할부로 부탁드립니다.

コップを割ってしまいました。 컵을 깨고 말았습니다.

1	2	3	4	5	6	7	8	9	10	11	12
割	割	割	割	割	割	割	割	割	割	割	割

1013

郷

시골 **향**(郷)
N1 총 11 획

음 きょう, ごう　郷愁 향수 │ 郷土 향토 │ 故郷 고향 │ 同郷 동향 │
水郷 수향, 물가의 마을

「ひつまぶし」は名古屋の郷土料理です。
'히쓰마부시'는 나고야의 향토 요리입니다.

町で同郷の人に会いました。
시내에서 고향 사람을 만났습니다.

* ひつまぶし: 히쓰마부시, 따뜻한 밥 위에 장어 구이를 잘게 썰어 올린 나고야 명물 음식

1	2	3	4	5	6	7	8	9	10	11	
郷	郷	郷	郷	郷	郷	郷	郷	郷	郷	郷	

1014 憲

법 **헌**
N1 총 16획

- 음 **けん** 憲兵 헌병 | 憲法 헌법 | 違憲 위헌 | 合憲 합헌

けんぺいたい　にゅうたい
憲兵隊に入隊しました。 헌병대에 입대했습니다.

ご がつみっ か　　にほん　けんぽう き ねん び
五月三日は日本の憲法記念日です。
5월 3일은 일본의 헌법기념일입니다.

1015 革

가죽 **혁**
N3 총 9획

- 음 **かく** 革新 혁신 | 革命 혁명 | 改革 개혁 | 変革 변혁
- 훈 **かわ** 革 가죽 | 革靴 가죽신 | 革製品 가죽 제품

がいこく　かくめい　お
外国で革命が起きました。
외국에서 혁명이 일어났습니다.

うし　かわ
牛の革でできたかばんです。
소가죽으로 만든 가방입니다.

1016 穴

구멍 **혈**
N1 총 5획

- 음 **けつ** 虎穴 호랑이 굴 | 洞穴 동굴 | 墓穴 묘혈, 무덤 구덩이
- 훈 **あな** 穴 구멍 | 落とし穴 함정, 계략 | 毛穴 모공

どうけつ
洞穴にコウモリがいます。 동굴에 박쥐가 있습니다.

いぬ　あな　ほ
犬が穴を掘っています。 개가 구멍을 파고 있습니다.

1017

呼

부를 **호**

N3 총 8획

음 **こ** 呼応 호응 | 呼吸 호흡 | 点呼 점호 |
連呼 연호, 같은 말을 되풀이 해서 외침

훈 **よ(ぶ)** 呼ぶ 부르다 | 呼び出し 호출 | 呼び鈴 초인종

人数を点呼して確認しました。
인원수를 점호해서 확인했습니다.

呼び鈴が鳴っています。 초인종이 울리고 있습니다.

1	2	3	4	5	6	7	8			
呼	呼	呼	呼	呼	呼	呼	呼			

1018

紅

붉을 **홍**

N3 총 9획

음 **こう, く** 紅茶 홍차 | 紅潮 홍조 | 紅白 홍백 | 紅葉 단풍잎 |
真紅 진홍

훈 **べに, くれない** 紅 홍화, 잇꽃, 연지 | 口紅 립스틱 | 紅 다홍

紅茶にレモンを入れますか。 홍차에 레몬을 넣습니까?

きれいな色の口紅です。 예쁜 색의 립스틱입니다.

1	2	3	4	5	6	7	8	9		
紅	紅	紅	紅	紅	紅	紅	紅	紅		

1019

拡

넓힐 **확** (擴)

N1 총 8획

음 **かく** 拡散 확산 | 拡充 확충 | 拡大 확대 | 拡張 확장

小さい字を拡大して読みます。
작은 글자를 확대해서 읽습니다.

道路の拡張工事をしています。
도로의 확장 공사를 하고 있습니다.

1	2	3	4	5	6	7	8			
拡	拡	拡	拡	拡	拡	拡	拡			

1020

皇

임금 황
N1 총 9획

음 こう, おう　皇居 황거, 고쿄(일왕이 거처하는 곳) ｜ 皇后 황후 ｜
皇室 황실 ｜ 皇帝 황제 ｜ 皇子 황자 ｜ 法皇 법황

皇居の近くで写真を撮りました。
황거 근처에서 사진을 찍었습니다.

ここは昔、皇帝が住んでいた所です。
여기는 옛날에 황제가 살던 곳입니다.

1	2	3	4	5	6	7	8	9
皇	皇	皇	皇	皇	皇	皇	皇	皇

1021

灰

재 회 (灰)
N3 총 6획

음 かい　灰燼 회진, 잿더미 ｜ 石灰 석회
훈 はい　灰 재 ｜ 灰色 회색 ｜ 灰皿 재떨이 ｜ 火山灰 화산재

石灰は肥料の一つです。　석회는 비료의 하나입니다.

灰皿はありますか。　재떨이는 있습니까?

1	2	3	4	5	6
灰	灰	灰	灰	灰	灰

1022

孝

효도 효
N1 총 7획

음 こう　親孝行 효도, 효성스러움 ｜ 親不孝 불효 ｜ 孝子 효자 ｜
忠孝 충효

花田さんはとても親孝行な人です。
하나다 씨는 매우 효성스러운 사람입니다.

親不孝をしてはいけません。　불효를 해서는 안 됩니다.

1	2	3	4	5	6	7
孝	孝	孝	孝	孝	孝	孝

1023

后

임금 **후**
N1 총 6 획

음 こう 　后妃 후비, 왕비 ｜ 王后 왕후 ｜ 皇后 황후 ｜
皇太后 황태후
훈 きさき　后 왕비

皇后がヨーロッパを訪れました。
황후가 유럽을 방문했습니다.

天皇の后になりました。
일왕의 왕비가 되었습니다.

后 后 后 后 后 后

1024

揮

휘두를 **휘**
N1 총 12 획

음 き　揮毫 휘호 ｜ 揮発油 휘발유 ｜ 指揮 지휘 ｜ 発揮 발휘

オーケストラを指揮します。
오케스트라를 지휘합니다.

実力を発揮してメダルを取りました。
실력을 발휘해서 메달을 땄습니다.

揮 揮 揮 揮 揮 揮 揮 揮 揮 揮 揮 揮

1025

胸

가슴 흉
N2 총 10획

음 **きょう** 胸囲 가슴둘레 | 胸像 흉상 | 胸部 흉부 |
度胸 담력, 배짱
훈 **むね, むな** 胸 가슴 | 胸焼け 명치 언저리가 쓰리고 아픈 증상 |
胸騒ぎ 가슴이 두근거림

胸部のレントゲンをとります。
흉부의 엑스레이를 찍었습니다.

お酒を飲みすぎて胸焼けがします。
술을 너무 많이 마셔서 속이 쓰립니다.

1	2	3	4	5	6	7	8	9	10
胸	胸	胸	胸	胸	胸	胸	胸	胸	胸

1026

吸

마실 흡
N3 총 6획

음 **きゅう** 吸引 흡인 | 吸収 흡수 | 吸入 흡입 | 深呼吸 심호흡
훈 **す(う)** 吸う 들이마시다, 빨다 | 吸いがら 담배꽁초

大きく息を吸って深呼吸をしましょう。
숨을 크게 들이마셔서 심호흡을 합시다.

タバコは外で吸ってください。
담배는 밖에서 피우세요.

1	2	3	4	5	6
吸	吸	吸	吸	吸	吸

6 학년

■ 밑줄 친 한자를 바르게 읽은 것을 고르시오.

1　<u>皇后</u>がヨーロッパを訪^{おとず}れました。

① こうごう　　② ごうごう　　③ こうこう　　④ ごうこう

2　工場^{こうじょう}の排水^{はいすい}が海^{うみ}を<u>汚染</u>しています。

① おおせん　　② おせん　　③ おおせい　　④ おせい

3　資料^{しりょう}を<u>拡大</u>コピーしました。

① がくたい　　② かくたい　　③ がくだい　　④ かくだい

4　この書類^{しょるい}は今月^{こんげつ}までに<u>郵送</u>します。

① ゆうそう　　② ゆそう　　③ ゆうそ　　④ ゆそ

5　<u>憲法</u>改正^{かいせい}に反対^{はんたい}です。

① ほんぽう　　② ほんぽん　　③ けんぽう　　④ けんぽん

6　テレビの<u>電源</u>が切^きれています。

① でんけん　　② でんげん　　③ てんけん　　④ てんげん

7　<u>陛下</u>がアメリカの大統領^{だいとうりょう}と会談^{かいだん}しました。

① へいか　　② へいげ　　③ はいか　　④ はいげ

8　セミの<u>幼虫</u>が木^きにいます。

① よちゅ　　② ようちゅ　　③ よちゅう　　④ ようちゅう

9　釜山^{プサン}－東京間^{とうきょうかん}のフェリーが<u>就航</u>しました。

① しゅこ　　② しゅうこ　　③ しゅこう　　④ しゅうこう

10　講演^{こうえん}が終^おわって、<u>質疑</u>が始^{はじ}まりました。

① しちぎ　　② しちき　　③ しつぎ　　④ しつき

11 縮小コピーの方法が分かりますか。
① しゅくしょう　　② しゅっしょう　　③ しゅくしょ　　④ しゅっしょ

12 門の両側には仁王像があります。
① にいおうぞう　　② におうぞう　　③ にいおぞう　　④ におぞう

13 この付近は高層マンションが多いです。
① ごうそう　　　　② こうそう　　　③ ごうそん　　　④ こうそん

14 裁判で無実を主張しました。
① さいばん　　　　② さいぱん　　　③ ざいばん　　　④ ざいぱん

15 会社が創業百周年を迎えました。
① そんごう　　　　② そうごう　　　③ そんぎょう　　④ そうぎょう

16 鉄は磁石にくっつきます。
① じゃしゃく　　　② じゃせき　　　③ じしゃく　　　④ じせき

17 日本の新聞は縦書きです。
① たてがき　　　　② たてかき　　　③ たでがき　　　④ たでかき

18 部屋を掃除しましょう。
① そうち　　　　　② そうじ　　　　③ そんち　　　　④ そんじ

19 このパソコンは声で操作できます。
① そうさ　　　　　② そうさく　　　③ ぞうさ　　　　④ ぞうさく

20 夏至は昼間の時間が一番長いです。
① かち　　　　　　② げち　　　　　③ かし　　　　　④ げし

■ 밑줄 친 히라가나를 한자로 바르게 적은 것을 고르시오.

1　夕焼けで空が赤くそまっています。
　　① 梨まって　　　② 集まって　　　③ 染まって　　　④ 架まって

2　彼は有名なしきしゃです。
　　① 脂揮者　　　② 指揮者　　　③ 脂輝者　　　④ 指輝者

3　とてもゆうしゅうな成績で卒業しました。
　　① 優秀　　　② 優禿　　　③ 憂秀　　　④ 憂禿

4　1789年にフランスかくめいが起きました。
　　① 串余　　　② 串命　　　③ 革余　　　④ 革命

5　このネックレスは母のいひんです。
　　① 遺品　　　② 遺品　　　③ 遣晶　　　④ 遺晶

6　「ひつまぶし」は名古屋のきょうど料理です。
　　① 郷士　　　② 郷土　　　③ 郎士　　　④ 郎土

7　藤真さんはしせいがきれいです。
　　① 姿勢　　　② 姿熱　　　③ 資勢　　　④ 資熱

8　はりで指を刺しました。
　　① 釣　　　② 釬　　　③ 針　　　④ 釘

9　これは、とてもおもしろいすいり小説です。
　　① 推埋　　　② 推理　　　③ 稚埋　　　④ 稚理

10　食欲がないのは、ないぞうの病気かもしれません。
　　① 内臓　　　② 内蔵　　　③ 丙臓　　　④ 丙蔵

11 広場には市の<u>ちょうしゃ</u>があります。

① 庁舎　　　② 庁合　　　③ 庄舎　　　④ 庄合

12 今日は早く仕事が<u>すみ</u>ました。

① 斎み　　　② 斉み　　　③ 済み　　　④ 剤み

13 大学の<u>どうそうかい</u>に参加しました。

① 回窒会　　② 回窓会　　③ 同窒会　　④ 同窓会

14 ここは<u>ちょうりゅう</u>が速いので、泳がないでください。

① 潮流　　　② 潮琉　　　③ 朝流　　　④ 朝琉

15 やかんから<u>じょうき</u>が出ています。

① 燕気　　　② 燕汽　　　③ 蒸気　　　④ 蒸汽

16 その意見に私を<u>のぞいて</u>、みんなは反対しました。

① 余いて　　② 途いて　　③ 徐いて　　④ 除いて

17 ヴァイオリンが美しいメロディーを<u>かなでて</u>います。

① 春でて　　② 奏でて　　③ 泰でて　　④ 秦でて

18 バスには<u>ざせき</u>がありませんでした。

① 座席　　　② 座度　　　③ 挫席　　　④ 挫度

19 うちの犬は私にとても<u>じゅうじゅん</u>です。

① 従須　　　② 従順　　　③ 徒須　　　④ 徒順

20 子どもの人口減少が<u>いちじるしい</u>です。

① 箸しい　　② 暑しい　　③ 緒しい　　④ 著しい

연습 문제 ⑪	1 ④	2 ③	3 ①	4 ③	5 ②	6 ①	7 ③	8 ②	9 ①	10 ④
	11 ①	12 ③	13 ③	14 ②	15 ②	16 ④	17 ③	18 ①	19 ④	20 ②
연습 문제 ⑫	1 ②	2 ④	3 ①	4 ③	5 ④	6 ②	7 ④	8 ①	9 ②	10 ③
	11 ③	12 ④	13 ①	14 ②	15 ④	16 ③	17 ①	18 ①	19 ④	20 ①
연습 문제 ⑬	1 ③	2 ④	3 ②	4 ③	5 ④	6 ②	7 ①	8 ③	9 ③	10 ④
	11 ④	12 ①	13 ①	14 ②	15 ④	16 ③	17 ④	18 ②	19 ②	20 ①
연습 문제 ⑭	1 ④	2 ①	3 ②	4 ③	5 ①	6 ④	7 ③	8 ②	9 ①	10 ④
	11 ②	12 ③	13 ①	14 ④	15 ④	16 ①	17 ③	18 ①	19 ②	20 ④
연습 문제 ⑮	1 ④	2 ②	3 ①	4 ④	5 ②	6 ③	7 ②	8 ①	9 ②	10 ③
	11 ③	12 ②	13 ④	14 ①	15 ④	16 ③	17 ④	18 ①	19 ①	20 ②
연습 문제 ⑯	1 ③	2 ①	3 ④	4 ④	5 ②	6 ①	7 ②	8 ②	9 ④	10 ①
	11 ②	12 ③	13 ④	14 ②	15 ④	16 ④	17 ②	18 ③	19 ①	20 ②
연습 문제 ⑰	1 ③	2 ①	3 ④	4 ①	5 ④	6 ②	7 ③	8 ①	9 ②	10 ③
	11 ④	12 ④	13 ②	14 ④	15 ①	16 ③	17 ②	18 ③	19 ①	20 ④
연습 문제 ⑱	1 ②	2 ④	3 ①	4 ③	5 ②	6 ③	7 ①	8 ④	9 ④	10 ②
	11 ④	12 ②	13 ④	14 ③	15 ①	16 ③	17 ②	18 ③	19 ④	20 ①
연습 문제 ⑲	1 ④	2 ①	3 ③	4 ②	5 ②	6 ④	7 ③	8 ④	9 ①	10 ②
	11 ④	12 ③	13 ①	14 ②	15 ④	16 ③	17 ③	18 ②	19 ①	20 ④
연습 문제 ⑳	1 ①	2 ④	3 ③	4 ①	5 ②	6 ③	7 ④	8 ②	9 ①	10 ②
	11 ③	12 ④	13 ①	14 ①	15 ③	16 ①	17 ④	18 ②	19 ②	20 ②
연습 문제 ㉑	1 ①	2 ②	3 ④	4 ①	5 ③	6 ②	7 ①	8 ④	9 ④	10 ③
	11 ①	12 ②	13 ②	14 ①	15 ④	16 ③	17 ①	18 ②	19 ①	20 ④
연습 문제 ㉒	1 ③	2 ②	3 ①	4 ④	5 ②	6 ②	7 ①	8 ③	9 ②	10 ①
	11 ①	12 ③	13 ④	14 ①	15 ③	16 ④	17 ②	18 ①	19 ②	20 ④